अनुवाद की व्यापक संकल्पना

अनुवाद की व्यापक संकल्पना

प्रो. दिलीप सिंह

वाणी प्रकाशन

वाणी प्रकाशन

4695, 21-ए, दरियागंज, नयी दिल्ली 110 002

शाखा

अशोक राजपथ, पटना 800 004

फ़ोन: +91 11 23273167 फ़ैक्स: +91 11 23275710

www.vaniprakashan.in
vaniprakashan@gmail.com

ANUVAD KI VYAPAK SANKALPANA
by Prof. Dileep Singh

ISBN : 978-93-5000-758-7
Linguistic

प्रथम संस्करण

मूल्य : ₹ 325

आर. टेक ऑफ़सेट, दिल्ली-110 095 में मुद्रित

वाणी प्रकाशन का लोगो मक़बूल फ़िदा हुसेन की कूची से

भाषाशैलीविज्ञान और अनुवाद शास्त्र के

मर्मज्ञ चिंतक प्रो. सुरेश कुमार के चरणों में समर्पित—

जिनका स्नेह लिखने को उकसाता है।

—दिलीप सिंह

अनुक्रम

दो शब्द

अनुवाद सिद्धांत पर विचार करने वाली पुस्तकों की हिंदी में बाढ़-सी रही है और आज भी है। सिद्धांत जल्दी बदलते नहीं अतः अनुवाद की परिभाषा, प्रक्रिया, प्रकार और क्षेत्र पर केंद्रित इन पुस्तकों की सामग्री और तथ्यों में दुहराव दिखाई देता है। इस वजह से अनुवाद विज्ञान को मात्र एक शास्त्रीय विषय के रूप में ही उभर पाने का मौका मिल सका है।

अनुवाद, अनुप्रयुक्त भाषाविज्ञान की एक शाखा है, और अनुप्रयुक्त भाषाविज्ञान की अपनी प्रणालियाँ हैं जहाँ भाषाविज्ञान के सिद्धांतों का अनुप्रयोग करते हुए व्यावहारिक लक्ष्य प्राप्त किए जाते हैं। सिद्धांत और अनुप्रयोग के संदर्भ पर भी 'अनुवाद' की पुस्तकों में चर्चा नहीं के बराबर मिलती है। इस पुस्तक में अनुप्रयुक्त भाषाविज्ञान की पीठिका पर ही अनुवाद-चिंतन किया गया है।

अनुवाद विज्ञान के सिद्धांतों के अनुप्रयोग की दिशा भी पिछले दो दशकों में खुली है। हिंदी की एक-दो पुस्तकों को छोड़कर इस पक्ष पर भी बहुत कम विमर्श मिलते हैं। अनुवाद समीक्षा और अनुवाद मूल्यांकन इसी पक्ष से संबद्ध हैं। अनुप्रयोग के अनुप्रयोग का अनुवाद समीक्षा एकमात्र दृष्टांत है जिसकी सैद्धांतिकता के साथ उसकी संक्रियात्मक परिणति भी इस पुस्तक में समेटी गई है—आलोचनात्मक पाठ के अनुवाद, काव्यानुवाद तथा उपन्यास के अनुवाद को यहाँ स्थान दिया गया है।

अनुवाद शास्त्र की नव्यता और इसके सिद्धांतों के अनुप्रयोग संबंधी संकेत हिंदी में सबसे पहले श्रीवास्तव ( ) में दिखाई दिया था। और यह साफ हुआ था कि अनुवाद प्रक्रिया 'भाषा संसाधन' की भी प्रक्रिया है अतः भाषा विश्लेषण के सर्वाधिक वैज्ञानिक शास्त्र भाषाविज्ञान के साथ इसका संबंध सीधी लकीर में आ जुड़ता है।

भाषाविज्ञान से निरपेक्ष अनुवाद प्रणाली हो नहीं सकती। यह भान उतना ही जरूरी है जितना यह जानना कि अनुवाद कार्य भाषा-विकास का सर्वाधिक व्यापक साधन है।

भाषा-विकास की अनुवाद आश्रित प्रक्रिया नई-नई प्रयुक्तियों को जन्म देती है फलतः लक्ष्य भाषा की भाषिक इकाइयों के भी नव्य एवं व्यापक प्रयोग-संदर्भ निर्मित और निर्धारित होने लगते हैं।

अनुवाद के माध्यम से भाषा-विकास की इस प्रक्रिया में शैलीविज्ञान, समाज भाषाविज्ञान और अर्थविज्ञान की सर्वोच्च भूमिका होती है। संरचनागत विश्लेषण के पूरक के रूप में इन तीनों की भूमिकाओं को नकारा नहीं जा सकता।

इस पुस्तक में साहित्येतर अनुवाद के उभरते परिप्रेक्ष्य पर भी विचार किया गया है तथा भारतीय भाषाओं और हिंदी भाषा के संदर्भ में सर्जनात्मक पाठ एवं तथ्यपरक अनुवाद की दिशाएँ खोजने का प्रयत्न भी है।

कुल मिलाकर अनुवाद की व्यापक संकल्पना को यह पुस्तक क्रमबद्ध ढंग से उद्घाटित करती है। सिद्धांत और कौशल के रूप में अनुवाद को जानने-समझने में यह पुस्तक सहायक होगी। अनुवाद विज्ञान में रुचि रखने वालों को यह पुस्तक एक नए तरह का स्वाद देगी, ऐसी मेरा धारणा है।

इस पुस्तक के प्रकाशन में वाणी प्रकाशन के अरुण माहेश्वरी ने रुचि दिखाई और प्रकाशित किया। नए विचार-संदर्भों को सम्मान देने की उनकी इस ललक के लिए उन्हें साधुवाद देता हूँ।

–दिलीप सिंह

1

अनुवाद की नई भूमिका

अनुवाद की वास्तविक प्रक्रिया को भाषा का एक जटिल प्रयोग कहा जा सकता है। दो भाषाओं पर समानांतर ढंग से की जानेवाली यह प्रक्रिया अनुवादक से दोनों भाषाओं के प्रति विशेष प्रकार की दक्षता और जागरूकता की अपेक्षा रखती है। संभवतः इसीलिए अनुवाद कार्य (ट्रांसलेटिंग) को तुलनात्मक भाषाविज्ञान की एक शाखा के रूप में भी देखा गया है जिसमें भाषाओं के गत्यात्मक आयामों और अर्थगत धरातलों को केंद्र में रखे बिना सटीक और सफल अनुवाद की आकांक्षा भी नहीं की जा सकती।

इसी दिशा में अनुवाद के वैज्ञानिक पक्ष को उभारने का प्रयास किया गया जिसमें भाषा संरचना के प्रयोग और आधुनिक ज्ञानक्षेत्रों में उसके प्रतिफलन (रजिस्टर्स) पर भी विचार किए गए। यहीं भाषा संरचना को देखने की दृष्टि भी बदल गई। भाषा संबंधी सिद्धांत निर्मित कर देना कोई कठिन कार्य नहीं है, लेकिन जब कोई भाषा निरंतर विकासमान होती है, अर्थात जब उसके प्रयोजन और प्रकार्य बहुमुखी बनने लगते हैं, तब भाषा संबंधी प्रस्तुत सिद्धांतों की निरंतर पड़ताल आवश्यक ही नहीं, अनिवार्य हो जाती है। भिन्न प्रयोजनमूलक आयामों पर भाषा संरचना के साथ-साथ उसके अर्थगत अभिलक्षण भी बदलते हैं, यह बदलाव अगर अनूदित पाठ की पकड़ में नहीं आता तो अनुवादक का सारा श्रम निरर्थक समझना चाहिए। संभवतः इसीलिए आधुनिक अनुवाद शास्त्रियों ने एक ऐसे गत्यात्मक समतुल्यता के सिद्धांत की ज़रूरत पर बल दिया है जो तुलना द्वारा भाषा की प्रयोजनमूलकता को साफ और सिद्ध कर सके।

इस प्रकार अनुवाद की संकल्पना आज व्यापकतर हो चुकी है जिससे यह भी आशा की जाती है कि वह भाषा के गत्यात्मक प्ररूपी (टाइपोलाजिकल) पक्षों को प्रदर्शित करते हुए भाषा के प्रति व्यावहारिक दृष्टिकोण को पुष्ट करे। अनुवाद का यह विकसित और आकांक्षाओं से पूरित स्वरूप तीन प्रश्नों को जन्म देता है—अनुवाद क्या है? अनुवाद से क्या तात्पर्य है? तथा अनुवाद सिद्धांत का अर्थ क्या है?

पहले प्रश्न से साक्षात्कार करें, तो यह स्पष्ट दिखाई देता है कि अनुवाद की सैद्धांतिक पीठिका दशकों तक साहित्यिक पाठ से संबंधित समस्याओं को ही केंद्र में रखकर तैयार की जाती रही है। यही कारण है कि पूरे विश्व में अनुवाद सिद्धांत के प्रमुख प्रारंभिक चिंतक साहित्यिक अनुवाद के स्वरूप, प्रकृति, प्रक्रिया और समस्याओं पर ही विचार करते हुए दिखाई पड़ते हैं। यह भी साफ़ दिखाई देता है कि अनुवाद सिद्धांत के शुरुआती प्रणेता या तो साहित्य के विद्वान थे, या स्वयं साहित्यसर्जक। लेकिन आज अनुवाद की परिभाषा बहुत कुछ बदल गई है क्योंकि आज विश्व-संप्रेषण का एक बहुत बड़ा अंश अनुवाद पर ही टिका हुआ है। अतः आज भी यदि हम अनुवाद के परिप्रेक्ष्य को मात्र साहित्यिक अनुवाद (ट्रांसलेशन ऑफ क्रिएटिव राइटिंग) तक ही सीमित करके देखते हैं, तो हम भाषिक, सामाजिक और प्रकार्यगत उन स्थितियों से कट जाएंगे जिनमें भाषा अपनी विभिन्न भूमिकाओं के संदर्भ में अलग-अलग रंग और तेवर के साथ हमारे बीच स्थित है।

इसीलिए आधुनिक अनुवाद शास्त्र आज अनुवाद के संदर्भ में **कला** और **विज्ञान** की प्रचलित बहस को निरर्थक मानता है। वह यह घोषित करता है कि अनुवाद प्रक्रिया हमेशा वैज्ञानिक होती है, चाहे उसका लक्षित पाठ साहित्यिक हो या साहित्येतर। इसके साथ ही यह भी इंगित किया गया है कि बीसवीं शताब्दी में अनूदित पाठों की अधिकांश सामग्री साहित्यिक न होकर तकनीक, औषधि, विधि, प्रशासन और जनसंचार जैसे विषयों की है। इन क्षेत्रों के अनुवादक भी पूरी तरह व्यावसायिक हैं, इनके माध्यम से वे रोजी-रोटी कमाते हैं, न कि साहित्यिक अनुवादक की तरह मात्र अपनी रुचि के तहत स्वांतः सुखाय अनुवाद करते हैं। इस चिंतनपरक परिवर्तन ने अनुवाद-सिद्धांत को भी नव्यता प्रदान की।

अनुवाद सिद्धांत की नव्यता

इस क्षेत्र विस्तार ने अनुवाद सिद्धांत में भाषाविज्ञान की अनिवार्य भूमिका को रेखांकित ही नहीं, उपादेय रूप में सिद्ध करने की पहल की। मैलोन (1988) की पुस्तक 'द साइंस ऑफ लिंग्विस्टिक्स इन द आर्ट ऑफ ट्रांसलेशन' न केवल सैद्धांतिक या शुद्ध भाषाविज्ञान की चर्चा करती है बल्कि अनुवाद के परिप्रेक्ष्य में सैद्धांतिक और अनुप्रयुक्त भाषाविज्ञान की भूमिकाएँ भी निर्धारित करती है जिनके आधार पर सामयिक अनुवाद चिंतन को सही रास्ता मिलता है। इसी प्रकार बिग्यूनेट और शुल्टे (1989) की पुस्तक 'द क्राफ्ट ऑफ ट्रांसलेशन' अनुवाद को एक शिल्प की तरह देखते हुए उसे भाषावैज्ञानिक चिंतन से जोड़कर एक वैज्ञानिक आधार देती है। इस संबंध में यह विचार भी उल्लेखनीय है कि भाषा अपने मूल रूप में औपचारिक संरचना अथवा एक 'कोड' होती है, लेकिन उसका यह रूप सीमित होता है। उसके

संदर्भगत या अर्थगत प्रभेद बहुत प्रखर नहीं होते। इसके विपरीत भाषा के अनेक ऐसे भेद (वैरिएशंस) हैं जो संदर्भ सापेक्ष होकर उसके संप्रेषणपरक मूल्यों को प्रदर्शित करते हैं। यही कारण है कि भाषा की ये दो सरणियाँ अनुवाद को भी दो श्रेणियों में देखती हैं। एक अनुवाद के भावपक्ष (सेंस पर्सेप्शन) से संबंधित होता है—साहित्यिक अनुवाद, और दूसरा, सूचना अथवा तथ्य पर केंद्रित होता है—साहित्येतर अनुवाद। साहित्यिक अनुवाद को मुक्त अनुवाद (फ्री ट्रांसलेशन) भी कहा जा सकता है जिसे करते समय अनुवादक कई प्रकार की छूटें लेने के लिए स्वतंत्र है। ऐसे अनुवाद में अनुवादक का अपना व्यक्तित्व प्रक्षेपित होता है, वह भावानुवाद और छायानुवाद का आश्रय लेता है, मूल पाठ का लक्ष्यभाषा पाठ में बहुत कुछ छोड़ देता है अथवा अनूदित पाठ में लक्ष्यभाषा का बहुत कुछ जोड़ देता है। लेकिन यदि यही प्रक्रिया साहित्येतर पाठ का अनुवादक अपनाए तो उसके अनुवाद को न तो उपयुक्त माना जाएगा और न ही सुंदर।

अनुवाद कार्य के नये आधार

अनुवाद पक्ष पर विचार करते समय एक निर्धारित 'पैरामीटर' भी तैयार किया गया है जिसमें पाठ में निहित संदेश, प्रेषक का लक्ष्य, संप्रेषण की स्थिति का संदर्भ और पाठ की अनुवादनीयता को केंद्रीय माना गया है। अर्थात आज अनुवाद केवल पाठ की संरचना तक सीमित न रह कर भाषा चयन, भाषा वैविध्य और भाषा के शैलीय पक्षों तक विस्तृत है। यह दृष्टि अनुवाद चिंतन को भाषावैज्ञानिक चिंतन के क्रमशः विकास और विस्तार से मिली है जिसमें प्रयुक्ति, प्रोक्ति और अनेक समाज भाषावैज्ञानिक पक्ष सहायक बनते चले गए हैं। इस तथ्य को हैलीडे (1978) के उस पैरामीटर में देखा जा सकता है जो उन्होंने प्रोक्ति के संदर्भ में निर्धारित किया था और जिसे यहाँ रेखांकन के रूप में दिया जा रहा है -

समाजशास्त्रीय परिवर्त (Sociological Variables)	*प्रोक्ति वर्ग* (Discourse Catagories)	*भाषिक रूप* (Linguistic forms)
सहगामी (Participants)	सरणि (Tenor)	वाक्य विन्यास (Syntax)
प्रयोजन (Purposes)	वृत्ति (Mode)	
विधान (Settings)	प्रयोगक्षेत्र (Domain)	शब्द विन्यास (Lexis)

इन प्रोक्ति वर्गों के बीच दर्शाए गए तीर चिह्न भाषाई रूपों को इंगित करते हैं। वास्तव में ये भिन्न-भिन्न भाषा कोड हैं। पूर्ण रेखाएँ यह संकेतित करती हैं कि संबंधित कोड वर्ग अधिक प्रचलित हैं, तथा टूटी रेखाएँ कोडों के कम प्रचलन को दर्शाती हैं। इन पैरामीटरों की पृष्ठभूमि में ही भिन्न पाठ भी एक ही पाठ के भीतर के उपकोड निर्मित करते हैं। अतः अनुवाद की कोई एक सैद्धांतिक पीठिका निर्मित नहीं की जा सकती। न्यूमार्क (1982) ने भी यह स्पष्ट किया था कि अनुवाद का शिल्प उसके पाठ की प्रकृति और निश्चित अनुवाद प्रक्रिया के चयन द्वारा ही निर्धारित होना चाहिए।

अनुवाद की इस व्यापकता ने ही अनुवादक के संबंध में चले आ रहे विचारों में भी उल्लेखनीय परिवर्तन किया। यह कहा गया कि कोई भी भाषा प्रयोक्ता अथवा संप्रेषक (कम्यूनिकेटर) अनुवादक होता है। चाहे वह वक्ता हो, या श्रोता, पाठक हो या लेखक, एकभाषी हो या द्विभाषी, अनुवाद की प्रक्रिया निरंतर उसके साथ चलती है। इसका तात्पर्य यह है कि एकभाषी (Monolingual) व्यक्ति भी अपने विचारों को पहले भाषा में कोडीकृत (encoding) करता है और फिर उसे मौखिक या लिखित अभिव्यक्ति देता है—यह भावों, विचारों का भाषा में रूपांतरण ही है और कुछ नहीं। भाषा (code) में व्यक्त इन विचारों को श्रोता/पाठक विकोडीकृत (decoding) करके ग्रहण करता है अर्थात उसका मस्तिष्क कोडबद्ध संदेश को रूपांतरित करके ग्रहण करता है। कहा जा सकता है कि भाषाई संप्रेषण का पूरा तंत्र ही कोडीकरण, विकोडीकरण की इस रूपांतरवादी प्रक्रिया से जुड़ा है। एकभाषी भाषाप्रयोक्ता द्विभाषी अनुवादक से इस स्तर पर भिन्न है कि अनुवादक पुनः कोडीकरण (re-encoding) की प्रक्रिया अपनाता है। एकभाषी संप्रेषक वक्ता या लेखक द्वारा व्यक्त कोड को विकोडीकृत करता है, उनमें निहित संदेशों को ग्रहण करता है जबकि अनुवादक किसी दूसरी भाषा में पाठ को पुनः कोडीकृत करता है, मूल संदेश को लक्ष्य भाषा में अंतरित करता है और ऐसे पाठकों तक अनूदित सामग्री पहुँचाता है जो मूल पाठ के पाठक की तुलना में भाषाई ही नहीं, समाज सांस्कृतिक धरातल पर भी भिन्न होते हैं, हो सकते हैं। इस संदर्भ में 'अनूदित पाठ का सिद्धांत' की वैचारिकी अनुवाद शास्त्र और अनुवाद कार्य दोनों को नवीन परिप्रेक्ष्य में रख कर देखने की दृष्टि हमें प्रदान करती है।

अनूदित पाठ का सिद्धांत

एकभाषी (स्वतः अनुवाद प्रक्रिया) और द्विभाषी (अनुवाद प्रक्रिया) दोनों के नौ चरणों का उल्लेख रोजर बेल (1991) ने किया है :

एकभाषी (स्वतः अनुवाद प्रक्रिया)	द्विभाषी (अनुवाद प्रक्रिया)
1. प्रेषक द्वारा संदेश और उसके अनुरूप कोड का चयन	1. अनुवादक द्वारा संकेत 1 में निहित संदेश का ग्रहण
2. संदेश का कोडीकरण	2. कोड 1 की पहचान
3. संप्रेषण सरणि का चयन	3. संकेत 1 का विकोडीकरण
4. उस संकेत का प्रेषण जिसमें संदेश निहित है।	4. संदेश का प्रतिनयन
5. ग्रहीता द्वारा उस संकेत का ग्रहण जिसमें संदेश निहित है	5. संदेश का बोध
6. ग्रहीता द्वारा कोड की पहचान	6. कोड 2 का चयन
7. संकेत का विकोडीकरण	7. कोड 2 के माध्यम से संदेश का कोडीकरण
8. संदेश का प्रतिनयन	8. संप्रेषण सरणि का चयन
9. संदेश का बोध	9. संकेत 2 में निहित संदेश का प्रेषण

इस प्रकार अनुवादक की भूमिका को 'पाठभाषाविज्ञान' और 'संकेत विज्ञान' से जोड़ते हुए अद्यतन अनुवाद चिंतन ने अनुवादक की बदलती भूमिका निर्धारित की और अनुवाद सिद्धांत को भी प्रक्रिया के संदर्भ में 'विवरण' और 'व्याख्या' की दृष्टि से पारिभाषित करते हुए अनुवाद सिद्धांत की आवश्यकताओं पर विचार किया, जिसमें पहली बार अनुवाद सिद्धांत को हर प्रकार की द्विअर्थता से बचाते हुए तीन धरातलों पर देखा गया है—प्रक्रिया के रूप में अनुवाद सिद्धांत, अनूदित पाठ के रूप में अनुवाद सिद्धांत तथा प्रक्रिया और परिणाम दोनों के रूप में अनुवाद सिद्धांत। पहले स्तर पर अनुवाद को 'सूचना संसाधन' से जोड़ा गया जिसके अंतर्गत प्रत्यक्षण, स्मृति तथा संदेश के कोडीकरण और विकोडीकरण को समाहित मानते हुए इसे मनोविज्ञान तथा मनोभाषाविज्ञान के क्षेत्र पर आश्रित स्वीकार किया गया है। दूसरे स्तर का संबंध अनूदित पाठ से है। इसीलिए इसे कई विद्वानों ने 'अनूदित पाठ का सिद्धांत' भी कहा है। यह क्षेत्र पाठ अध्ययन से संबंधित है, लेकिन यह अध्ययन भाषाई विश्लेषण के परंपरागत स्तरों तक ही सीमित नहीं है जो वाक्य और अर्थ तक सिमटे होते हैं बल्कि इसकी दृष्टि शैली वैज्ञानिक और पिछले कुछ वर्षों से विकसित 'पाठभाषाविज्ञान' और 'प्रोक्ति विश्लेषण' तक विस्तृत है। तीसरा पक्ष अनूद्यता के प्रश्न से संबंधित है जो लक्ष्यभाषा पाठ को मूलभाषा पाठ से अभिन्न मानते हुए अनूदित पाठ की जांच परख (समीक्षा, मूल्यांकन) को भी अपने भीतर समेटता है तथा अनुवाद के लिए सही तकनीक, प्रणाली और पद्धति को विकसित करने का प्रयत्न करता है ताकि अनुवाद कार्य अपनी वैज्ञानिक प्रक्रिया के सहारे आदर्श रूप ग्रहण

कर सके। बहुभाषिक भारत में अनुवाद कार्य की विविध भूमिकाओं के संदर्भ में उक्त सभी पक्षों को व्यावहारिक स्तर पर अपनाना नितांत आवश्यक है।

बहुभाषिक भारत में अनुवाद की नई भूमिका

भारतीय संदर्भ में अनुवाद की भूमिका निरंतर महत्त्वपूर्ण बनती जा रही है। एक ओर सृजनात्मक साहित्य का अनुवाद भारत की भावात्मक और संस्कृतिगत एकता को सिद्ध करते हुए भारतीय साहित्य के 'एक' होने की धारणा को प्रमाणित करता है तो दूसरी ओर तुलनात्मक साहित्य के अध्ययन को उस रूप में सिद्ध करता है जहाँ भारतीय साहित्य का विभिन्न भाषाओं में समानांतर विकास क्रम भी देखा जा सके तथा साहित्यिक अभिवृत्तियों का समाकलित अध्ययन भिन्न भाषा परिवेश में किया जा सके।

इसके साथ ही आज भाषा की पूर्णता अथवा एकरूपता को अस्वीकृत कर दिया गया है। हमारी भाषाई जरूरतें बदल गई हैं। भाषा विवरण से अधिक महत्त्वपूर्ण भाषा संप्रेषण और भाषिक बोध हो चुका है। यही कारण है कि आधुनिक भाषाविज्ञान आज उपभाषाओं अथवा भाषा विकल्पन (Language varieties) की चर्चा करता है जो पूर्णभाषा के ही अभिव्यक्त अथवा प्रयोजनमूलक प्रभेद होते हैं। इस संदर्भ में ही व्यक्तिबोली, बोली, प्रयुक्ति, शैली और रीति की चर्चा आज हो रही है। इन सभी स्तरों पर भाषा का संरचनात्मक ढांचा या उसके अभिलक्षण ध्वनि स्तर से लेकर व्याकरण स्तर तक परिवर्तनीय होते हैं। जैसे-जैसे भाषा भिन्न ज्ञान क्षेत्रों में प्रवेश करती है, अपना अलग रूप धारण करती चलती है। उसका यह रूपगत वैशिष्ट्य पाठ की प्रकृति को रेखांकित करता है। इसीलिए साहित्येतर अनुवाद की दिशा में भाषा के इन समस्त प्रभेदों को भाषा में अंतर्निहित अभिलक्षण मानते हुए अनुवाद चर्चा को नई दिशा दी गई है। वास्तव में यहीं से अनुवाद का वह उपादेय स्वरूप उभरता है जिसके कारण उसे एक सामाजिक कार्य भी माना जा रहा है और उपभोक्ता सापेक्ष स्वीकार करते हुए पाठ की प्रकृति पर प्रकार्यात्मक दृष्टि से विचार किया जा रहा है। अतः अनुवाद सिद्धांत के उपादेय संदर्भों पर भी भारत को 'एक अनुवाद क्षेत्र' मानने के चलते गंभीर विचार होना चाहिए।

अनुवाद का सामाजिक संदर्भ

अभी-अभी यह चर्चा की गई कि अनुवाद विज्ञान ने पिछले चार दशकों में नई दिशाएँ निर्मित की हैं। अनुप्रयुक्त भाषाविज्ञान की एक शाखा के रूप में उसकी पहचान ने न केवल उसकी सैद्धांतिक सीमाओं की ओर दृष्टिपात करने में हमारी मदद की है बल्कि व्यावहारिक स्तर पर भी अनुवाद की बहुआयामी एवं बहुमुखी प्रकृति से हमारा साक्षात्कार कराया है। आज अनुवाद विज्ञान के साथ आधुनिक

भाषाविज्ञान की कई उपशाखाएँ संबद्ध हो चुकी है—व्यतिरेकी विश्लेषण, समाजभाषाविज्ञान, प्रतीक सिद्धांत और शैलीविज्ञान द्वारा प्रदत्त भाषा-विश्लेषण की अनेकानेक विधियों ने अनुवाद प्रक्रिया तथा अनूदित पाठ के संदर्भ में तार्किक एवं वैज्ञानिक निष्कर्ष तक पहुँचा कर अनुवाद के सैद्धांतिक तथा व्यावहारिक दोनों पक्षों को व्यापकता प्रदान की है।

अनुवाद के साथ 'सामाजिक उद्देश्य', 'उपभोक्ता सापेक्षता' और 'लक्ष्य भाषा केंद्रिकता' जैसी संकल्पनाओं के जुड़ाव ने उसे 'साहित्यिक पाठ' से भी अधिक 'साहित्येतर पाठ' से ला जोड़ा है। साहित्येतर विषयों के महत्व ने ही अनुवाद को 'विज्ञान' के रूप में स्वीकारने की दृष्टि दी। इसमें संदेह नहीं कि आधुनिक ज्ञान-विज्ञान का विकास इस युग की देन है। सामाजिक आवश्यकताओं के अनुसार आज अनेक ऐसे विषय-क्षेत्र विकसित हुए हैं जो पूरे विश्व के आर्थिक, सामाजिक, औद्योगिक और तकनीकी विकास को सिद्ध एवं पुष्ट करते हैं। आधुनिक ज्ञान-विज्ञान के ये सभी संदर्भ हमारी 'भावना' से नहीं, हमारी 'बुद्धि' से संचालित होते हैं। इन विषयों को 'तथ्यपरक' विशेषण दिया गया है। 'तथ्यपरकता' के कारण ही इन विषयों की भाषा अभिधामूलक होती है तथा अनुवादक के व्यक्तित्व से अनूदित पाठ निरपेक्ष रहता है। अतः इन विषयों के अनुवाद की प्रक्रिया भिन्न और अपनी प्रकृति में वैज्ञानिक होती है। यह भी माना गया है कि प्रशिक्षण द्वारा इन विषयों का अनुवाद करना सीखा-सिखाया जा सकता है या अनुवादक में इन विषयों का अनुवाद करने का कौशल उत्पन्न किया जा सकता है। तथ्यपरक विषयों का अनुवाद एक निश्चित दिशा में चल कर ही संभव हो पाता है; और यह भी कि भावपरक विषयों की तुलना में तथ्यपरक विषयों का अनुवाद सहज और आसान होता है।

इस प्रकार सामयिक अनुवाद-चिंतन के अनुवाद-सामग्री, अनुवाद-प्रक्रिया और अनूदित पाठ संबंधी विचारों में साहित्येतर पाठ अपनी जगह बनाने लगे हैं। अब अनुवाद मात्र भावात्मक एकता का माध्यम और तुलनात्मक साहित्य के अध्ययन का आधार भर नहीं रह गया है। वह 'भावपरक पाठ' (emotive text) से 'तथ्यपरक पाठ' (Factual/informative text) की ओर उन्मुख हो चुका है और रूपवाद (formalism) की जगह प्रयोजनवाद (functionalism) उसकी मूल चिंता बन चुका है।

यह मानना पड़ेगा कि अनुवाद संबंधी रूपावली (paradigm) के इस उल्लेखनीय बदलाव को दिशा देने में भाषावैज्ञानिक अध्ययन के विकास की भूमिका प्रमुख रही है। इस विकास ने अनुवाद को एक 'सिद्धांत' और 'कार्य' दोनों स्तरों पर एकदम अलग स्वीकृति देते हुए यह स्पष्ट कर दिया कि अनुवाद सिर्फ़ बाह्य रूपों (surface forms) को अनुरूपता नियम (correspondence) के आधार पर देखना ही नहीं है; यह कहीं अधिक जटिल प्रक्रिया है जिसमें विश्लेषण (analysis), अंतरण (transfer), पुनः संरचना (restucturing) और इकाई विश्लेषण (componential analysis)

जैसी भाषावैज्ञानिक प्रणाली से उद्भूत प्रक्रियाएँ अत्यंत महत्त्वपूर्ण हैं। ये मिलकर अनुवाद प्रक्रिया और अनूदित पाठ-समीक्षा को वैज्ञानिक रूपाकार प्रदान करते हैं तथा मूल पाठ के धरातल पर अनुवादक और अनूदित पाठ से पांच अपेक्षाएँ रखते हैं—पर्याप्तता (adequacy), समानता (similarity), सादृश्यता (analogy), निश्चरता (invarience) और सर्वसमता/अन्विति (cognigence)।

अनुवाद समीक्षा और मूल्यांकन का संदर्भ

इन वर्षों में अनुवाद के सैद्धांतिक परिवेश में कई महत्त्वपूर्ण अध्याय जुड़ते गए हैं जिन्होंने अनुवाद की सीमाओं को देखने की पद्धति भी हमें प्रदान की। शब्दावली के मानकीकरण, एकात्मता, उपयुक्तता, विषयानुकूलता की परख इसका एक स्तर था, पाठ की अनूद्यता से जुड़े प्रश्न दूसरा और अनूदित पाठों की जटिलता, मूल पाठ के अनपेक्षित प्रभावों और प्रोक्ति के स्तर पर अनूदित पाठ की सहजता और प्रवाह तीसरा—इन तीनों स्तरों पर लक्ष्य भाषा हिंदी पाठ के संदर्भ में भी आज विचार आने लगे हैं। इन तीनों स्तरों की वैज्ञानिक परख के लिए अनुवाद-सिद्धांत ने दो संकल्पनाएँ—अनुवाद समीक्षा और अनुवाद मूल्यांकन; सामने रखी हैं और इन्हें साधने की व्यावहारिक पद्धतियों की चर्चा की है, जिनसे यह प्रमाणित होता है कि अद्यतन अनुवाद सिद्धांत की दृष्टि से अनुवाद करने का तात्पर्य केवल यह नहीं है कि किसी कृति का कैसा भी अनुवाद कर दिया जाय—बल्कि यह जांचना है कि भाषिक, समाज-भाषिक, सांस्कृतिक और प्रयोजनमूलक आदि अनेक स्तरों पर अनुवाद कैसा हुआ है? यदि वह अच्छा (उपयुक्त) है तो क्यों और अच्छा नहीं है तो क्यों? अनूदित पाठ की संप्रेषणीयता, शुद्धता और बोधगम्यता का यह आकलन अनुवादकों को गंभीर बना सकता है क्योंकि आज अनुवाद विज्ञान विभिन्न आयामों पर विकसित हो रहा है और उसके सिद्धांतों के अनुप्रयोग की आवश्यकता भी बढ़ गई है। अनुवाद चिंतन का अनुप्रयुक्त पक्ष समाज भाषाविज्ञान, शैली विज्ञान और अर्थ विज्ञान से जुड़ता जा रहा है। अनुवाद की इस व्यापकता को अनूदित पाठ के संदर्भ में रेखांकित करती हैं ये दोनों संकल्पनाएँ जिनके केंद्र में पाठ होता है—मूल पाठ भी और अनूदित पाठ भी। यह पाठ साहित्यिक भी हो सकता है और साहित्येतर भी। अतः इन दोनों के अनूदित पाठों के परीक्षण की प्रक्रिया और प्रविधि में अनिवार्यतः भेद होगा। पर केंद्रीय महत्व पाठ का ही होता है क्योंकि इसके आधार पर ही अनूदित पाठ की विशेषता और सीमा दोनों का पता चलता है। परीक्षण में यह देखना महत्त्वपूर्ण होता है कि किसी पाठ/रचना/कृति का अनुवाद करने के कारण और उद्देश्य क्या हैं? इसमें अनुवादक की पसंद अभिप्रेरक तत्व है या पाठक का अनुभव जगत भी? केवल अनुवादक की पसंद अनुवाद को व्यावसायिक बनाती है और परिणामस्वरूप अनुवाद के स्तर में गिरावट आ जाती है। अनुवादक व्यक्ति है या मशीन, अनुवाद आपाधापी

में किया गया है या स्थिर मानसिक स्थिति में, ये धरातल ही अनुवाद समीक्षा की परिधि बनते हैं। अनूदित पाठ इन सबकी ओर संकेत करता है जिसे हम अनुवाद संदर्भ (context of translation) कह सकते हैं।

एक ही पाठ के एकाधिक अनुवादकों को केंद्र में रखकर उनका परस्पर आकलन भी अनुवाद समीक्षा का महत्त्वपूर्ण धरातल है। अनुवाद समीक्षा में निहित ये सभी बिंदु अनुवाद के व्यावहारिक पक्ष को उपयोगी बना सकते हैं और यह सिद्ध कर सकते हैं कि अनुवाद समीक्षा संप्रेषण सिद्धांत का एक अंग है जिसमें भाषिक और पराभाषिक (extra linguistic) पक्षों की तुलना होती है और वाक्य, अर्थ तथा संदर्भ साधन का कार्य करते हैं।

अनुवादनीयता का संदर्भ

अनुवादनीयता अथवा अनूद्यता का पक्ष भी आज अनुवाद सिद्धांत का चर्चित क्षेत्र बन चुका है। इस संकल्पना को अनुवाद व्यवहार तथा अनुवाद विचार दोनों का केंद्र-बिंदु माना जा सकता है। अनुवाद व्यवहार का जनक है अनुवादक; जिसके सामने लक्षित मूल भाषा पाठ की अनूद्यता ही पहला प्रश्न है–समग्र पाठ की अनूद्यता और पाठानुवर्ती छोटी इकाइयों की अनूद्यता। यह बात तो अनुवाद सिंद्धांत ने बहुत पहले स्वीकार ली थी कि अनूदित पाठ, मूल पाठ के पूर्ण समतुल्य नहीं हो सकता। आज यह भी कहा जा रहा है कि 'समतुल्यता' की समस्या केवल भाषिक/संरचनात्मक स्तर पर ही नहीं, अन्य स्तरों पर भी देखी जानी चाहिए क्योंकि अनूद्यता की समस्या इन सभी स्तरों पर उत्पन्न होती है, मात्र संरचनात्मक स्तर पर नहीं। विशेष रूप से साहित्यिक पाठ में तो मूल भाषा पाठ के सामाजिक, सांस्कृतिक, दार्शनिक मूल्य, भाषा के प्रकार्यात्मक तथा संप्रेषणपरक विभेद और भाषेतर अनेक स्तर इतने गहरे संबद्ध होते हैं कि इनमें से कुछ तो अनुवादनीय होते ही नहीं, कुछ आंशिक रूप से ही अनुवादनीय होते हैं और कुछ मात्र शाब्दिक स्तर पर।

पूर्ण समतुल्यता की असंभाव्यता की बात तो नाइडा, कैट्फर्ड, न्यूमार्क से लेकर रोजर बेल तक ने उठाई, पर तर्क सिर्फ यह दिया कि दोनों भाषाएँ एक-दूसरे से भिन्न होती हैं। आज यह भी देखा जाने लगा है कि दोनों भाषाएँ रूपात्मक स्तर पर तो भिन्न होती ही हैं, इनके विभिन्न प्रकार्यात्मक रूप भी भिन्न होते हैं और रूपात्मक भेदों में निहित अर्थ-भेद भी हर भाषा में अपने ढंग से लक्षित होता है। इसीलिए 'अनुवादनीयता' का पक्ष आज अर्थ के गहरे संदर्भों, भाषा की समाज-सांस्कृतिक विविधताओं तथा उसकी संप्रेषणपरक सरणियों तक विस्तृत हो चुका है जो यह देखने का प्रयास करता है कि अनुवाद की दृष्टि से भाषा में प्रस्तुत मूल पाठ का कौन-सा पक्ष (व्याकरणपरक, संप्रेषणपरक, प्रयोजनमूलक, शैलीगत आदि) किस सीमा तक अनुवादनीय हो सकता है। यह भी कि इनमें से किस पक्ष/तत्व का किस प्रक्रिया

से अनुवाद किया जाय कि यह समतुल्यता के लक्ष्य को अधिकाधिक पूरा कर सके। आज यह भी स्पष्ट हो चुका है कि अनुवादनीयता एक अनवरत प्रक्रिया है और यह भी कि मूल पाठ की इकाइयाँ न तो पूर्ण रूप से अनुवादनीय होती है और न ही पूर्णतः अननुवाद योग्य, बल्कि 'कम' या 'अधिक' अनुवादयोग्य (translatable) होती हैं। अतः 'समतुल्यता' भी SL-TL* के मातृभाषिक/इकाईगत धरातल पर ही नहीं, उनमें स्थिति संदर्भों के कुछ समान प्रासंगिक रूपकों के संबंध पर निर्भर करती है। निश्चित ही अनुवाद चिंतन में यह व्यापकता भाषा अध्ययन में भाषा प्रकार्यों को महत्व मिलने के कारण आई है क्योंकि आज भाषा को व्यवस्था नहीं, व्यवस्थाओं की व्यवस्था के रूप में देखते हुए उसके व्यवहारगत प्रकार्य को सर्वाधिक महत्व दिया जा रहा है।

प्राकृतिक अनुवाद का संदर्भ

अनुवाद समीक्षा और अनूद्यता के अलावा प्राकृतिक अनुवाद की संकल्पना ने भी आधुनिक अनुवाद चिंतन को नई धार दी है। आधुनिक भाषाविदों और अनुवाद शास्त्रियों ने पद्धति या प्रक्रिया के अनुसार अनुवाद की चर्चा करते हुए 'प्राकृतिक अनुवाद' तथा 'तुलनात्मक साहित्य और अनुवाद' के महत्व को नए ढंग से विवेचित किया है। यह देखा गया है कि मातृभाषाभाषी (एकभाषी) अपने विचारों को व्यक्त या संप्रेषित करने के लिए तथा दूसरों के संदेश को ग्रहण करने के लिए 'रूपांतरण' की प्राकृतिक प्रक्रिया अपनाता है अर्थात 'कोडीकरण' और 'विकोडीकरण' की प्रक्रिया हमारी सामान्य संप्रेषण व्यवस्था में भी निरंतर चलती रहती है। चाम्स्की ने भी स्वीकारा है कि मानव मस्तिष्क भाषा के नियमों को अपने भीतर समेटे रहता है, यही नियम उसके भाषा-व्यवहार और भाषा बोध को दिशा देते हैं। मानव मस्तिष्क भाषा को उसकी बाह्य संरचना (surface structure) के स्तर पर भी ग्रहण करने की क्षमता रखता है और आंतरिक संरचना (deep structure) के स्तर पर भी। इसलिए जब हम कहते हैं कि 'मेरा गला सूख रहा है' तब श्रोता का मस्तिष्क बाह्य स्तर पर भी इसका अर्थ ग्रहण करता है और आंतरिक स्तर पर यह अर्थ भी ग्रहण करता है कि वक्ता को 'प्यास लगी है' या 'उसे पानी चाहिए'। जिस प्रकार एकभाषी प्राकृतिक भाषा संसाधन (Natural Language Processing) कर सकता है, उसी तरह द्विभाषी भी NLP की क्षमता से युक्त होता है। कोई भ्रम न हो इसलिए यह विचार भी किया गया कि प्रत्येक द्विभाषिक प्राकृतिक अनुवाद की दृष्टि से पूर्ण अनुवादक नहीं हो सकता। और यह भी कि व्यक्तिगत द्विभाषिक (Individual Bilingual) की अनुवाद क्षमता सीमित होती है जबकि समुदायपरक

---

* SL = Source Language – स्रोत भाषा
TL = Target Language – लक्ष्य भाषा

द्विभाषिक (community type bilingual) की अनुवाद क्षमता विस्तृत होती है। इसका कारण यह है कि समुदायपरक द्विभाषिक, मातृभाषाभाषी समुदाय के सदस्यों की भाँति ही भाषा पर अधिकार रखता है। इस प्रकार की द्विभाषिकता द्विभाषिक की प्राकृतिक अनुवाद क्षमता (दोनों भाषाओं में) को भी विस्तृत करती हे और दोनों भाषाओं में परस्पर अनुवाद की क्षमता को भी।

अनुवाद क्षमता का संदर्भ

आज अनुवाद सिद्धांत 'ज्ञान' की अपेक्षा 'क्षमता' को महत्व देता है। वह बात करता है कि अनुवादक को स्रोत भाषा, लक्ष्य भाषा, पाठगत, विषयक्षेत्र, भाषा^{1} तथा भाषा^{2} के व्यतिरेकी संबंधों का ज्ञान होना चाहिए। वह बल देता है कि दो भाषाओं में संप्रेषणपरक क्षमता अनुवाद को एक व्यवस्था के रूप में अपनाने वाले अनुवादक के लिए और भी ज़रूरी है–ये क्षमताएँ हैं–पदबंध एवं उपवाक्य संबंधी भाषिक क्षमता, वाक्योपरि क्षमता, अर्थगत (प्रयुक्तिगत) भाषिक क्षमता, पाठ में निहित प्रैगमैटिक संदर्भों (सामाजिक, सांस्कृतिक, आंचलिक) को व्याख्यायित करने की क्षमता। इन क्षमताओं के सहारे ही अनुवादक भाषा संरचना और भाषा व्यवहार दोनों स्तरों पर भाषा$_1$ और भाषा$_2$ के गठन और बुनावट का सूक्ष्म विश्लेषण कर सकता है और अनुवादनीय तथा अन- अनुवादनीय घटकों की पहचान कर सकता है। इसके अंतर्गत उसका स्रोत भाषा का ज्ञान उसमें निहित कोडों की वाक्यगत व्यवस्था (Syntactic rule system of the code) के ज्ञान से भी जुड़ता है और फिर लक्ष्य भाषा में भी इन कोडों की प्रकृति का ज्ञान प्राप्त करने में उसे सहायता मिलती है। कोडों के शब्द-समूह और उनके अर्थगत वैशिष्ट्य (Lexicon & Semantics of the code) की पहचान उसे प्रयुक्तिगत/साहित्येतर अनुवाद करते समय कई प्रकार से सहायता पहुँचा सकती है। साथ ही इनके सहारे भाषा$_1$ तथा भाषा$_2$ की पाठ सृजन क्षमता की सीमाओं और विस्तारों का ज्ञान भी उसे हो जाता है जो अनुवादनीयता से संबंधित निर्णय लेने में उसकी सहायता करता है। अनुवादक में इस संप्रेषणपरक क्षमता को ही आधुनिक अनुवाद विज्ञान आज प्रमुख अर्हता के रूप में देखता है–The knowledge and ability possessed by the translator which permits him/her to create communicative acts – discourse which are not only (and not necessarily) grammatical but socially appropriate.

तुलनात्मक साहित्य और अनुवाद का संदर्भ

अब थोड़ी सी बात तुलनात्मक साहित्य और अनुवाद के संदर्भ में। तुलना हमेशा से मूल्यांकन का आधार रही है। यही कारण है कि एक ही भाषा, भिन्न रचनाकारों तथा दो भिन्न रचनाओं की तुलना करते हुए हमें अनेक वक्तव्य मिलते

हैं–प्रसाद की 'कामायनी' अंग्रेज़ी का Paradise Lost है, प्रेमचंद हिंदी के गोर्की हैं, शिवप्रसाद सिंह प्रेमचंद की परंपरा के रचनाकार हैं, पंत हिंदी के कीट्स हैं आदि। हमारे यहाँ तुलनात्मक साहित्य में अनुवाद का पक्ष अपना पूरा महत्व प्राप्त नहीं कर सका है पर वैचारिक सुगबुगाहट पिछले कुछ वर्षों से दिखाई देने लगी है। गेटे की 'वर्ल्ड लिट्रेचर' की कल्पना अनुवाद के बिना संभव नहीं थी। विभिन्न जातीय साहित्य के बीच सहयोजन, प्रभाव एवं समानांतरता का अध्ययन इसकी एक परिधि है जिसकी भारतीय भाषा साहित्य और हिंदी के संदर्भ में अनंत संभावनाएँ हैं। इसके अलावा मौखिक और लिखित साहित्य के बीच का अंतः संबंध (मिथकों या लोक विश्वासों) का लिखित साहित्य में रूपांतरण, एक ही भौगोलिक सीमा में बंधे या एक ही महाद्वीप से संबद्ध राष्ट्रों के साहित्य में वैचारिक तथा अनुभूतिपरक समानताओं का अध्ययन आदि अनुवाद सिद्धांत की धारा से जुड़ते जा रहे हैं। भारतीय साहित्य तथा भारतीय और विश्व साहित्य के बीच अनुवाद की जो अलग-अलग समस्याएँ उठती हैं उनकी चर्चा भी अब अनुवाद चिंतन का केंद्रबिंदु बन चुकी है जिसे तीन स्तरों पर देखा जा रहा है–अनुवादक, कृति और भाषा की संरचना तथा बुनावट।

इस समस्त चर्चा को समेटें तो कहा जा सकता है कि अनुवाद का सैद्धांतिक पक्ष आज व्यावहारिक परिणति की ओर झुका हुआ है। वह मानता है कि किसी भी अनूदित पाठ को दो स्तरों पर खरा उतरना चाहिए-पर्याप्तता का स्तर (adequacy) और स्वीकार्यता का स्तर (acceptability)। पर्याप्तता का स्तर अनूदित पाठ को मूलपाठ की संरचना के निकट ले जाने का प्रयास करता है जबकि स्वीकार्यता का स्तर उसे लक्ष्य भाषा की बुनावट की ओर ले जाता है। इस प्रकार अनुवाद कोई एकास्पद (monistic) रचना नहीं है। वह दो संरचनाओं पर एक दूसरे से टकराते हुए किया जाने वाला कार्य है।

साहित्येतर अनुवाद का संदर्भ

इसी संदर्भ में साहित्येतर हिंदी अनुवाद की दशा की चर्चा भी कर ली जाय। भारत में राजभाषा हिंदी की स्वीकार्यता तथा अंग्रेज़ी को सहराजभाषा के रूप में मिली मान्यता ने हिंदी भाषा के आधुनिकीकरण में अनुवाद की भूमिका को अनिवार्य बना दिया है। परंतु इस धरातल पर किए जा रहे अनुवाद कार्य में लक्ष्य भाषा हिंदी की प्रकृति के स्थान पर अंग्रेज़ी से शाब्दिक या शब्दानुवाद को ही लक्ष्य मान लिया गया है। राजभाषा की संकल्पना में भी हम कहीं चूक गए। कामकाज की भाषा अथवा आर्थिक-औद्योगिक विकास को संभव बनाने वाली भाषा के साथ हम उसे 'सामासिक संस्कृति की अभिव्यक्ति की माध्मय भाषा' बनाने का लोभ संवरण न कर सके। यह दूसरी भूमिका हिंदी साहित्यिक अनुवाद के माध्यम से पूरा करती आ रही थी। राजभाषा में इस सामासिकता को रेखांकित करने वाली भाषा क्लासिकल भाषा संस्कृत

को मान लिया गया और राजभाषा हिंदी का मूलभूत ढाँचा संस्कृतनिष्ठ बन गया।

दूसरी ओर अनुवाद की प्रक्रिया में 'पर्याप्तता' के स्तर को साधने के चक्कर में हिंदी अनुवाद मूल अंग्रेज़ी पाठ की छाया बनते चले गए, फलतः उनकी संप्रेषणीयता बाधित हुई, उनमें कृत्रिमता आई और राजभाषा हिंदी को 'जटिल' होने का आरोप झेलना पड़ा। इसीलिए 'स्वीकार्यता' के स्तर पर राजभाषा हिंदी अपना वह स्थान न बना सकी, जो उसे अखिल भारतीय स्तर पर 'संपर्क भाषा' के रूप में बड़ी सहजता से मिल गया था। अंग्रेज़ी अनुवाद पर आधारित यह हिंदी जन भाषा की प्रकृति के विरुद्ध जाती है। यह एक ऐसी शैली को जन्म देती है जो जनसामान्य के भाषा व्यवहार में फल-फूल रही हिंदी से कोसों दूर है। अतः आज हिंदी के इस आधुनिकीकरण को अद्यतन अनुवाद चिंतन द्वारा प्रदत्त पद्धतियों के सहारे पुनः व्याख्यायित करने की आवश्यकता है। इसके लिए अनुवाद-समीक्षा प्रणाली का उपयोग करते हुए साहित्येतर हिंदी को मौलिक हिंदी के प्रवाह की ओर मोड़ने की जरूरत है। स्वतंत्रता के बाद कुछ उद्देश्यों की तत्काल पूर्ति के लिए जो कदम उठाए गए थे, अर्थात् जो अनुवाद प्रक्रिया अपनाई गई थी, उनमें यदि कमियाँ रह गई हैं तो आज भी उन्हें ढोते रहने से कोई लाभ नहीं है।

ज़रूरी है कि इस दिशा में हिंदी की अनुवाद प्रक्रिया रूपांतरित हो जिसमें सृजनात्मकता, आधुनिकता, मानकता और एकरूपता को साधते हुए राजभाषा हिंदी का जानदार ढाँचा उभर सके।

2

समतुल्यता के सिद्धांत का व्यापक परिप्रेक्ष्य

इसमें आज किसी अनुवाद-चिंतक या विचारक को संदेह नहीं कि आधुनिक विश्व समुचित और व्यापक संप्रेषण के लिए अनुवाद पर पूर्णतः आश्रित है। अनुवाद की इसी विश्वजनीन स्वीकार्यता के कारण पिछले कुछ वर्षों में ही अनुवाद ने चिंतन के धरातल पर भाषावैज्ञानिकों, तर्कशास्त्रियों तथा 'अर्थ' अध्येताओं को अपनी ओर आकर्षित किया है। इस चिंतन के परिणामस्वरूप ही मानविकी की अन्य शाखाओं (भाषाविज्ञान, साहित्य सिद्धांत आदि) की भाँति ही अनुवाद भी अपने विकास-क्रम में प्रतीक/संकेत विज्ञान (सेमिऑटिक्स) से जुड़ा, जहाँ प्रतीक सिद्धांत का उपयोग इन ज्ञान-क्षेत्रों में करते हुए इन्हें वैज्ञानिक चिंतन और स्वरूप से संबद्ध किया गया।

प्रतीक विज्ञान और 'प्रतीक' सिद्धांत से संबद्धता के परिणाम स्वरूप अनुवाद का क्षेत्र भाषाविज्ञान के विशिष्ट क्षेत्र के अंतर्गत आ सिमटा। भाषाविज्ञान से उसकी इस निकटता ने उसे अनुप्रयुक्त भाषाविज्ञान की एक विशिष्ट शाखा के रूप में ही मान्यता नहीं प्रदान की बल्कि अनुप्रयुक्त भाषाविज्ञान की अन्य शाखाओं जैसे व्यतिरेकी भाषाविज्ञान और शैलीविज्ञान की विश्लेषण-प्रक्रिया को अपनाते हुए अनुवाद सिद्धांत ने अपने स्वरूप को और भी व्यापक तथा व्यवस्थित बनाया।

इस प्रकार अनुवाद के लिए एक ऐसा सिद्धांत निर्मित हुआ जहाँ स्रोत भाषा के मूल पाठ तथा लक्ष्य भाषा में उसके अनूदित पाठ को समतुल्यता पर आधारित संबंधों के परिप्रेक्ष्य में देखने-परखने की दृष्टि हमें मिली। इस संबंध में डुबॉयस (1972) के विचारों को देखा जा सकता है 'अनुवाद किसी दूसरी भाषा (लक्ष्य भाषा) में की गई वह अभिव्यक्ति है जो पहले ही किसी भाषा (स्रोत भाषा) में की जा चुकी है और जिसमें मूल के अर्थ और शैली की समतुल्यता को सुरक्षित रखा जाता है।'[1]

1. Translation is the expression in another language (or target language) of what has been expressed in another, source language preserving semantic and stylistic equivalences.

अनुवाद की प्रकृति

इस मंतव्य पर कोई टिप्पणी करने से पूर्व हमें अनुवाद की प्रकृति पर भी चर्चा कर लेनी चाहिए। इसमें संदेह नहीं कि अनुवाद की प्रकृति में प्रक्रिया का विश्लेषण उसे सर्वोत्तम रूप प्रदान कर सकता है—अनुवाद वह है जैसा 'अनुवाद' करता है (ट्रांसलेशन इज़ ऐज़ ट्रांसलेशन डज़)। यह भी अब मान ही लिया गया है कि अनुवाद करते समय सभी तत्वों के विश्लेषण की प्रक्रिया समान ही होती है। निश्चित ही यह प्रक्रिया अब मात्र जड़ पर्यायों तक अपने को सीमित नहीं रखती बल्कि इनके गत्यात्मक (डायनेमिक) प्रयोगों पर भी दृष्टि रखती है। केवल संबंध तत्वों की रचना को नहीं देखती, बल्कि वे किन परिस्थितियों में आपस में एक-दूसरे से प्रभाव ग्रहण करते हैं, इसका भी विवेचन करती है। इस संबद्धता और प्रभाव ग्रहण से अर्थ को कौन-सा विस्तार किस दिशा में मिलता है, इस ओर भी अनुवाद प्रक्रिया सूक्ष्म दृष्टि रखती है।

प्रक्रिया से संबद्ध विश्लेषण में उपरोक्त स्थितियों को देखना अपने में अनुवादक से सूक्ष्म और गहरी दृष्टि की अपेक्षा रखता है। परंतु समतुल्यता की प्राप्ति के लिए इतना ही पर्याप्त नहीं है। अनेक ऐसी स्थितियाँ हैं जो समतुल्यता की विचारधारा को चुनौती देती हैं और इन चुनौतियों का सामना अनुवादक को करना ही पड़ता है। ये चुनौतियाँ कई समस्याओं से जुड़ी हुई है। इनमें अर्थ की दार्शनिक समस्या, संप्रेषण की सामाजिक समस्या, कला-सृजन की सौंदर्य शास्त्रीय समस्या, मनोवैज्ञानिक समस्याएँ और शैली पर उनका प्रभाव, राष्ट्रीय चरित्र की नृतत्व शास्त्रीय समस्या और चिंतन पर उनका प्रभाव आदि प्रमुख हैं। अतः समतुल्यता की चर्चा को मात्र संरचनात्मक स्तर तक उठाने या मात्र 'अर्थ' और 'शैली' तक सीमित करने की स्थिति में भी अब क्रांतिकारी परिवर्तन आया है।

संभवतः इसीलिए हैरिस (1968) ने कहा था कि अनिवार्य और पर्याप्त को समतुल्यता के अंतर्गत देखना एक प्राक्कल्पनात्मक दृष्टि ही है। इसीलिए वे यह भी मानते हैं कि अवैकल्पिता (इनवेरिएंस), समानता (एनालॉजी), समतुल्यता (ईक्वीवलेंस) जैसी संकल्पनाएँ प्राक्कल्पनाएँ ही हैं जहाँ हमारा केवल वह ज्ञान उद्घाटित होता है कि मूल और अनूदित पाठ कैसे संपर्क करते हैं। इस प्रकार हैरिस के विचार प्रकारांतर से यही कहते दिखाई देते हैं कि उपरोक्त प्रकार की संकल्पनाएँ भिन्न परिस्थितियों के संदर्भ में उभारी जाकर ही उपयुक्त अनुवाद के सफल निर्माण में सहायक औज़ार बन सकती हैं। इनका सफल-सार्थक प्रयोग पूरी तरह अनुवादक की दक्षता और क्षमता पर निर्भर करता है, इसमें कोई संदेह नहीं।

समतुल्यता का सिद्धांत : वैचारिक पृष्ठभूमि

हम अनुवाद सिद्धांतों की वैचारिक पृष्ठभूमि को यदि ध्यान से देखें तो कई विचारक अनुवाद को समतुल्यता के संदर्भ में पारिभाषित करने को एक फैशन के रूप में अपनाते हुए दिखाई देते हैं। यही कारण है कि कुछ विचारकों ने समतुल्यता की अवधारणा को स्पष्ट भी किया तथा इसके प्रयोग के विरोध में जाकर भी अपने विचार व्यक्त किए। इस धरातल पर हैरिस (1968) का विचार उल्लेखनीय है :-

'अनुवाद की परिभाषा अक्सर भाषाविद समतुल्यता के संदर्भ में देते दीख पड़ते हैं। अनुवाद के भाषा विश्लेषण में हमें इस गारंटी की कोई आवश्यकता नहीं होती कि दोनों पाठ समतुल्य हैं। हम तो यह देखना चाहते हैं कि दोनों पाठ मैच कर रहे हैं और यह मैचिंग निश्चित सीमा के भीतर है। लेकिन हर प्रकार की मैचिंग को हम समतुल्यता नहीं कह सकते। जहाँ समतुल्यता है वहाँ भी अनुवाद विश्लेषण में उन्हें ढूँढ़ना होगा, केवल उनका अनुमान लगाना ही पर्याप्त नहीं है।'[2]

समतुल्यता की अवधारणा को साहित्यिक और साहित्येतर अनुवाद के संदर्भ में देखते हुए दुरिशिन (1972) ने विचार किया कि साहित्यिक तथा साहित्येतर अनुवाद का भेद साहित्य के विशिष्ट प्रारूप के कारण होता है जहाँ साहित्यिक पाठ और अनुवाद के बीच का संबंध मात्र भाषाई व्यवस्था द्वारा स्थापित नहीं होता। यहाँ साहित्यिक पाठ का सौंदर्यशास्त्रीय प्रकार्य अधिक महत्त्वपूर्ण बन जाता है। महत्त्वपूर्ण इसलिए कि यह लोक, संस्कृति, दर्शन का समन्वय करते हुए तथा बिंबों, प्रतीकों, अलंकारों का प्रयोग करते हुए साहित्यिक पाठ को सर्जनात्मक ऊर्जा प्रदान करता है। इसलिए साहित्यिक पाठ के अनुवाद की दृष्टि प्राकृतिक भाषा के स्तर पर मात्र समतुल्यता की स्थापना पर केंद्रित नहीं होती बल्कि यहाँ उसका केंद्र-बिंदु कला-प्रक्रिया की समतुल्यता बन जाता है। इसीलिए दुरिशिन की मान्यता है कि अर्थ-तत्व का अंतरण मात्र भाषाई कोडों का अंतरण नहीं है। अंतरण से तात्पर्य साहित्य में एक साहित्यिक कृति का उसके पूरे संदर्भों के साथ दूसरी भाषा में अंतरण समझना चाहिए। अतः यहाँ समतुल्यता के सिद्धांत को निम्नलिखित तीन युग्मकों के विश्लेषण के साथ देखना-साधना ही उचित होगा—1. प्रसंग और संदर्भ, 2. सौंदर्य और सृष्टि तथा 3. कथ्य और अभिव्यक्ति।

समतुल्यता की अवधारणा को होम्स (1974) ने इन शब्दों में व्यक्त किया—

---

2. Translation is often defined by linguists, unwarrantably, in terms of equivalence. For the linguistic analysis of translation, however we need no guarantee that texts are equivalent, merely that they match and that the pattern of matching is and where there are equivalence within certain limits, consistent. Not all kind of matchings are equivalences, and were there are equivalences translation analyst must discover them, not assume them.

'काव्य के अनुवाद में अनुवादक को इस अवधारणा से काफी दूर निकलना पड़ता है'। उनका यह भी मानना है कि समतुल्यता को कई विद्वान 'समानता' के रूप में देखते हैं जो कि किसी प्रकार के अनुवाद से आवश्यकता या अपेक्षा से अधिक की आशा करना है। उनका यह स्पष्ट कथन है कि 'अनुवाद के माध्यम से हम जिन दो भाषाओं और संस्कृतियों को निकट लाना चाहते हैं, हो सकता है कि वे कभी-कभी एक दूसरे के काफ़ी निकट की लगें भी, लेकिन कोई भी दो भाषाएँ या संस्कृतियाँ इतने भिन्न रूप में संरचित होती हैं कि उनके बीच सही समतुल्यता असंभव है।'[3]

समतुल्यता की वैचारिक पृष्ठभूमि में उपरोक्त तीनों विवेचनाएँ अपने में सार्थक और चिंतकों की सूक्ष्म दृष्टि की परिचायक हैं। हैरिस के विचारों की एक सीमा हमें स्पष्ट दिखाई देती है। वे मैचिंग की आवश्यकता पर तो बल देते हैं पर वह 'कैसे' और 'किस सीमा तक' दो पाठों में 'मैच' करेगी यह प्रश्न अनुत्तरित ही रह जाता है। दुरिशिन और होम्स के विचार समतुल्यता की अवधारणा को व्यक्तिगत महत्त्व देने या न देने की चर्चा करते हुए इसके प्रयोग, इसके गलत प्रयोग या इसके निषेध की बात उठाते हैं। इसमें तो संदेह नहीं कि अनुवाद के संदर्भ में इन तीनों की दृष्टि में 'साहित्यिक पाठ' ही समतुल्यता की चर्चा की परिधि में है। अतः साहित्यिक अनुवाद से परे जा कर भी हमें अनुवाद के कौशलगत स्वरूप के संदर्भ में तीन प्रश्नों के उत्तर ढूँढ़ने चाहिए और साहित्येतर धरातलों को जोड़ते हुए समतुल्यता की चर्चा को और भी सार्थकता प्रदान करनी चाहिए। प्रश्न हैं :

1. अनुवाद की परिभाषा के लिए समतुल्यता की संकल्पना अति अनिवार्य है, यह कैसे माना जाय ?
2. साहित्यिक और साहित्येतर अनुवाद के भेद को पहचानने में क्या यह अवधारणा प्रासंगिक है ?
3. क्या हमारे पास इसके पर्याप्त प्रमाण हैं कि अर्थविज्ञान, भाषाविज्ञान, शैलीविज्ञान का विकास तथा शैलियों, साहित्य, संस्कृति, सामाजिक व्यवहार के तुलनात्मक अध्ययन से जुड़े ज्ञान क्षेत्रें का विकास अनुवाद में समतुल्यता के परीक्षण के लिए पद्धतियाँ या प्रारूप प्रदान करता है ?

ये प्रश्न आज अनुवाद-चिंतकों के लिए 'यक्ष-प्रश्न' हैं और इन्हीं प्रश्नों का उत्तर ढूँढ़ने का प्रयास वैचारिक धरातल पर आज किया भी जा रहा है। हाइक (1969) ने गणित और विज्ञान में समतुल्यता की अवधारणा को अनिवार्यतः स्वीकार किया था। ऐसा निश्चित समतुल्य संबंध अनुवाद के संदर्भ में तो हो ही नहीं सकता। फिर भी अनुवाद की परिभाषा में समतुल्यता के सिद्धांत की चर्चा प्रत्यक्ष या परोक्ष रूप में होती ही है, एक ही रचना के विविध अनुवाद भी एक-दूसरे से नितांत भिन्न होते

3. The language and cultures to be bridged, however close they may sometimes seem, are too far and too disparately structured for the equivalence to be possible.

ही हैं, यहाँ तक कि एक ही रचना के जितने अनुवादक उनके अनुवाद भी एक-दूसरे से उतने ही भिन्न। परंतु कौन-सा अनुवाद मूल के कितने-निकट या समतुल्य है; इसकी पहचान के लिए समतुल्यता का सिद्धांत सहायक रहा है, इस तथ्य पर तो कोई प्रश्न चिह्न लगाया ही नहीं जा सकता।

समतुल्यता की अनुवाद में इस अनिश्चितता और अनुवाद में उसकी सहायक भूमिका को पहचानते हुए बेल (1991) ने कहा–'यह बात तो आइने की तरह साफ है और लंबे समय से स्वीकार भी की जाती रही है कि 'आदर्श' और 'पूर्ण' समतुल्यता की बात अनुवाद के संदर्भ में नामुमकिन है।' और इस असंभाव्यता के तीन कारण उन्होंने सामने रखे (क) भाषाएँ एक-दूसरे से भिन्न होती हैं, (ख) वे रूपात्मक दृष्टि से भी भिन्न होती हैं क्योंकि उनके 'कोड' ही नहीं व्याकरणिक रचना के उनके नियम भी भिन्न होते हैं, (ग) इतना ही नहीं भिन्न भाषाओं के भिन्न रूप भिन्न अर्थों की भी सृष्टि करते हैं।

इस चिंतन ने विचारकों के मन में यह दृढ़ किया कि जब एक ही भाषा में 'पूर्ण' या 'आदर्श' पर्याय नहीं होते तो दो भाषाओं के बीच पर्याय न मिल पाना कोई अचरज या परेशानी की बात नहीं है। यह बात इस दृष्टि से भी महत्त्वपूर्ण है कि अनुवाद-प्रक्रिया में हमेशा कुछ 'खो' जाता है या कहें 'मिल' जाता है। और कभी-कभी तो इसी छूटने-जुड़ने की स्थिति के कारण अनुवादक पर दोष लग जाता है कि उसने मूल के साथ या मूल लेखक के मंतव्य के साथ विश्वासघात किया है। इस प्रकार के विचारों ने अनुवाद की प्रकृति और विषयानुकूल उसके अंतरण पर काफी गहराई से सोचा। इसलिए उपरोक्त चर्चा समतुल्यता की पूर्णता या असंभाव्यता को व्यक्त करने के साथ-साथ हमारे मन में कुछ प्रश्न भी उभारती है। पहला प्रश्न यह कि यदि 'समतुल्यता' को किसी निश्चित स्तर पर सुरक्षित रखना अनिवार्य ही हो तो वह स्तर कौन-सा होगा ? और दूसरा यह कि यदि उस स्तर पर उसे सुरक्षित रख पाना संभव नहीं हो पाता तो उसके विकल्प क्या हैं ? इस चर्चा के पीछे निःसंदेह वह विचार-शृंखला है जो एक ही भाषा में 'अर्थीय' धरातल पर समतुल्यता का विश्लेषण करते हुए यह निष्कर्ष देते हैं कि भिन्न उक्तियों के माध्यम से एक ही अर्थ देने वाली संरचनाएँ भी वास्तव में समतुल्य नहीं होतीं। किसी भी प्राकृतिक भाषा या बातचीत की भाषा की समान अभिव्यक्तियाँ भिन्न संरचनाओं में बँध कर व्यक्त तो हो सकती हैं परंतु उनके अर्थ के बीच सूक्ष्म भेद होता ही है। इसी बात को मेट्स (1950) ने दूसरे शब्दों में कहा था 'हमें एक ही अर्थ के लिए दो अभिव्यक्तियों की क्या जरूरत है ?'[4]

भाषा संरचना के धरातल पर रूपात्मक होती है तभी वह एक 'कोड' होती है

4. Usually we simply do not need two expressions with the same meaning.

जिसमें ऐसे तत्व निहित होते हैं जो मिल कर अर्थ या भाव व्यक्त करते हैं। परंतु यह भी भाषा यथार्थ है कि संप्रेषण परक स्तर पर 'एक ही अर्थ' को व्यक्त करने वाले भिन्न तत्वों का संयोजन संप्रेषणपरक मूल्यों से बंध कर समतुल्य नहीं रह जाता। उदाहरण के लिए हिंदी की दो संरचनाओं को देखें। (1) वह अनाथ है और (2) उसके माता-पिता दोनों नहीं हैं। तो यह स्पष्ट हो जाता है कि पहले वाक्य में 'अनाथ' का संकल्पनात्मक अर्थ निहित है साथ ही शैलीय और रंजक अर्थ भी उससे जुड़ा है। अतः दोनों संरचनाओं को पूर्ण पर्याय मानना उचित नहीं होगा।

यही कारण है कि अनुवादक समतुल्यता को दो स्तरों पर साध सकता है। एक तो वह अपनी दृष्टि उन रूपात्मक समतुल्य इकाईयों पर केंद्रित रखे जो 'संदर्भ मुक्त' अर्थों-भावों को सुरक्षित रखती हैं और उनके संदर्भ-प्रभावी संप्रेषणपरक मूल्यों को नकार दे। दूसरे वह प्रकार्यात्मक समतुल्यों पर दृष्टि रखे जो संदर्भ प्रभावी संप्रेषणपरक मूल्यों को सुरक्षित रखते हैं और उनके संदर्भ मुक्त अर्थीय भाव को नकार दे। अनुवाद की ये दोनों ही परिपाटियाँ प्रचलित रही हैं। अनुवाद में इस 'चयन' को ही 'शब्द-प्रति-शब्द' (लिटरल) और 'अर्थ के लिए अर्थ' (मुक्त) अनुवाद कहा गया। प्राकृतिक भाषाओं की रूपात्मक संरचना भी लगभग ही समतुल्य हो सकती है जिसके लिए लॉयन्स (1969) ने 'रफली ईक्विवलेंट' शब्द का प्रयोग किया है।

अतः मात्र समतुल्यता या पर्याय के धरातल पर अनुवाद को परिभाषित करना भ्रम उत्पन्न करना है। यह तो हमारा अनुभव भी है कि यदि अनुवादक अपनी दृष्टि रूपतामक समतुल्य इकाइयों पर केंद्रित करता है तो उसके अनुवाद को गंभीरता से किया गया 'गंदा' काम कहा जाता है और यदि वह संप्रेषणपरक मूल्यों पर दृष्टि रखता है तो उसे सुंदर अनुवाद मानते हुए भी 'सटीक' नहीं माना जाता। अर्थात दोनों ही तरह से अनुवादक सफल नहीं स्वीकारा जाता।

इसीलिए कैटफर्ड ने समतुल्यता की अपनी परिभाषा[5] में विस्तार करते हुए यह स्पष्ट करने का प्रयत्न किया है कि 'स्रोत भाषा पाठ का अपना अलग अर्थ होता है' अतः अनुवाद में समतुल्यता को उन्होंने इन शब्दों में सामान्यीकृत किया–'अनुवाद के समतुल्य तब दिखाई देते हैं जब स्रोत और लक्ष्य भाषा पाठ के कुछ घटक परिस्थिति संदर्भ संबंधों में बंध जाँय।' इसका तात्पर्य यही हुआ कि अनुवाद में समतुल्यता की सिद्धि तभी संभव है जब दोनों पाठ प्रकार्य की दृष्टि से प्रासंगिक घटकों से समान स्तर पर जुड़े हों अर्थात् संप्रेषणपरक स्थितियों से। समतुल्यता के सिद्धांत की अवधारणा को स्रोत और लक्ष्य भाषा पाठ के संप्रेषणपरक प्रकार्य के रूप में ही प्राप्त किया जा सकता है। क्योंकि इसमें दोनों भाषाओं के संप्रेषणपरक प्रकार्य उन परिस्थितियों से बंध कर कार्य करते हैं जिनका संबंध विषय, भाव और शैली से

5. The replacement of textual material in one language (SL) by equiva-textual material in another language (TL).

अनिवार्यतः होता है। अतः निःसंकोच हो कर यह माना जा सकता है कि अनुवाद में समतुल्यता गणित या विज्ञान की तरह जड़वत या एकरूप नहीं होती, यहाँ वह गत्यात्मक होती है। गत्यात्मक वर्गों को हम परिस्थिति और संप्रेषणपरक दृष्टि से प्रासंगिक दृष्टिकोण के आधार पर आसानी से निर्मित कर सकते हैं।

भाषा विकल्पन का संदर्भ

यदि हम उपरोक्त समतुल्यता के विचार-मंथन को तटस्थ हो कर देखें तो हमें यह भी स्वीकारना होगा कि छठे-सातवें दशक में जिस तरह अनुवाद-चिंतन में हमें यह बल दे कर बताया जाता था कि भाषा-विकल्पन (वेरिएशन) निरंतर प्रयुक्त भाषा का असुविधाजनक गुण नहीं है बल्कि विकल्पन उसकी प्रकृति है। और विकल्प के अभाव में भाषा के लिए संप्रेषणपरक व्यवस्था के रूप में अपनी भूमिका निभा पाना असंभव हो जाएगा। वह स्थिति अब नहीं है। अब भाषा-विकल्पन को भाषा-प्रकृति के अनिवार्य घटक के रूप में मान्यता मिल गई है। भाषा-विकल्पन की इस अनिवार्य स्थिति को जीवंत भाषा की प्रकृति के रूप में मान्यता मिलने के बाद अनुवाद के संदर्भ में हमारी दृष्टि उन विकल्पों की ओर गई जिनका चयन वक्ता/लेखक विभिन्न स्थिति-संदर्भों करता है और इस ओर भी कि इस प्रकार के चयन संप्रेषण के किस धरातल पर कौन-सा प्रकार्य पूरा करेंगे। इस वैचारिक पृष्ठभूमि में ही सर्जनात्मक साहित्य के संदर्भ में यहाँ तक कहने का साहस किया जाने लगा कि यदि हम यह चाहते हैं कि अनूदित पाठ के साहित्यिक मूल्यों के स्तर पर समतुल्यता आए तो इस लक्ष्य की प्राप्ति में प्रकार्यात्मक/संप्रेषणपरक समतुल्यता की भूमिका निश्चित ही निर्णायक होगी। इस प्रकार की समतुल्यता में कथ्य के आधार, चरित्र-निर्माण के आधार, संदर्भगत प्रक्रिया, लोक तत्व का आधार सभी को साधना पड़ता है। इन्हीं के समन्वय से वास्तव में किसी भाषा की साहित्यिक परंपरा और सौंदर्य संबंधी धारणा पुष्ट होती है, उसकी अपनी अस्मिता निर्मित होती है। यह निर्माण ऐतिहासिक और सामाजिक-सांस्कृतिक स्थितियों पर आश्रित होता है। इस प्रकार समतुल्यता और अनुवाद के संदर्भ में लफेतरे (1975) के विचार सारगर्भित हैं कि अनुवाद तभी पूर्ण माना जा सकता है 'जब (उसमें) स्रोत भाषा पाठ के संप्रेषणपरक मूल्य तथा समय-स्थान परंपरा इन दोनों के सभी घटकों का लक्ष्य भाषा पाठ में निकटतम संभव समतुल्य घटकों द्वारा प्रतिस्थापन हो।'[6]

इसमें कोई संदेह अब नहीं रह गया है कि जब तक अनुवाद-सिद्धांत में अनुवाद पर विचार इस समस्या तक ही सीमित था कि एक भाषा के अर्थगत कथ्य

---

6. If and when both the communicative value and the time-place-tradition elements of sourse text have been replaced by their nearest possible equivalents in the target text.

को कैसे दूसरी भाषा में अंतरित किया गया तब तक समतुल्यता की चर्चा पर्याय के प्रयोग संबंधों की गत्यात्मकता कुछ अर्थीय-वर्गों तक ही सीमित रही। इस चर्चा में पर्यायों के प्रयोग संबंधों की गत्यात्मकता की उपेक्षा उसे और भी सीमित बनाए हुए थी। उपरोक्त विचारों की विकास-यात्रा ने अनुवाद को अर्थविज्ञान के संकीर्ण-क्षेत्र से अलग किया। अनुवाद को एक प्रक्रिया के रूप में देखते हुए उसे संप्रेषण-सिद्धांत से ला जोड़ा। इस प्रकार अनुवाद पाठ-सिद्धांत का परिणाम माना जाने लगा। और पाठ-अनुवाद सिद्धांत ने समतुल्यता को संकेत विज्ञान वर्ग की मान्यता (न्यूबर्ट : 1970) दिलाई। अब वाक्यस्तरीय, अर्थगत और प्रैगमेटिक-तत्वों के सामंजस्य पर गहरी दृष्टि रख कर ही समतुल्यता की चर्चा करने की स्थिति उत्पन्न हुई। अर्थात अब यह माना जाने लगा कि समतुल्यता 'प्रतीकों (signs) के सहसंबंध, प्रतीकों और जिनके लिए वे प्रयुक्त होते हैं उनके बीच के सहसंबंध तथा प्रतीक, जिनके लिए वे प्रयुक्त हुए हैं तथा जो उनका प्रयोग करते हैं, इनकी प्रतिक्रिया का परिणाम होती है। इन तीनों के संबंधों को सोपानिक (Hierachical) माना गया। अर्थगत समतुल्यता को वाक्यीय समतुल्यता पर प्राथमिकता मिलनी चाहिए जबकि वाक्यीय व अर्थगत दोनों समतुल्यताएँ प्रैगमेटिक समतुल्यता द्वारा आवश्यकतानुसार नियंत्रित और विकसित होती हैं।

इसी चर्चा को बेल (1991) ने और आगे बढ़ाते हुए यह विचार व्यक्त किया कि भाषा का जो भी लिखित या मौखिक रूप हमें पाठ में मिलता है उसमें हमारे लिए प्रत्येक शब्द और वाक्य के अर्थगत भाव तक पहुँचना ही पर्याप्त नहीं है बल्कि हमें तीन अन्य पक्षों पर भी दृष्टि रखनी चाहिए। (1) पाठ का संप्रेषणपरक मूल्य (2) पाठ का स्थान, काल स्पेस और (3) उन प्रतिभागियों से संबंधित सूचना जो इस पाठ के निर्माण और प्राप्ति से जुड़े होते हैं। इस चर्चा को और स्पष्ट करते हुए बेल ने किपलिंग की कुछ पंक्तियाँ दी जिनका प्रयोग हम किसी पाठ के लिए प्रश्न के रूप में कर सकते हैं :

मेरे पास छः ईमानदार पहरेदार हैं
(जो कुछ मैंने सीखा है, इन्हीं से सीखा है)
इनके नाम थे क्या ? और क्यों ? और कब ?
और कैसे ? और कहाँ ? और कौन ?

यह हम स्पष्ट देख सकते हैं कि अभी हम जिस विकल्प की चर्चा कर रहे थे उनके एकाधिक मापक ये प्रत्येक प्रश्न हैं। 'क्या' को हम 'पाठ में निहित संदेश' कह सकते हैं। 'क्यों' को वक्ता/लेखक की धारणा से जोड़ा जा सकता है—जो पाठ-निर्माण का उद्देश्य होता है। 'कब' की संबद्धता 'संप्रेषण के समय' से की जा सकती है जिसमें ऐतिहासिकता, आधुनिकता, समसामयिकता की भूमिका निर्णायक होती है। 'कैसे' कई तथ्यों को समेटने के लिए हमें उन्मुख करता है, जैसे कि पाठ

की प्रकारता क्या है, गंभीर है या हल्की-फुल्की तथा संप्रेषण का माध्यम क्या है—भाषायी है या भाषेतर, मौखिक है या लिखित आदि। 'कहाँ' का संबंध संप्रेषण-स्थान से जुड़ता है तो 'कौन' का संबंध उन वक्ताओं-श्रोताओं और उनके परस्पर संबंधों से है जो पाठ में सहभागी हो कर आए हैं। बेल की विचारधारा पूर्व विचारों की समतुल्यता तक उसे ले जाती है। इससे यह स्पष्ट है कि अनुवाद और उसकी समतुल्यता की खोज सामान्य भाषाविज्ञान की एक शाखा अर्थविज्ञान के सीमित दायरे से निकलकर समाजभाषाविज्ञान के दायरे में प्रवेश करती है सामाजिक अर्थविज्ञान (सोशल सीमिआटिक्स) के क्षेत्र में प्रवेश करती है। यह कहने की आवश्यकता नहीं कि अपने प्रकार्यात्मक संप्रेषणपरक विस्तार के कारण ही आधुनिक भाषावैज्ञानिक समाजभाषाविज्ञान को ही वास्तविक भाषाविज्ञान मानने में संकोच नहीं करते (लेबॉब)। इसीलिए भाषा-प्रयोग के किसी भी स्तर पर चयन एक ऐसे संकेतक का कार्य करता है जो प्रयोक्ता के कालगत, शारीरिक और सामाजिक धरातल को स्पष्ट कर पाता है। इस संदर्भ में बोली/शैली और प्रयुक्ति अनुवादक के लिए महत्त्वपूर्ण हैं। आधुनिक अनुवाद संदर्भ में प्रयुक्ति अधिक महत्त्वपूर्ण और विकासशील क्षेत्र है जहाँ 'चयन' ही क्षेत्र विशेष को रेखांकित करता है और समतुल्यता का धरातल भी यहाँ भिन्न प्रकार से सिद्ध होता है।

अंतरण के समतुलन का पक्ष

शैलीगत, प्रयुक्तिगत और साहित्यिक अनुवाद में समतुल्यता को अवैकल्पिक (invarience) तथा अंतरणों के समतुलन के रूप में देखना चाहिए। प्रत्येक अनुवाद में एक अवैकल्पिक कोर होता है जिसे हम पाठ के स्थिर, आधारभूत और नियत अर्थ-तत्व के रूप में पाते हैं। इस कोर के मानक अर्थ पाठक या अनुवादक को समझ और अंतरण दोनों स्तरों पर सफल बनाते हैं। ये मूल और लक्ष्य भाषा में अनुवाद के माध्यम से इस प्रकार परिवर्तन लाते हैं कि इसके कोर अर्थ पर कोई असर नहीं पड़ता, मात्र अभिव्यक्ति का रूप बदल जाता है। साहित्येतर विषयों के अनुवाद के समय वास्तव में अनुवादक इसी प्रक्रिया से बंधा होता है। कहना यह है कि विकल्प (वैरिएंट) अनुवाद का एक अंग है जो स्थानांतरण का मूल विषय है। यह क्षेत्र अभिव्यक्ति के परिवर्तन (शिफ्ट) का क्षेत्र है। अभिव्यक्ति के ये परिवर्तन ही अनुवाद में समतुल्यता के स्तर पर गत्यात्मकता उत्पन्न करते हैं। इसीलिए कई विद्वान यह मानते हैं कि समतुल्यता अनिवार्यतः शैलीय प्रकृति की होती है। इसका कारण यह है कि अभिव्यक्ति व्यवस्था का अधिकांश सभी भाषाओं में लगभग समान होता है परंतु शैलीय नियम या अभिव्यक्ति के गत्यात्मक स्तर पर हर भाषा में ये अपना विशिष्ट रूप लिए होते हैं। अतः पहले स्तर पर मूल व अनूदित पाठ को अभिव्यक्ति के सार्वभौमिक सिद्धांत के रूप में समान या लगभग समान मानते हुए देख पाना

संभव हो पाता है। लेकिन अनुवाद में समतुल्यता इतने से ही सिद्ध नहीं मानी जा सकती। क्योंकि मानव समाजों में भाषाएँ भिन्न प्रकार से अपने प्रकार्य निभाती हैं। अतः कई प्रकार के पाठों में प्रकार्यात्मक दृष्टि से विशिष्ट और प्रासंगिक ढांचों को अर्थिमिक (सीमिमिक) की संकल्पना के संदर्भ में देखने की बात भी विद्वानों ने की है। इस क्षेत्र में अभी बहुत ही कम शोध उपलब्ध है। लेकिन धीरे-धीरे इस दृष्टि को तुलनात्मक अनुवाद विवरण देने वाले कई विद्वान समेटने का प्रयत्न कर रहे हैं।

इस प्रकार समतुल्यता की सैद्धांतिक संकल्पना, विशेष कर साहित्यिक अनुवाद के संदर्भ में, इतनी सहज नहीं है जितनी हम समझने का भ्रम पाले रहते हैं। यह बहुत जटिल है, और उतनी ही जटिल है समतुल्यता के सिद्धांत को स्थापित या सत्यापित करने वाली विचारधाराएँ। लेकिन इसमें संदेह नहीं कि यह संकल्पना अति- विश्लेषणात्मक और उपयोगी है, जो आज अपने भीतर भाषा-संरचना या अर्थ को ही नहीं बल्कि उसके प्रकार्यात्मक, शैलीय तथा उसके भी ऊपर के संज्ञानात्मक धरातलों तक अनुवाद को विस्तृत करती है। हम यह भी मानते हैं कि अनुवाद के संदर्भ में कोई सहज विधि या सिद्धांत बना देना ही पर्याप्त नहीं है। हम यह जानते हैं कि कोई भी सामाजिक ज्ञान-क्षेत्र या संस्था इस प्रकार के विधि-नियम में बंध कर उसे स्वीकार नहीं कर लेती। भाषा एक ऐसी ही संस्था है, निरंतर परिवर्तनशील और विकासमान। अतः उसे बाँधे रखना तो और भी कठिन है। समतुल्यता पर उपरोक्त विचार-शृंखलाएँ भाषा की विकास-यात्र का स्वतः परिणाम भी हैं। इसीलिए मूल पाठ की जटिलता हमें इस बात के लिए स्वतंत्र नहीं छोड़ती और न ही इसकी सहज अनुमति ही देती है कि हम समतुल्य संबंधों को सीधे और साधारण ढंग से विवेचित करके छुट्टी पा लें। अतः समतुल्यता का सिद्धांत अनुवाद सिद्धांत के संदर्भ में आगे भी विचारों के नए आयाम जोड़ता चलेगा। और तब हमें यहाँ चर्चित विचार बड़े साधारण लगने लगेंगे। अनुवाद विज्ञान हमेशा ऐसा क्षेत्र बना रहेगा जहाँ विशेष संकल्पनाएँ सामान्य बनने में देर नहीं करेंगी और 'विशेष' संकल्पनाओं का मार्ग प्रशस्त करेंगी। और तब ढीली या अवैज्ञानिक संकल्पनाएँ तो अनुवाद की कसौटी पर कसते ही धराशायी हो जाएँगी।

समतुल्यता के सिद्धांत का व्यावहारिक संदर्भ

समतुल्यता के सिद्धांत के इस प्रभेद को उचित ढंग से समझने के लिए हम प्रेमचंद की एक कहानी 'बाबाजी का भोग' के दो अनुवादों के अध्ययन द्वारा कुछ उदाहरण प्रस्तुत कर रहे हैं। एक के अनुवादक हैं नंदिनी नोपानी तथा पी. पाल तथा दूसरे के डेविड रूबिन। इस अध्ययन को निम्नलिखित आधारों पर विवेचित किया गया है :

1. शाब्दिक अनुवाद : (क) सांस्कृतिक शब्द
(ख) आंचलिक तत्व
(ग) टिप्पणी का आधार

2. भाव-प्रति-भाव अनुवाद : (क) हिंदी की अभिव्यक्ति
(पदबंध उपवाक्य, वाक्य)
(ख) मुहावरे

इन दो अनुवादों में से पहला अनुवाद अपनी प्रकृति में संस्कृतिनिष्ठ अधिक है जबकि दूसरा अनुवाद लक्ष्यभाषा की अपनी आंतरिक चेतना की ओर उन्मुख है। उदाहरण के लिए, कहानी के शीर्षक के दोनों अनुवादों को देखा जा सकता है। पहले अनुवादक ने उसे Babaji's Feast के रूप में रखा है जबकि दूसरे ने इसे A feast for the Holyman के रूप में अनूदित किया है। यहाँ 'बाबाजी' और 'Holyman' के चयन द्वारा समतुल्यता के सिद्धांत के दो भिन्न प्रतिफलन स्पष्ट दिखाई देते हैं जिनमें प्रयोजन और प्रयोक्ता के दबाव को अनुवादक महसूस करता है। नीचे मूलपाठ के साथ समतुल्यता के इस सिद्धांत को तथा उसके विभिन्न उदाहरण के लिए मूलपाठ और उसके दो अनुवादों को देखा जा सकता है :

मूलपाठ : रामधन **अहीर** के द्वार पर एक **साधु आकर बोला, 'बच्चा, तेरा कल्याण हो,** कुछ साधु पर श्रद्धा कर।' रामधन ने जाकर स्त्री से कहा, 'साधु द्वार पर आए हैं, **उन्हें कुछ दे दे।'**

अनुवाद I : The sadhu turns up at Ramdhan the cowherd's hut and says "My son, I bless you, be gracious to this sadhu."

So Ramdhan goes to his wife and tells her "There's this holyman at the door, see if you have something for him."

अनुवाद II : A wandering holyman appeared in the doorway of Ramdhan the farmer and said : "May you prosper, son, if you put your faith in the holyman."

Ramdhan went to his wife and said "A sadhu's at the door, we have to give him something."

1. शाब्दिक अनुवाद

(क) सांस्कृतिक शब्द

मूल	**अनुवाद** I	**अनुवाद** II
साधु	sadhu	holyman
चैत का महीना	month of April	last spring season

झोली	ascentic's loose garment	sack
बच्चा, तेरा कल्याण हो	My son, I bless you	May you prosper
कुछ साधु पर श्रद्धा कर	be gracious to this humble	put your faith in the holyman.
अहीर	Cowherd	farmer
(ख) आंचलिक तत्व		
बरतन	Kitchen	pots utensils

(ग) टिप्पणी का आधार : अनुवाद I पाठधर्मी अनुवाद है जबकि अनुवाद II प्रभावधर्मी। प्रभावधर्मी अनुवाद में अनूदित पाठ को पाठक की सांस्कृतिक पृष्ठभूमि में विन्यस्त किया जाता है। अहीर जाति अंग्रेज़ी मातृभाषियों के लिए सुबोध नहीं, अतः अनुवाद II ने उसका अनुवाद farmar के रूप में करके एक पाद-टिप्पणी दी है :

Ramdhan is described as an ahir, a community associated with cow-herding; in this case Ramdhan is a farmer and ironically, has no cattle but only plough oxen.

इस प्रकार अभिविन्यास की दृष्टि से अगर अनुवाद I और अनुवाद II की मूल प्रकृति पर ध्यान दें तो यह स्पष्ट हो जाता है कि अनुवाद I में कथन की शैली को वर्तमान काल में रखा गया है जबकि अनुवाद II में भूतकाल में। इस दृष्टि से अनुवाद में समतुल्यता के सिद्धांत की पुष्टि होती है। इसी प्रकार अनुवाद I में 'साधु' के लिए न केवल स्रोतभाषा के शब्द को यथावत् स्वीकार कर लिया गया है बल्कि वाक्य का प्रारंभ ही the sadhu के साथ किया गया है। इसके विपरीत अनुवाद II में 'साधु' के अर्थ की व्याख्या करते हुए a wandering holyman के द्वारा व्यक्त करने का प्रयत्न किया गया है फिर भी दोनों ही अनुवाद 'बाबाजी' के उस अर्थ की अभिव्यक्ति नहीं कर पाते जो मूलपाठ में होती है। यह स्थिति 'चैत' शब्द के प्रयोग द्वारा भी स्पष्ट होती है। प्रेमचंद ने इस शब्द का प्रयोग करते हुए हिंदी महीने का सार्थक प्रयोग किया है। इस शब्द से (I) हिंदी साल का प्रारंभ होता है, यह सूचना मिलती है (II) खेत-खलिहान की कटाई की बात व्यंजित होती है, (III) ग्रामीणों के पास पैसा आना प्रारंभ हो जाता है जिससे उनका आगे का समय सुख में बीतता है, यह सामाजिक तथ्य उजागर होता है। एक अनुवादक ने इसके लिए month of April का प्रयोग किया है और दूसरे ने last spring of season का। वस्तुतः ये दोनों अनुवादक अंग्रेज़ी पाठक के लिए सुविधा तो उत्पन्न कर देते हैं पर वे सभी तथ्य अभिव्यंजित नहीं कर पाते जो मूल पाठ द्वारा अभिव्यक्त होता है और जिससे मूल पाठ सशक्त

बनता है।

2. भाव-प्रति-भाव अनुवाद

(क) हिंदी की भाषिक अभिव्यक्ति :

मूल	**अनुवाद I**	**अनुवाद II**
माँज रही थी	scrubbing	scouring
आज भोजन क्या बनेगा	where the next meal is coming from	what they were going to eat that day
अनाज का दाना	speck of grain	grain of wheat

(ख) मुहावरे

बैल के व्यापारी से गला छूटा	escape the clutches of the cattle merchant	to get the oxtrader of their necks

उपर्युक्त विवेचन कहानी की एक प्रोक्ति (discourse) पर आधारित है। पूरी कहानी में इन आधारों पर समतुल्यता के और भी तत्व देखे जा सकते हैं।

सांस्कृतिक शब्दों के आधार पर निम्नलिखित वाक्य देखा जा सकता है : 'बच्चा, अब तो साधु यहीं रमेंगे'। यहाँ 'रमेंगे' शब्द और पूरी वाक्य संरचना विशिष्ट है जिसके दो अनुवाद इस प्रकार हैं : My son, I will spend the day with you तथा for today we intend to linger here.

इसके साथ एक दूसरे वाक्य 'ठाकुरजी की पिंडी निकाली' में संस्कृतिनिष्ठ अनुवाद दोनों ही अनुवादकों द्वारा असफल हो गए हैं। 'पिंडी' शब्द शिव या शालिग्राम की पत्थर की गोल मूर्ति के संदर्भ में प्रयुक्त होता है जबकि दोनों अनुवाद अर्थ की इस ध्वनि से अछूते रह गए हैं, जैसे, The sadhu keeps aside a part of the meal as the Pindi और The holyman took out a handful of food as an offering to the lord.

इसी प्रकार 'घर में चूल्हा नहीं जला' के लिए प्रथम अनुवाद इस प्रकार है : no meal cooked तथा दूसरा इस प्रकार है : nothing was cooked.

क्षेत्रीय या आंचलिक तत्व के आधार पर भी समतुल्यता का प्रभेद पूरी कहानी में कई स्थानों पर दिखता है :

मूल	-	क्या उसमें **बरक्कत** होगी
अनुवाद I	-	to find some thing if nothing is there
अनुवाद II	-	what kind of miracle do expect from it ?
मूल	-	देवताओं के लिए कुछ **अंगोवा** निकाला है न ?

अनुवाद I - food for the Gods

अनुवाद II - offering to the Gods

मूल - अरे ! तो क्या अंगोवा भी **पसेरी-दो पसेरी** है ?

अनुवाद I - five seers

अनुवाद II - ten or twenty pounds

यहाँ भी दोनों अनुवादों में संस्कृति स्रोत और लक्ष्यभाषा के पाठकों की दृष्टि से अनूदित की गई हैं, इसीलिए अनुवाद (I) ने इस वाक्य के 'अरे' को 'Arre' के रूप में दिया है जबकि अनुवादक (II) ने उसे अनुवाद में शामिल ही नहीं किया है।

मूल - छोटी-सी **हाँडी** उठा लाई

अनुवाद I - earthen vessel

अनुवाद II - small clay pot

मूल - **कौड़ी-भर** घी चाहिए।

अनुवाद I - courie of ghee

अनुवाद II - spoonful of ghee

मूल - **थाली, बटुली, कलछुली** रामधन घर में माँजने के लिए उठा ले गया।

अनुवाद I - Thali, Bowl, Ladle

अनुवाद II - Plate, pot, Ladle

वाक्य, उपवाक्य और पदबंध के धरातल पर दोनों अनुवादों में निम्नलिखित प्रभेद दिखाई देते हैं -

मूल - किंतु यहाँ दोपहर को भयंकर अंधकार छा गया था।

अनुवाद I - but inside the hut it's the poor and empty and dark even in the afternoon.

अनुवाद II - even at noon the skies were dark.

मूल - क्या दे दूँ ? कुछ तो रहा नहीं ?

अनुवाद I - what do I give, I have nothing?

अनुवाद II - what am I going to give him when there is nothing at all left?

मूल - रसोई पवित्र न होगी तो भोग कैसे लगेगा ?

अनुवाद I - The gods eat only sanctified food.

अनुवाद II - If the food is not prepared according to the rituals, then what kind of an offering will it be?

इसी प्रकार मुहावरे या व्यंजनापूर्ण भाषा के अनुवाद में दोनों अनुवादों की निम्नलिखित स्थिति है :

मूल	-	यह **बला तो टलेगी** फिर देखी जाएगी
अनुवाद I	-	We will deal with that problem when it comes.
अनुवाद II	-	We will face the problem when it comes.
मूल	-	घी बिना **कौर नहीं धँसता**।
अनुवाद I	-	Can not get his food down without ghee.
अनुवाद II	-	Needs ghee to lubricate his insides.
मूल	-	**ख़ूब तनकर खाया।**
अनुवाद I	-	The gust with which he gobbles the meal.
अनुवाद II	-	He ate his fill.

ऊपर दिए गए उदाहरणों से यह स्पष्ट होता है कि स्रोतभाषा के मूलपाठ और लक्ष्यभाषा के सहपाठ में संरचना और बुनावट की दृष्टि से समरूपता नगण्य है जबकि समतुल्यता का सिद्धांत अपने विभिन्न प्रतिफलन-भेद के साथ प्रत्येक स्तर पर उभरकर सामने आता है। यह निष्कर्ष नाइडा की अनुवाद की परिभाषा के संदर्भ में भी अपनी प्रकृति को उजागर करने में समर्थ है कि अर्थ और फिर शैली के धरातल पर लक्ष्यभाषा में निकटतम, स्वाभाविक तथा तुल्यार्थक उपादान प्रस्तुत करना ही अनुवाद है। जो विद्वान तुल्यार्थकता के सिद्धांत के प्रति उदासीन हैं तथा जो अनुवाद में समरूपता और समतुल्यता के भेद को स्पष्ट नहीं करते, उनकी परख के लिए उपर्युक्त विवेचन द्रष्टव्य है जहाँ एक ही मूलपाठ के दो अनूदित सहपाठों में समानता (आधारभूत कथ्य के आधार पर) और विभिन्नता (अभिव्यक्ति के धरातल पर) दिखाई देती है। और इसीलिए सहपाठ अपनी मूल प्रकृति में 'अनुवाद' ही होता है, वह मूलपाठ से प्रभावित कोई नई रचना नहीं होता। अनुवाद के नवीन चिंतन में यह साफ़-साफ़ कहा गया है कि एक भाषा के किसी पाठ (Text) का सहपाठ (co-text) के रूप में रचनांतरण अनुवाद कहलाता है। अनुवाद की प्रक्रिया में कम से कम तीन निश्चित तत्व होते हैं : (1) स्रोतभाषा में रचित मूलपाठ (जो पहले से ही दी हुई वस्तु है); (2) लक्ष्य भाषा में रचित सहपाठ (मूलपाठ के समतुल्य जिसकी रचना की जाती है) और (3) पाठक-रचयिता के रूप में अनुवादक जो पहले मूलपाठ का विश्लेषण कर अर्थग्रहण करता है। फिर इस अर्थ का लक्ष्यभाषा में अंतरण (transfer) करता है और तदुपरांत सहपाठ के रूप में उसका पुनर्गठन करता है। प्रश्न यह उठता है कि स्रोतभाषा में रचित मूलपाठ और सहपाठ के रूप में लक्ष्यभाषा में रचित अनूदित पाठ क्या संरचना और बुनावट में समरूपी हैं ? अगर हों, तो उनकी समरूपता की प्रकृति क्या है और अगर नहीं तो उनकी विभिन्नता का आधार क्या है ?

लेकिन दोनों पाठों के विवेचन से यह पता तो चलता है कि अनूदित पाठ तभी मूलपाठ का सहपाठ बन पाएगा जब उनके बीच समतुल्यता का आधार हो। दोनों अनुवादक समतुल्यता के आधार की अनिवार्यता से भी सहमत हैं पर इन अनुवादों

द्वारा समतुल्यता की प्रकृति पर प्रकाश नहीं पड़ता। इसके लिए उदाहरण के साथ एक चर्चा प्रस्तुत है। अंग्रेज़ी के वाक्य I met her का सीधा और सरल हिंदी अनुवाद है–**मैं उससे मिला,** पर यह वाक्य समरूप न होकर समतुल्य है। यह समरूप इसलिए नहीं हैं कि सरंचना के धरातल पर मूल वाक्य में शब्दक्रम इस प्रकार हैं : संज्ञा > क्रिया > सर्वनाम, जबकि अनूदित वाक्य में यह शब्दक्रम संज्ञा > सर्वनाम > क्रिया हो गया है। इसी प्रकार अन्य भेद भी देखा जा सकता हैं–अंग्रेज़ी वाक्य में सर्वनाम के द्वारा लिंग भेद व्यक्त है : यथा, स्त्रीलिंग, जबकि अनूदित वाक्य में यह पता नहीं चलता कि जिससे मिला गया वह स्त्रीलिंग है या पुल्लिंग। इसी प्रकार हिंदी वाक्य द्वारा एक अतिरिक्त अर्थ भी ध्वनित है कि जिससे मिला गया वह दूरवर्ती है, निकटवर्ती नहीं क्योंकि वह 'उससे' है न कि 'इससे' यदि अनुवाद सही प्रतीत होता है तो समतुल्यता के आधार पर ही क्योंकि समतुल्यता स्थिति के संदर्भ (context of situation) में कुछ ही तत्वों में साम्य रखती है।

समतुल्यता का आधार वस्तुतः एकनिष्ठ (mono-model) नहीं है, विभिन्न अनुवाद-प्रकारों में यह भिन्न रूप में प्रतिफलित या व्यक्त देखी जा सकती है। उदाहरण के लिए, निम्नलिखित विभिन्न प्रकार के अनुवाद में समतुल्यता भिन्न प्रकार से सिद्ध मिलती है :

1. शाब्दिक अनुवाद : वस्तुतः शाब्दिक अनुवाद में समतुल्या का आधार भाषिक उपादान होता है। यहाँ मूलपाठ के शब्द, पदबंध, वाक्यों का अविकल अनुवाद किया जाता है। अनुवाद करते समय स्रोतभाषा के पाठ के भाषिक उपादानों के समतुल्य लक्ष्यभाषा के भाषिक उपादान चुन लिए जाते हैं। यह चुनाव दो प्रकार के होते हैं ' एक तो, हास्यास्पद, जैसे white collor - सफ़ेद कालर, save skin–चमड़ा बचाना, iron will–इस्पाती इच्छा आदि तथा दूसरा, मान्य ; जैसे saving bank–बचत बैंक, solar treatment–सौरोपचार, a bird's eye view–विहंगम दृष्टि, black market–काला बाजार आदि।

2. भाव-प्रति-भाव अनुवाद : इस प्रकार के अनुवाद में भाषिक उपादान के रूप में अभिव्यक्ति पर उतना बल नहीं होता जितना कि संप्रेष्य कथ्य पर। उदाहरण के लिए, जब हम मुहावरे और लोकोक्तियों का अनुवाद करते हैं तब हम शब्द, पदबंध या वाक्यों के धरातल पर उसका अनुवाद नहीं करते बल्कि मूलपाठ के मुहावरों और लोकोक्तियों के अर्थ को ध्यान में रखते हुए उसके समतुल्य अर्थ की अभिव्यक्ति देने वाले लक्ष्यभाषा के मुहावरों और लोकोक्तियों का चयन करते हैं। उदाहरण के लिए हिंदी का मुहावरा 'आँख का पानी उतर जाना' अंग्रेज़ी में to become shameless के रूप में अनूदित होता है। इसी प्रकार अंग्रेज़ी के मुहावरे to beat about the bush का सामान्य हिंदी अनुवाद 'गोलमोल बात करना' होता है। ऊपर के उदाहरण से स्पष्ट है कि हिंदी के मुहावरे में प्रयुक्त 'आँख', 'पानी', 'उतर जाना'

आदि का कोई समानांतर शब्द या ध्वनि उसके अंग्रेज़ी अनुवाद में नहीं है। इसी प्रकार to, beat, bush आदि की कोई भी समानांतर शाब्दिक अभिव्यक्ति हिंदी के अनूदित मुहावरे में नहीं दिखाई देती।

3. शैली-प्रति-शैली अनुवाद : शैली का प्रयोग यहाँ व्यापक संदर्भ में है। इसके भीतर एक तरफ भाषा शैली है; यथा, औपचारिक, अनौपचारिक, लिखित और बोलचाल की शैली आदि और दूसरी तरफ़ इसके भीतर विधाएँ हैं; यथा, पद्‌य, गद्‌य, उपन्यास, नाटक, कहानी आदि। समतुल्यता का आधार शैली भी हो सकती है यदि कविता का अनुवाद कविता में हो और उपन्यास का उपन्यास विधा में। वैसे पद्‌य का गद्‌यानुवाद भी संभव है।

4. प्रकार्य-प्रति-प्रकार्य अनुवाद : इस प्रकार के अनुवाद का आधार प्रभाव-परक प्रकार्य होता है। जब हम किसी प्रतीकात्मक अर्थ, लाक्षणिक प्रयोग अथवा शब्दालंकार का अनुवाद करते हैं तब हम न तो शब्द-प्रति-शब्द अनुवाद करते हैं और न ही भाव-प्रति-भाव। वस्तुतः हम उस प्रतीकात्मक अर्थ की समतुल्यता ढूँढ़ते हैं जिसे गूढ़ार्थ के अथवा आभ्यंतर संवेदना के रूप में पाठक प्राप्त करता है। अज्ञेय की कविता 'नदी के द्वीप' की दो पंक्तियाँ उदाहरण स्वरूप देखी जा सकती हैं :

'यह स्रोतस्विनी ही कर्मनाशा कीर्तिनाशा घोर/काल-प्रवाहिनी बन जाय'—And that this clasping flow becomes/A fame-dissolving and time-swallowing tide.

यहाँ अनुवाद में शब्दों-वाक्यों में इतनी समानता नहीं है जितनी कि प्रभाव में। इसी प्रकार यदि स्रोतभाषा के मूलपाठ में 'उल्लू' शब्द का प्रयोग मात्र एक पक्षी के रूप में न होकर 'मूर्ख' अथवा 'कुरूप' भावबोध के लिए हो तब अनूदित पाठ के पुनर्गठन के समय उसके समतुल्य लक्ष्यभाषा में उपलब्ध प्रतीक की खोज करनी पड़ती है। ऐसा भी संभव है कि लक्ष्यभाषा में 'उल्लू' बुद्‌धि-विवेक का प्रतीक हो (यथा : ग्रीक मिथकों में) (जापान में उल्लू सौभाग्य का प्रतीक है)। इसी प्रकार जब लक्षणा अथवा व्यंजना द्वारा मूलपाठ में लक्ष्यार्थ या व्यंग्यार्थ की वैसी ही सृष्टि करनी पड़ती है तब वस्तुतः इस प्रकार की समतुल्यता लक्ष्यभाषा में सर्जित की जाती है। जैसा अज्ञेय की कविता के अनुवाद में भी देखा गया, काव्यानुवाद के संदर्भ में इस प्रकार की समतुल्यता का महत्व सर्वाधिक होता है।

नाइडा ने समतुल्यता के आधार पर अनुवाद की दो कोटियाँ बताई हैं : रूपात्मक (formal) समतुल्यता और गत्यात्मक (dynamic) समतुल्यता। उनके अनुसार पहले तीन प्रकार की समतुल्यता रूपात्मक है क्योंकि वह पाठ-प्रति-पाठ की समतुल्यता पर आधारित है। वहाँ कविता की कविता के आधार पर, वाक्य की वाक्य

के आधार पर और शब्द की शब्द के आधार पर समतुल्यता स्थापित की जाती है। इसके विपरीत ऊपर दिया गया चौथा वर्ग गत्यात्मकता की समतुल्यता की कोटि में आता है क्योंकि वह प्रभाव की समतुल्यता पर आधारित है। यहाँ मूलपाठ जिस प्रकार अपने संदेश द्वारा स्रोतभाषा के पाठकों पर प्रभाव डालता है उसी प्रकार अनूदित पाठ को भी लक्ष्यभाषा के पाठकों पर प्रभाव की अपेक्षा रहती है।

कुछ विद्वानों के मतानुसार समतुल्यता के सिद्धांत पर अधिक बल देना अनुवाद को विद्रूप ढंग से पेश करना है। उनके अनुसार समतुल्यता का सिद्धांत निरर्थक है क्योंकि एक भाषा में कही हुई बात को दूसरी भाषा में समतुल्य ढंग से कहना प्रायः असंभव है। वस्तुतः ऐसे विद्वान समतुल्यता और समरूपता के भेद को सही ढंग से सामने नहीं रख पाते। किसी भी पाठ के मूल में कुछ अर्थ आधारभूत ढंग से निहित होते हैं और कुछ अर्थ गौण रूप से उस मूल अर्थ की अभिव्यक्ति के साधन के रूप में प्रयुक्त होते हैं। इस तथ्य को हम कई उदाहरणों के आधार पर देख और समझ सकते हैं। हम देखते हैं कि एक ही कविता के विभिन्न अनुवादकों द्वारा विभिन्न अनूदित पाठ संभव हैं। उदाहरण के लिए, फिट्ज़जेराल्ड की रुबाइयों के हिंदी में कई अनुवाद मिलते हैं; यथा, केशवप्रसाद पाठक, मैथिलीशरण गुप्त, बच्चन और पंत के अनुवाद। इन चारों अनूदित पाठों में कुछ समान तत्व हैं जिन्हें आधारभूत कथ्य कहा जा सकता है। इसके विपरीत इन चारों में अभिव्यक्ति के धरातल पर पाठ की विभिन्नता भी मिलती है जिसे हम उसके अर्थ का विकल्प कह सकते हैं। मूल अर्थ की समतुल्यता के आधार पर ही हम यह कहने की स्थिति में हैं कि अनूदित पाठ वस्तुतः अनुवाद है न कि मूल पाठ से प्रभावित एक नई रचना।

पर समतुल्यता के सिद्धांत के साथ-साथ यह भी तथ्य सही है कि समतुल्यता के इस सिद्धांत को उसकी चरम परिणति के रूप में अनुवाद-प्रक्रिया में स्वीकार नहीं किया जा सकता। अनुवाद अपनी प्रकृति में एक अनुप्रयुक्त विधा है अतः वह प्रयोजन और प्रयोक्ता के दबाव से मुक्त नहीं हो सकता। उदाहरण के लिए, अगर अनुवादक का लक्ष्य मूलपाठ में निहित संस्कृति, स्थानीय परिवेश, सामाजिक तत्व आदि का संप्रेषण है तब समतुल्यता का सिद्धांत एक ढंग से सिद्ध होगा और अगर उसका लक्ष्य किसी साहित्यिक कृति को मात्र साहित्यिक रूप में लक्ष्यभाषा के पाठकों तक पहुँचाना है तब समतुल्यता का सिद्धांत दूसरे ढंग से प्रतिफलित होगा। एक में मूलपाठ के संस्कृतिनिष्ठ एवं सामाजिक अर्थ की द्योतक भाषिक अभिव्यक्तियों के यथातथ्य संप्रेषण के लिए समतुल्य भाषिक उपकरणों का चयन होगा और दूसरे में लक्ष्यभाषा की अपनी सांस्कृतिक चेतना के रूपांतरण के रूप में समतुल्यता के

सिद्धांत का निर्वाह होगा। एक पाठधर्मी अनुवाद का परिणाम माना जाएगा और दूसरा प्रभावधर्मी अनुवाद का उदाहरण समझा जाएगा।

संदर्भ

Catford, J.C.	1965	A Linguistic Theory of Translation, OUP.
Dubois, J. etal	1973	Dictionnarie de dinguiṣtique, Larousse, Paris
Harris, Roy	1968	Translation propostions : Linguistic Antverpiensia 2 ; 217-227
Hayek, F.A.	1969	'The theory of complex phenomena' Hayek studies in philosophy, politics and Economics, New York.
Holmes, J.S.	1974	'On Matching & Making Maps : From a Translator's Notebook, Delta. 16
Lyons, John	1969	Introduction to Theoretical Linguistics. CUP
Lefevere, Andre	1975	Translating poetry : Seven Strategies and a blue print. Assen & Amsterdam : Van Gorcum.
Mates, Benson	1950	Meaning & Interpretation. Berkeley & Los Angels : University of California Press.
New Mark p.p.	1982	Approaches to Translation. Prentice Hall. London
Popper, Karl. R	1972	The Logic of Scientific Discovery Hutchison : London.

3

अनुवाद-समस्या की व्यापक समीक्षा

सामान्य पारिभाषिक दायरे में अनुवाद का अर्थ 'तात्पर्य को सुरक्षित रखते हुए अन्य भाषा में पाठ परिवर्तन' (जॉनसन) या 'स्रोत भाषा की इकाइयों का लक्ष्य भाषा की भाषिक इकाइयों द्वारा प्रतिस्थान' (हॉकेट) लिया जा सकता है। परंतु भाषावैज्ञानिक दृष्टि से देखने पर यह प्रश्न मन में उठना स्वाभाविक है कि क्या अनुवाद का कार्य मात्र तात्पर्य को सुरक्षित रखते हुए लक्ष्य-भाषा में परिवर्तित कर देना ही है, अथवा क्या भाषा की प्रकृति ऐसी स्थिर होती है कि एक भाषा की इकाई को दूसरी भाषा की इकाई द्वारा प्रतिस्थापित किया जा सके ? तात्पर्य को सुरक्षित रखते हुए सादृश्यधर्मी अनुवाद कथानुवाद के लिए तो एक सीमा तक स्वीकार किया जा सकता है जिसमें भाषा मात्र एक साधन या उपकरण के समान प्रयुक्त होती है। परंतु क्या यह दृष्टि विज्ञान या विधि के लिए भी उतनी ही सार्थक है ? क्या भाषिक इकाइयाँ प्रतीक नहीं होतीं जिनका अर्थ उस भाषा के प्रयोक्ता से बंधा होता है ? ये सभी प्रश्न अनुवादक के भीतर भी उथल-पुथल मचाते हैं क्योंकि जब वह तात्पर्य को सुरक्षित करने चलता है तो स्रोत भाषा और उसका सौंदर्य उसे छूटता-सा लगता है और जब वह इकाई के लिए इकाई चुनने चलता है तो उसे कहीं तो इकाई प्राप्त ही नहीं होती, कहीं वह एकाधिक इकाइयों के रूपों में प्राप्त होती है और कहीं इकाई के स्थान पर इकाई का प्रयोग अनुवाद को ही निर्जीव बनाता हुआ लगने लगता है।

अनुवाद की भाषावैज्ञानिक समस्याएँ

आज अनुवाद प्रक्रिया के अंतर्गत अनुवादक के समक्ष उपस्थित होने वाली समस्याओं को सुलझाने में भाषाविज्ञान और उसकी अनुशांगिक शाखाएँ हमारी मदद करती हैं। अतः यहाँ भाषावैज्ञानिक समस्याओं से तात्पर्य 'संरचनात्मक' (Structural) के अर्थ में ही लेना चाहिए। पर व्यापक ढंग से। क्योंकि अपनी संरचना में ही एक भाषा इतनी संघटनात्मक और प्रयोगगत विविधताओं से बाधित रहती है कि उसके विश्लेषण में अनुवादक भ्रमित हो जाता है। इसीलिए अनुवाद संबंधी विश्लेषण में

अनुवादक के लिए कभी मनोभाषाविज्ञान, कभी समाजभाषाविज्ञान और कभी शैलीविज्ञान की सहायता लेना भी अनिवार्य हो गया है। अनुवाद के संदर्भ में आज 'भाषा-संरचना' से तात्पर्य नियमबद्ध व्याकरण से बंधी भाषा-मात्र नहीं है, यह भी डंके की चोट पर कहा जा चुका है कि व्याकरणिक धरातल पर किसी भाषा का जो संरचनात्मक विवरण हमें मिलता है वह भाषा को देखने का एक अतिसीमित आधार ही हमें दे पाता है (हाइम्स, लेबॉव आदि)। भाषाविज्ञान के व्यापक दृष्टिकोणों ने निश्चित ही अनुवाद की समस्याओं को समझने का भी व्यापक आयाम हमें प्रदान किया है। अनुवाद के क्षेत्र में जब हम दो भाषाओं के संरचनात्मक विवरणों का विश्लेषण प्राप्त करने चलते हैं तो हमें अपनी दृष्टि भाषा के कई-कई स्तरों पर एक साथ रखनी पड़ती है। संभवतः इसीलिए यह बात सभी विद्वानों (नाइडा, कैटफर्ड आदि) ने स्वीकार कर ली है कि दो भाषाओं की बहुआयामी भिन्नता अनूदित पाठ को मूल पाठ के समरूप (Identical) नहीं बनने देती और अनूदित पाठ, मूल पाठ के समतुल्य (equivalant) ही हो पाता है। यहाँ यह भी स्वीकार करना चाहिए कि अनुवादक समतुल्य अनुवाद का प्रयत्न ही करता है। अतः इतना ही वह कर भी सकता है। अनुवाद की समस्याएँ वस्तुत 'समतुल्यता की खोज' की समस्याएँ हैं।

समतुल्यता की चर्चा अनुवाद के संदर्भ में 'अर्थ' और 'शैली' को केंद्र में रखकर की गई है—वरीयता क्रम से। पहले अर्थ फिर शैली। अतः यह स्पष्ट है कि अनुवाद के लिए 'भाषिक इकाई' के व्याकरणिक रूप से अधिक महत्व 'अर्थ' और 'शैली का होता है, और इकाई में निहित इन दोनों तलों का अनुवाद भी आंशिक अथवा समतुल्य रूप में ही संभव हो पाता है। हिंदी में उच्च पद के लिए क्रिया के बहुवचन रूप का प्रयोग होता है जिसके भीतर से आदरार्थ ध्वनित होता है। पिताजी जा रहे हैं, डॉक्टर साहब आए थे, गांधी जी हमारे पूज्य हैं, इसी तरह के प्रयोग हैं। इनका अंग्रेज़ी अनुवाद आदर वाले अर्थ से च्युत होता है। अतः वह आंशिक अनुवाद की श्रेणी में रखा जाएगा। इस तरह की चर्चा अब अनुवाद अध्ययन में आम है। यदि हम अनुवाद के क्षेत्र को उसकी परंपरा से देखें तो कई बातें ऐसी दिखाई देती हैं जो मात्र बाह्य संरचना (surface structure) को केंद्र में रखने के कारण अनुवाद को सीमाओं-समस्याओं से जोड़ती रही हैं। अनुवाद प्रक्रिया का प्राचीनतम उदाहरण हमें सोलहवीं शताब्दी में मिलता है जहाँ 'बाइबिल' का अनुवाद करते समय अनुवाद के कुछ चरण निर्धारित किए गए थे जिनमें शब्द-क्रम का परिवर्तन (shift), लक्ष्य भाषा में आवश्यकतानुसार संबंध वाचकों का प्रयोग, मूल के एक शब्द के लिए लक्ष्य भाषा में पदबंध का प्रयोग और पाठगत एकरूपता पर बल दिया गया है। निश्चित ही यह सिद्धांत 'शब्द', 'शब्दक्रम' और 'वाक्य' को सर्वाधिक महत्व देता है और पाठगत एकरूपता को अनिवार्य मानता है। यह आश्चर्य का विषय नहीं कि इस प्रक्रिया और सिद्धांत को हम आगे की शताब्दियों की अनुवाद प्रक्रिया में भी थोड़े-बहुत संशोधन

के साथ अपनाए जाते हुए देखते हैं। आज हम इस दृष्टि की सीमा को देखते हुए 'शब्द' और 'विचार' को अलग करके देखते हैं। जिस पर चर्चा आगे होगी।

संरचना के अर्थ पक्ष की समस्या

अनुवाद में 'संरचना' के संदर्भ में भी समस्या इसलिए उत्पन्न होती है कि अर्थ के आयाम पर अधिकांशतः वैज्ञानिक दृष्टि का अभाव है। यदि हम परंपरागत अर्थ अध्ययन को देखें तो यह बात और भी स्पष्ट हो जाती है कि परंपरागत अर्थ-अध्ययन भाषा की आर्थी संरचना (Sementric structure) को उद्घाटित नहीं कर पाता। इसका एक मात्र कारण यह है कि यह दृष्टि मूलतः अपने को संकेतित वस्तु (referent) से संबद्ध रखती है, और हम यह जानते हैं कि संकेतित वस्तु बाह्य जगत में स्थित इकाई मात्र है। अर्थात इस दृष्टि की पहली सीमा यही है कि यह प्रतीक (symbol/sign) के स्थान पर संकेतित वस्तु के अनुवाद पर बल देती है, जिसके कारण प्रतीक और संकेतित वस्तु के बीच का सहसंबंध ही एक लंबे अर्से तक विश्लेषित न हो सका। अब जब हम यह जान पाए हैं कि इनके बीच का संबंध यादृच्छिक (arbiterary) होता है, प्रत्येक भाषा की प्रतीक-व्यवस्था कमल-Lotus भिन्न होती है, एक ही भाषा में भी पूर्ण पर्यायवाची (पंकज-कमल) नहीं होते, दो भाषाओं के समतुल्य प्रतीकों में समानधर्मिता अनिवार्य नहीं होती (पंकज-Lotus) और इनके संबंधों की पहचान संकेतार्थ द्वारा ही संभव हो पाती है। भाषिक विश्लेषण में इसीलिए अनुवादक का दायित्व और भी बढ़ जाता है। किसी भी भाषिक प्रतीक के संकेतार्थ में केवल बाह्य जगत की वस्तुओं का योगदान ही नहीं होता बल्कि उस भाषा का इतिहास, उसकी सभ्यता संस्कृति का भी योगदान होता है। इस प्रकार एक भाषा के लिए 'तुलसी' मात्र एक अकिंचन पौधे के प्रतीक के रूप में स्वीकृत हो सकता है जब कि दूसरी भाषा के लिए शक्तिमान, कष्टहारिणी, मंगलकारिणी 'तुलसी माता' का प्रतीक। अनुवाद की दृष्टि से समस्या यही है कि हम दो भाषाओं की प्रतीक व्यवस्था को उसकी प्रयोगगत स्थितियों में कैसे विश्लेषित करें। एक सामान्य उदाहरण लिया जाय—व्याकरणिक धरातल पर जो शब्द वर्ग हमें उपलब्ध होते हैं उन्हें संरचनात्मक रूप में पहचानते हुए उनके संकेतित वर्ग (referent classes) बना दिए गए हैं। संज्ञा रूपों में हम आदमी, कुत्ता, पेड़, नदी आदि को रख देते हैं। क्रिया रूपों (events) में हम दौड़ना, चलना, देखना, सोचना, गिरना आदि को रख देते हैं आदि। परंतु क्या इन संरचनाओं का संपृक्तार्थ भी हमें प्रयोग में नहीं दिखाई देता जैसे कुत्ता (चाटुकार के अर्थ में, स्वामि भक्त के रूप में आदि), नदी (जीवन की प्रवाहमयता, जीवनदायिनी आदि), आधुनिकता की दौड़ (Race के अर्थ में), वे चल बसे (देहांत के अर्थ में), चांदी गिरी (मूल्य कम होने के अर्थ में), उसका मुह पीला पड़ गया, उसका दिमाग ऊँचा है, ... तेज़ है। इस प्रकार की अर्थगत संरचना की

ओर अनुवादक को देखना ही पड़ता है क्योंकि अनुवाद में 'अर्थ' ही सर्वाधिक महत्त्वपूर्ण तत्व है और संभवतः इसीलिए अनुवाद में 'अर्थांतरण' और उसकी समस्याओं को देखने की, विश्लेषित करने की चर्चा इधर व्यापक स्तर पर उठाई जा रही है। आगे चल कर अर्थ पर अनुवाद की पूर्ण आश्रितता पर भी प्रश्न चिह्न लगे। इस पर इसी पुस्तक में अन्यत्र चर्चा है।

अतः अनुवाद की दृष्टि से भाषा की अर्थगत संरचना को समझने के पहले यह निर्धारित करना भी अनुवादक के लिए आवश्यक होता है कि रूपात्मक संरचना (formal structure) और अर्थगत संरचना (sementric structure) एक दूसरे से भिन्न होते हैं। और यदि हम संकेतित वस्तु को भाषिक विश्लेषण के केंद्र में रखते हैं तो इकाई की रूपात्मक और अर्थगत दोनों ही संरचनाएँ निर्धारित कर पाना असंभव होगा। इस संदर्भ में श्रीवास्तव ने 'कमल', 'जलज', 'पंकज' का उदाहरण देते हुए यह बताया है कि कि संकेतित वस्तु के आधार पर ये तीनों ही पर्यायवाची शब्द हैं। परंतु रूपात्मक दृष्टि से जल-ज (जल से उत्पन्न) और पंक-ज (पंक से उत्पन्न) दो अर्थ हमें मिलते हैं जिनसे कमल तटस्थ है। फिर अर्थगत् धरातल पर जलज-शुद्ध, शीतल, स्वच्छ का भाव भी दे सकता है और 'पंकज', 'गुदड़ी में लाल' वाला भी। श्रीवास्तव के विवेचन से यह निष्कर्ष निकलता है कि अर्थगत संरचना के विश्लेषण के समय प्रतीक के सामाजिक-सांस्कृतिक संदर्भों का विश्लेषण अनिवार्य है। अर्थात अर्थगत इकाई के समाज स्वीकृत एवं समाज प्रयुक्त अर्थ प्रतीक से संबद्ध होने की संभावना बराबर रहती है। अतः अनुवाद में इकाई की बहुव्याप्ति और चयनगतता (substitutability) पर भी अपनी दृष्टि रखनी पड़ती है। अनुवाद की समस्या के समाधान के लिए ही अर्थगत इकाई के वितरण के विश्लेषण को भी महत्त्वपूर्ण माना गया है। इस विश्लेषण में यह देखना अनिवार्य होता है कि भाषावैज्ञानिक संदर्भ में अर्थगत इकाई कब, कहाँ और कैसे प्रयुक्त हुई है। इसका संबंध इकाई की बहुव्याप्ति व चयनगतता से स्वतः जुड़ा हुआ है। वितरण को विश्लेषित करते हुए नाइडा ने अंग्रेज़ी की अर्थगत इकाई CHAIR का उदाहरण देते हुए बहुव्याप्ति की दृष्टि से निम्नलिखित वाक्य दिए हैं :

(a) Sat in a Chair (NP)
(b) Has accepted a University Chair (object of the verb)
(c) Chairman of the meeting (NN)
(d) Will chair the meeting (second member of VP)

(a) Mohan threw a stone at him.
(b) They will stone him.
(c) He is a Stone deaf.

नीचे के वाक्यों में वितरण का संबंध चयनगतता से है :

(a) The man ran.

(b) The water ran into the hut.

(c) The watch runs.

(d) The bus runs between .....

क्योंकि यहाँ शब्द के क्रियारूप ही भिन्न स्थितियों में प्रयुक्त हुए हैं अतः यहाँ समस्या चयनगतता की है इसी प्रकार Kill क्रिया भी देखें :

(a) He killed the man.

(b) He killed the tree by spraying too heavily.

(c) He kills time every day in the park.

(d) He killed his chances of success.

इकाई की यह स्थिति भाषा की विशेषता होती है। यदि हिंदी में इन वाक्यों का अनुवाद करना हो तो अर्थगत इकाई के रूप में ऐसी स्थितियाँ इस बात को प्रमाणित करती हैं कि किसी भी पाठ (discourse) में प्रयुक्त प्रतीक का निहितार्थ उसके सही प्रयोग, व संदर्भ से अधिक नियंत्रित रहता है। प्रयोग की चर्चा को यदि ऊपर के अर्थ संदर्भ की दृष्टि से देखें तो प्रयोग का संदर्भ दो पक्षों को प्रस्तुत करता है—भाषावैज्ञानिक और भाषेतर। भाषा वैज्ञानिक पक्ष का उदाहरण ऊपर के वाक्यों में देखा जा सकता है जहाँ भिन्न संदर्भों में एक ही इकाई भिन्न आर्थी-संरचना बन जाती है। और तब अनुवाद में भी हमें लक्ष्य भाषा की भिन्न आर्थी-संरचनाएँ चुननी पड़ती हैं। भाषेतर स्थितियाँ भी सभी भाषाओं में भिन्न होती है। अंग्रेज़ी में हम Telophone-Phone call, He telephoned-He phoned दोनों का प्रयोग करते हैं पर telephone operator, telephone line एक का ही। हिंदी में हम सौभाग्यवान का प्रयोग किसी भी पुरुष के लिए करते हैं पर सौभाग्यवती का केवल उन विवाहित महिलाओ के लिए ही जिनके पति जीवित हों। अर्थ के इस धरातल को ही प्रयोगार्थ कहा गया है। हिंदी में एकवचन सर्वनाम के साथ बहुवचन क्रियारूप आदर का अर्थ देने लगता है। भाषाओं की भाषेतर स्थितियाँ अनुवादक के लिए समस्या भी बनती हैं और भाषा के अर्थगत् संदर्भ के विवेचन की उससे मांग करती हैं। उदाहरण के लिए हिंदी की नाते-रिश्ते की शब्दावली में 'बाबा' शब्द अंग्रेज़ी के Grand father के पर्याय के रूप में अनूदित होता है अर्थात एक सीमा तक यहाँ हिंदी के प्रतीक व उसके संकेतार्थ तथा अंग्रेज़ी के प्रतीक उसके संकेतार्थ में समानता है। एक सीमा तक इसलिए कि 'नाना' के लिए भी Grand father पर्याय रूप में स्वीकार्य है। परंतु जब हम हिंदी में 'बाबा भोलेनाथ' या 'बाबाजी का भोग' प्रयोग देखते हैं तो अंग्रेज़ी का प्रतीक Grand father बाबा/बाबाजी का समतुल्य या स्थानापन्न नहीं बन पाता। जब अनुवाद में भाषेतर संदर्भों द्वारा इस इकाई के अर्थ को विस्तार या सीमा देनी होती

है तब हमें 'बाबा भोलेनाथ' के लिए An adverse term for Lord Shiva, और 'बाबाजी' के लिए Saint देना पड़ता है। कहना यह है कि प्रतीकों की सामाजिक-सांस्कृतिक व्याख्या अनुवाद की दृष्टि से परम आवश्यक है और प्रत्येक भाषा इस प्रकार का तार्किक विकास अपने ढंग से करती है।

भाषेतर संदर्भ की समस्या

यह भी कहा जा सकता है कि भाषा की अर्थगत संरचना और भाषेतर संदर्भ अनुवादक के कार्य को बहुत दायित्वपूर्ण बना देते हैं। इस संदर्भ में ही आज अनुवाद विज्ञान विश्लेषण (analysis) और पुनर्गठन (Restucturing) की प्रक्रिया को अनुवाद की दृष्टि से सर्वाधिक महत्त्वपूर्ण मानता है। विश्लेषण की प्रमाणिकता को मीशेल (1975) ने तभी स्वीकार किया है जब उसे आंशिक रूप में भाषेतर क्षेत्र में भी क्रियान्वित किया जाय और उनके आधार पर एक भाषा वैज्ञानिक सिद्धान्त दोनों भाषाओं के संदर्भ में प्रतिपादित किया जाय। उनका यह भी मानना है कि यदि हम विश्लेषण में भाषेतर तत्वों को तात्कालिक भाषा प्रयोग के संदर्भ में नहीं देखते तो हमारा अनुवाद असफल होने में कोई संदेह नहीं है। यहाँ पहली समस्या अनुवादक के समक्ष तब आती है जब स्रोत भाषा की किसी संकल्पना के लिए उसे लक्ष्य भाषा के रूप नहीं मिलते । इस स्थिति के कारण ही 'शब्द' और 'विचार' के सावधानीपूर्वक विश्लेषण पर बल भी दिया गया है। इस सावधानी के कारण ही 'शब्द' 'विचार' के संबंधों का विश्लेषण करते हुए हम अंग्रेजी के Reformation, Renaissance, Democracy, Existentialism आदि संकल्पनाओं को हिन्दी में अंतरित कर सके हैं। यह संभावना बहुत अधिक होती है कि कोई संकल्पना लक्ष्य-भाषा में उपलब्ध ही न हो। उदाहरण के लिए अंग्रेजी में माँ की बहन (मौसी) पिता की बहन (बुआ) तथा चाचा/मामा की पत्नी (चाची/मामी) के लिए कोई शब्द नहीं है। ऐसी स्थिति अनुवादक को समतुल्य इकाई के चयन के लिए बाध्य करती है और तब मूल संकल्पना लक्ष्य भाषा में पूरी तरह व्यक्त होने से रह जाती है। पुनर्गठन की प्रक्रिया में इसीलिए दो सिद्धान्तों को अपनाने की बात भी कही गई है : रूपात्मक स्तर पर पुनर्गठन और प्रकार्यात्मक स्तर पर पुनर्गठन। आज अनुवाद भाषा के जटिल प्रयोग का अंतरण है जिसमें तुलनात्मक भाषाविज्ञान द्वारा स्रोत और लक्ष्य भाषा के सभी dynamic आयामों के संदर्भ में उसकी अर्थ संरचना तक पहुँचना होता है। फिर भी अनुवादक अंतरण की सीमाओं में बंधा रह ही जाता है।

विशिष्ट प्रयोग क्षेत्र की समस्या

अनुवाद की समस्याओं–संभावनाओं पर जो सैद्धांतिक आधार प्रारंभ से मिलता है वह मूलत : साहित्यिक पाठ के अनुवाद की समस्याओं से ही अधिक जुड़ा रहा

है। इन विचारों या सिद्धांतों का प्रमुख तर्क इस सामान्य बात पर केंद्रित था कि मूल साहित्यिक पाठ को बिना किसी क्षति के दूसरी भाषा में अनूदित कर पाना असंभव है। संभवतः इसीलिए प्रारंभ में अनुवाद-सिद्धांत के अधिकांश प्रवक्ता साहित्यिक हैं या व्यावसायिक अनुवादक या दोनों। पिछले दो दशकों में अनुवाद-प्रक्रिया और अनूदित सामग्री दोनों ही विभिन्न ज्ञान क्षेत्रों के विद्वानों के आकर्षण व अध्ययन का केंद्र बने हैं। इनमें अधिकतर भाषा-वैज्ञानिक, सूचना सिद्धांत विशेषज्ञ, तर्कशास्त्री और अर्थशास्त्री हैं न कि साहित्यिक। अनूदित पाठ और अनुवाद-प्रक्रिया पर अनेक पक्षों से इन्होंने अपने जो विचार दिए हैं उनमें इनकी दृष्टि कहीं अधिक गहरी और तीक्ष्ण है जिससे अनुवाद की दिशा अधिक स्पष्ट और अनुवाद प्रक्रिया अधिक व्यवस्थित बनकर हमारे सामने आते है, ऐसा पहले न था।

पांचवें-छठवें दशक में अनुवाद का संदर्भ साहित्यिक पाठ के भाषावैज्ञानिक और शैली-वैज्ञानिक पक्षों से संबंद्ध होता है, परिणामतः एक समस्या क्षेत्र के रूप में भाषाविज्ञान के लिए अनुवाद एक विशिष्ट प्रयोग क्षेत्र (Specific Domain) बन गया। यहाँ तक कि जिसे अभी तक अनुवाद सिद्धांत कहा जाता था उसे अनुप्रयुक्त भाषाविज्ञान की एक विशेष शाखा के रूप में स्वीकार किया गया और व्यतिरेकी भाषाविज्ञान और शैलीविज्ञान जैसी अनुप्रयुक्त भाषाविज्ञान की अन्य शाखाओं से इसकी सीधी संबद्धता स्थापित हुई।

इस प्रकार अनुवाद संबंधी दृष्टिकोणों में निरंतर परिवर्तन और भाषाविज्ञान से उसकी व्यापक संबद्धता ने अनुवाद से संबंधित समस्याओं को देखने की नई दिशा प्रशस्त की। इस दिशा में सबसे महत्त्वपूर्ण कार्य था रूपवाद (Formalism) को प्रकार्यात्मकता (Functionalism) द्वारा स्थानांतरित करना। केंद्रक के बदलने से अब भाषा में आए शब्द रूपों पर ही नहीं बल्कि इस बात पर ध्यान दिया गया कि जब ये एक जगह संयोजित किए जाते हैं तो कैसे ये एक-दूसरे को प्रभावित करते हैं। इस संबंधित अध्ययन दृष्टि के परिणामस्वरूप एक-दूसरे की ओर ध्यान दिया गया जैसे अर्थ और संप्रेषण से संबंधित दार्शनिक समस्या, साहित्यिक पाठ में सौंदर्य-शास्त्रीय पक्षों के प्रकार्य से संबद्ध समस्या, शैली पर इन दोनों के प्रभाव से जुड़ी मनोवैज्ञानिक समस्याएँ और राष्ट्रीय चरित्र के विचारों और उनके प्रभाव से संबद्ध नृतत्व-विज्ञानी समस्या आदि।

अनुवाद के आधार क्षेत्र की समस्या

अब इस समस्या पर भी गंभीरता से सोचा जाने लगा है कि मूल पाठ और किसी विदेशी भाषा में उसके अनूदित पाठ में क्या-क्या संबंध निर्मित होते हैं और उनके बीच समस्या के कौन-कौन से बिंदु निर्धारित किए जा सकते हैं। ऐसे बिंदुओं के विभिन्न प्रारूप निर्मित भी हुए हैं जिनमें से हर एक मूल-अनूदित पाठ के किसी

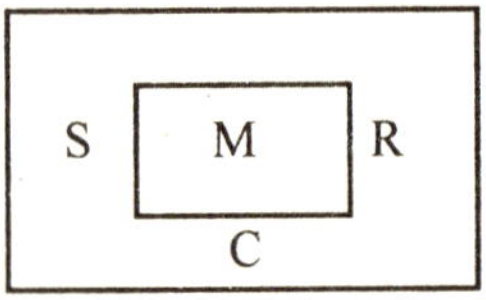

विशिष्ट चरित्र का प्रतिनिधित्व करता है और समस्या के परिप्रेक्ष्य में आदर्श अनुवाद की प्रकृति पर विचार व्यक्त करता है। मूल और अनुवाद के संबंधों को देखने के लिए ये सभी अनुवाद के आधार क्षेत्र माने जा सकते हैं। ये क्षेत्र अनुवाद की समस्याओं को स्रोत और लक्ष्य भाषा की मात्र इकाइयों के आधार पर नहीं, उनके सहसंबंधों के आधार पर भी देखते हैं। अनुवाद के आधारभूत सिद्धांतों से अब तात्पर्य यह है कि इसमें समतुल्यता के आधार पर कभी मूल में अभिव्यक्त सूचना में कमी आएगी, कभी वृद्धि होगी और कभी सूचना अपना आकार बदल लेगी (हैरिस : 1968)। इस तथ्य को नाइडा (1975) ने काफ़ी विस्तार से विवेचित करने का प्रयत्न किया है :

M : Message (संदेश), R : Receptor (ग्रहीता), S : Source (स्रोत) और C : Cultural Context (सांस्कृतिक संदर्भ)। यह स्थापित किया जा चुका है कि अनुवाद में ये चारों भाषा की आंतरिक संरचना और उसके अर्थ-शैली संदर्भ में नियंत्रक तत्व होते हैं। इसीलिए यदि अनुवादक लक्ष्य या स्रोत भाषा में मात्र इकाइयों पर ध्यान केंद्रित करते हुए अनुवाद करने की ओर प्रवृत्त होता है तो अनुवाद सीमाओं के घेरे में बँध जाता है और कभी-कभी अस्पष्ट भी रह जाता है (लीच : 1974)। हर भाषा का व्याकरण प्रयुक्त शब्दों के शब्द-वर्ग निर्मित कर लेता है। ये शब्द वर्ग उस भाषा के शब्द भंडार, शब्दों के वर्गीकृत प्रकारों को तो व्यक्त कर पाने में समर्थ होते हैं परंतु इन शब्दों के विभिन्न प्रकार्यों को अलग-अलग व्यक्त नहीं कर पाते। उदाहरण के लिए हिंदी में वस्तुवाचक संज्ञा-वर्ग के अंतर्गत नदी, घास, क्रिया शब्द वर्ग में उड़ना, चलना, विशेषण वर्ग में लाल, पीला जैसे शब्द केवल एक संदर्भ या प्रयोग की एक सीमा में बँधे हुए नहीं है : तब से नदी में कितना पानी बह चुका है (Lot of water has been flown under the bridge), तुम घास खोंदोगे (You will always be an useless person), वह चल बसा (He is dead), लाल-पीले क्यों हो रहो हो ? (Why are you getting angry)' सारा पैसा दो दिन में उड़ गया (All the money was spent within a few days) जैसे प्रयोगों में यह स्पष्ट देखा जा सकता है कि इकाइयों के स्थान पर इकाइयों के प्रति स्थापन से अनुवाद के सफल होने की संभावना नहीं है। अनुवादक के लिए यह एक समस्या क्षेत्र है जहाँ उसे इकाई के संदर्भ, प्रकार्य और व्यंजनार्थ तक पहुँचना होता है। इस प्रकार के कुछ अन्य समस्या-क्षेत्रों की ओर नाइडा (1975) ने भी संकेत किया है। जैसे अंग्रेज़ी में (Finger, Toes) दोनों का होना और हिंदी में सिर्फ 'उंगलियाँ' का होना। यह समस्या लक्ष्य भाषा में किसी

शब्द-संकल्पना की अनुपलब्धता से जुड़ी है। इसी प्रकार की समस्याओं में सांस्कृतिक संकल्पनाओं की अनुपलब्धता भी आ जाती है जैसे हिंदी में गुल्ली डंडा, हुक्का आदि का होना और अंग्रेज़ी में न होना अनुवादक के समक्ष अनुवाद-प्रक्रिया की दृष्टि से समस्या उत्पन्न करते हैं और उसे व्याख्यानुवाद के लिए प्रेरित करते हैं। यह कहना उचित होगा कि प्रत्येक भाषा में आर्थी इकाइयाँ (Semantic units) के वितरण का भी अपना-अपना सीमा क्षेत्र होता है। जैसे हिंदी में Sex act के लिए **मैथुन** क्रिया, Sex association के लिए यौन साहचर्य, Sex behaviour के लिए **काम** व्यवहार और Sex gland के लिए **जनन** ग्रंथि में रेखांकित इकाइयों का वितरण और इनके प्रकार्यात्मक अनुवाद की समस्या और एक ही भाषा को भिन्न इकाइयों में से सटीक और संदर्भानुकूल इकाई को लक्ष्य-भाषा में चुनने की समस्या जैसे अंग्रेज़ी में Completed, done, accomplished, finished और हिंदी में धरती, ज़मीन, पृथ्वी, धरा, वसुंधरा आदि इकाइयाँ। संभवतः इसीलिए भाषाविज्ञान, भाषा का एक मूल सिद्धांत निर्मित करता है कि एक शब्द या एक आर्थी इकाई दो भिन्न उच्चारों में कभी भी पूर्ण समान अर्थ का द्योतन नहीं करा सकते हैं और एक भाषा के भीतर भी 'संपूर्ण' पर्याय नहीं होते (लॉयंस : 1969)। अतः दो भिन्न भाषाओं में समान अर्थ वाले पर्यायों के अस्तित्व की कल्पना अवैज्ञानिक है। भिन्न भाषाओं में संबंधित शब्दों के बीच सटीक संबद्धता नहीं होती। नाइडा (1964) ने इसीलिए बल दे कर कहा कि आज हम अनुवाद में इस समस्या से नहीं जूझते कि 'क्या सही है और क्या गलत' बल्कि अब हम इस समस्या से दो-चार होते हैं कि 'कितना सही है और कितना गलत।'

इस प्रकार अनुवादक को अब सिर्फ़ व्याकरणिक वर्गों के स्तर तक ही अपने को सीमित रखने के प्रति सावधान किया गया है। अब उसे अपना ध्यान उस बिंदु पर केंद्रित करने को कहा गया है जहाँ शब्दों को प्रतीक रूप में, गतिशील रूप में और सांस्कृतिक घटकों के विशिष्ट प्रारूपों के रूप में देखना चाहिए (लेफ़ेवर : 1975)। अतः अनुवाद के समक्ष अब सबसे बड़ी समस्या है भाषाई इकाइयों के अर्थ को उनके सांस्कृतिक प्रकार्यों और विषयगत संदर्भों में देखते हुए लक्ष्य-भाषा में ले आने का प्रयत्न करना। इस दिशा में नाइडा (1975) ने अंग्रेज़ी के Charge शब्द का उदाहरण दिया है और Charge the gun, Charge the battery, Charge the pencil, Charge the man ten rupees, He is incharge जैसे प्रयोगों में इस शब्द की गतिशीलता और संदर्भ सम्मत अर्थ की व्याख्या अनुवाद के संदर्भ में की है। निश्चित ही यहाँ सभी संदर्भों में Charge शब्द का कोई एक कोशीय पर्याय हिंदी में पर्याप्त नहीं होगा। इस बात को हिंदी के निम्नलिखित वाक्यों में और स्पष्ट किया जा रहा है जहाँ रेखांकित अंशों का अर्थ कोशीय या सामान्य अर्थ से नितांत भिन्न

है :

संदर्भ	वाक्य	सामान्य अर्थ	अतिरिक्त अर्थ
दुकानदार, ग्राहक से	कुछ और **समझ लीजिए**	understand a little more	less the price offered.
दुकानदार, दुकानदार से	बाज़ार आज **ठंडा है**	Market is cold today	There is no brisk buying at market today
ग्राहक, दुकानदार से	रंग **मरा हुआ है**	Colour is dead	Colour is dull /faded
ग्राहक, दुकानदार से	रंग **कच्चा है**	Colour is un-cooked/ un-riped	Colour has some diffect

इस प्रकार के प्रकार्यगत, संदर्भगत प्रयोगों में अनुवादक को इनके बीच दो विभाजक रेखाएँ खींचनी पड़ती हैं–(क) एक विशिष्ट भाषाई संदर्भ, जो किसी भाषाई रूप को भाषाई अर्थ प्रदान करता है और (ख) शब्द का वह प्रकार्यात्मक संदर्भ जो शब्दार्थ को उसका प्रयोजनपरक अर्थ प्रदान करता है। अनुवाद तभी पूर्ण हो सकता है जब हम भाषा के इन दोनों संदर्भों को संप्रेषण के परिप्रेक्ष्य में देखते हुए, समय, स्थान और विषय के संदर्भ में स्रोत भाषा के पाठ के साथ देखें और उनके समतुल्य इकाई लक्ष्य भाषा में प्राप्त करने, निर्मित करने का प्रयत्न करें।

अभी तक अनुवाद को हमने आर्थी तत्वों को एक भाषा से दूसरी भाषा में रूपांतरित करने की समस्या तक ही सीमित कर रखा था। समतुल्यता (Equivalance) भी (अपने अत्यंत सीमित संदर्भों में) एक आर्थी-वर्ग बना दी गई थी। इस दिशा में अब जो विकास हुए हैं उन्होंने अनुवाद को अर्थ-विज्ञान के इस संकुचित दृष्टिकोण से उबारा है। एक प्रक्रिया के रूप में अनुवाद अब संप्रेषण-सिद्धांत का अंग बन गया है। अब इसे पाठ-सिद्धांत का एक उत्पाद भी माना जाने लगा है। आज इन दोनों संदर्भों पक्षों में ही अनुवाद सिद्धांत को देखा जा रहा है।

क्षेत्र रूपांतरण की समस्या

इसीलिए अनुवाद अब वाक्यीय, अर्थीय और प्रैगमैटिक तत्वों का संपुंजित क्षेत्र है। समतुल्यता अब इकाइयों के उन संबंधों पर केंद्रित मानी जा रही है जो प्रतीकों के बीच होते हैं और उन प्रतिक्रियाओं के बीच स्थित देखी जा रही है जो प्रतीकों द्वारा होती हैं अर्थात जो प्रयोग किया जाता है, जिनके लिए किया जाता है, यह अधिक महत्त्वपूर्ण हो चुका है। दूसरी ओर भाषा विकल्पन (Language variation)

को अब अनुवाद का वह भाग स्वीकार किया गया है जिसका संबंध स्थानापन्नता से है। इस प्रकार अब अनुवाद का क्षेत्र व्यापक हुआ है जिसे उसके आधुनिक ढांचे में 'क्षेत्र का रूपांतरण' कहा जा सकता है। इस रूपांतरण या परिवर्तन को भाषा संबंधी उन अधुनातन विचारों में देखा जा सकता है जहाँ दैनंदिन जीवन को सामाजिक संदर्भों में देखते हुए भाषा अध्ययन पर बल दिया गया है। सामाजिक संबद्धता के कारण भाषा, अभिव्यक्ति से संबद्ध हुई और तब समतुल्यता को भी शैलीय प्रकृति का ही एक घटक माना गया। इस दृष्टि से कोसना, शपथ लेना या कसम खाना, संकोच व्यक्त करना, अनुरोध करना, चापलूसी करना, अपमानित करना, स्वागत करना, विदाई देना, मज़ाक उड़ाना, धमकी देना, अफ़वाह उड़ाना आदि में भाषा का अपना, एक-दूसरे से स्वतः भिन्न और समाज-संदर्भित शैलीय स्वरूप उभरता है। अनुवादक के लिए इनमें भाषा भेद को समझ पाना, मूल पाठ में वक्ता, श्रोता, संदर्भ के परिप्रेक्ष्य में इन्हें वर्गीकृत कर पाना और फिर लक्ष्य-भाषा में इन्हें पुनः स्थापित और पुनर्गठित कर पाना एक चुनौती है। उदाहरण के लिए हिंदी में अभिवादन के लिए एकाधिक शैलीय रूप प्रचलित हैं : कैसे हो ? क्या हाल है ? सब कुशल तो है ? क्या रंग है ? अच्छे हैं? इन सबका हिंदी में अलग-अलग प्रकार्य, संदर्भ और प्रयोग है। अंग्रेज़ी में इन सभी के लिए How are you के रूप में अनुवाद इन सामाजिक संदर्भों को व्यक्त नहीं कर सकता। इसी प्रकार आशीर्वाद के रूप में प्रसन्न रहो, चिरंजीव रहो, मस्त रहो, सौभाग्यशाली रहो आदि के लिए समतुल्य इकाइयाँ अंग्रेज़ी में मिल पाना संभव नहीं है। इनका अंग्रेज़ी में शाब्दिक अनुवाद अजीब लगेगा और इनका भावपरक अनुवाद एक सीमा तक ही समतुल्यता की शर्त को पूरा करेगा।

यहाँ यह विचार उल्लेखनीय है कि अर्थ का जो विकासमान स्वरूप होता है वह संरचना में ही गुँथा होता है और उसके माध्यम से पहचाना भी जाता है परंतु इसकी पूरी और सटीक पहचान-सांस्कृतिक संदर्भों या सामाजिक संरचना के माध्यम से ही संभव हो पाती है : उदाहरण के लिए हिंदी में दर्ज़ी के लिए 'मास्टर' संबोधन, रसोइए के लिए 'महाराज' संबोधन, अहीर के लिए 'सरदार' संबोधन, नाई के लिए 'ठाकुर' संबोधन, वेश्या के लिए 'बाई जी' संबोधन इस समस्या की ओर संकेत करते हैं। इनके अनुवाद की क्या प्रक्रिया हो ? क्या अंग्रेज़ी में 'महाराज' के लिए किंग, 'सरदार' के लिए हैड, 'ठाकुर' के लिए चीफ़ और 'बाई जी' के लिए रेस्पेक्टेबल लेडी देना उपयुक्त रहेगा, जो इन हिंदी शब्दों के लिए मानक और कोशीय अंग्रेज़ी पर्याय हैं।

सांस्कृतिक रूपांतरण की समस्या

यह समस्या और व्यापक होती है जब हम भाषा के सांस्कृतिक प्रयोगों की ओर

मुड़ते हैं। तुलसी, गाय, शीतला, धरती, विद्या आदि के साथ हिंदी में 'माता' का जो प्रयोग है वह किसी विदेशी भाषा में कैसे अनूदित होगा ? अक्षत, जनेऊ, श्राद्ध जैसे संकल्पनात्मक और हमारे विश्वासों से जुड़े शब्दों के अनुवाद की क्या प्रक्रिया होनी चाहिए ? सामान्य शब्द-वर्गों की प्रचलित इकाइयों का अनुवाद सामान्य संदर्भों में तो संभव हो जाता है जैसे लाल—Red, नीला—Blue आदि। परंतु हिंदी रंग शब्दावली में मोरपंखी, गंगा-जमुनी, शरबती, रानी जैसे रंग नामों का भी समावेश है, इनके अनुवाद की क्या संभावना है ?

जब लक्ष्य भाषा के संस्कृति आधारित सभी तत्व संस्कृति आधारित स्रोत भाषा के तत्वों से टकराते हैं तब अनुवादक को सांस्कृतिक-समतुल्यता की दृष्टि से विचार करना होता है, न कि केवल अनुवाद की दृष्टि से। इसीलिए इस प्रकार की अनुवाद समस्या के संदर्भ में यह बार-बार दुहराया गया है कि अनुवादकों को केवल दोनों भाषाओं के तुलनात्मक व्याकरण तक ही सीमित न रह कर दो संस्कृति क्षेत्रों की अभिरचनाओं (Pattern) को नृतत्वशास्त्रीय स्तर तक भी देखना चाहिए (लीच : 1974)। यदि आज का समाज भाषाविज्ञान तुलनात्मक समाज-अर्थविज्ञान का विकास करे तो वह संभवतः इस तरह के तत्वों को गहराई से देख सकता है (हैलिडे : 1976)। कुछ दृष्टियों से ऐसा हुआ भी है और इसका लाभ भी अनुवाद विज्ञान के व्यावहारिक पक्ष को मिला है। इस दृष्टि से क्या दाम इसका ? यह कितने का है ? क्या भाव है ? कैसे दिया ? जैसे प्रयोगों के शैलीय स्वरूप की ओर एक अभिव्यक्ति के भिन्न उच्चारों की व्यापक चर्चा समाज-भाषाविज्ञान ने की है। संबोधन के प्रयोगों पर भी समाज-भाषाविज्ञान ने गहराई से अध्ययन प्रस्तुत किए हैं। खन्ना बाबू, बाबू रामलाल, रामलाल जी, पुजारी जी, हकीम साहब जैसे संबोधन के हिंदी प्रयोगों में बाबू, साहब, जी के प्रयोग के भिन्न सामाजिक और शैलीय संदर्भ हैं जिन्हें समाज-भाषावैज्ञानिक संदर्भ कहा जा सकता है। ये तीनों अंग्रेज़ी के 'मिस्टर' द्वारा प्रतिस्थापित तो हो जाएँगे परंतु इनकी सामाजिक अर्थवत्ता 'मिस्टर' द्वारा व्यक्त नहीं की जा सकती।

भाषा प्रकार्य संबंधी समस्या

अब तक की गई चर्चा अनुवाद की समस्या को अनेक भाषिक, अर्थीय, सामाजिक और प्रकार्यात्मक स्तरों पर विवेचित करती है। स्रोत भाषा और लक्ष्य भाषा की प्रकार्यात्मक विशिष्टताएँ अब अनुवाद की दृष्टि से अधिक महत्त्वपूर्ण और सार्थक मानी जाने लगी हैं। इतना ही नहीं अब भाषा के प्रकार्यों की, विशेष रूप से बहुभाषिक समाजों में इन प्रकार्यों के भिन्न-भिन्न स्तरों को देखने की दृष्टि का विकास भी हुआ है। इन स्तरों ने अनुवाद की संभावनाओं को भी व्यापकता प्रदान की है और अनुवाद को वैज्ञानिक स्वरूप भी प्रदान किया है। सबसे पहले स्तर पर भाषा प्रकार्यों को विभिन्न संदर्भों में देखा जा रहा है जैसे शिक्षा, विधि, व्यापार, धर्म आदि। इन्हीं संदर्भों

को हैलिडे (1975) ने प्रयोग क्षेत्र (Domain) कहा था। दूसरे भाषा प्रकार्यों को भाषा के विस्तार या पद (Status) के संदर्भ में देखना जैसे राष्ट्रीय, प्रशासनिक, क्षेत्रीय आदि, तीसरे प्रकार्यों को प्रयोग के संदर्भ में देखना जैसे साहित्यिक प्रयोग, बोलचाल, अश्लील, स्लैंग आदि तथा प्रकार्यों को ऐतिहासिक परिप्रेक्ष्य में देखना जैसे अर्वाचीन, मध्ययुगीन, आधुनिक आदि। प्रकार्यों को गहराई से देखने से ही साहित्य के भीतर भी और साहित्येतर क्षेत्र में भी भाषा-प्रयोग के कई क्षेत्र खुले, उनकी स्वरूपगत विशेषताएँ उद्घाटित हुईं और अनुवाद का भी उन तक विस्तार हुआ। स्वाभाविक था कि तब अनुवाद की और-और तथा भिन्न-भिन्न समस्याएँ भी उत्पन्न हुईं। इस अनुवाद क्षेत्र को भाषा प्रयुक्ति से संबद्ध किया गया। प्रयुक्ति अर्थात भाषा का वह विशेष रूप जो भिन्न विषय क्षेत्रों में भिन्न-भिन्न आकार और स्वरूप ग्रहण करता है। यह कहा गया कि इन प्रयुक्ति क्षेत्रों में अनुवादक में अन्य क्षमताओं के साथ-साथ तकनीकी क्षमता भी होनी चाहिए। तकनीकी क्षमता का संबंध अनुवादक के भाषा ज्ञान, विषय ज्ञान तथा अनुवाद सिद्धांत के ज्ञान से माना गया है। ध्यान दें कि अन्य क्षमताएँ जैसे कल्पनाशीलता, प्रतिभा, संवेदनशीलता, सहज बुद्धि आदि अनुवादक की निजी विशेषताएँ हैं। यह प्रमाणित हो चुका है कि विभिन्न विषयों में पारिभाषिक शब्द पूरे विचार बन कर आते हैं। कई विचार तो शब्दों से ही संबद्ध होते हैं जैसे हिंदी में पुनर्जागरण, अव्यय, प्रजातंत्र, अस्तित्ववाद आदि। विभिन्न विचारों के लिए भिन्न शब्द भिन्न भाषाओं में मिलते हैं, यदि नहीं होते तो उन्हें निर्मित किया जाता है या मूल भाषा के शब्द को ही ग्रहण कर लिया जाता है। कभी-कभी स्रोत भाषा के शब्द के पूरे विचार लक्ष्य भाषा के एक शब्द द्वारा व्यक्त नहीं हो पाते। जैसे अंग्रेज़ी शब्द Secularism का अनुवाद हिंदी में धर्मनिरपेक्षता किया गया है। हिंदी में यह 'धर्म से निरपेक्ष' का भाव देने लगता है। मूल शब्द के विचार और अनूदित शब्द द्वारा अभिव्यक्त विचार कई बार समान या समतुल्य नहीं बन पाते। इस प्रकार के विचारबद्ध शब्दों के अनुवाद में शब्द और विचार दोनों को लक्ष्य भाषा में ढाल पाना अनुवादक के लिए समस्या मूलक कार्य है। सामान्य भाषा से ही उदाहरण लें तो अंग्रेज़ी में भिन्न प्रकार की Aunt के लिए शब्द नहीं हैं—माँ की बहन (मौसी), पिता की बहन (बुआ), चाचा की पत्नी (चाची)। ऐसे भेदों में प्रासंगिक अर्थ की इकाई को संदर्भ से प्राप्त करना होता है तभी मूल एक सीमा तक संप्रेषणीय बन पाता है। अब यह स्वीकार किया गया है कि अनुवाद दूसरी भाषा के ऊपर किया जाने वाला संप्रेषण व्यापार है। अनुवाद में यह व्यापार शत-प्रतिशत पूर्ण नहीं होता, फिर भी प्रत्येक पाठ का अनुवाद संभव तो होता ही है और किया भी जाता है। संदेश की संप्रेषणीयता ही अनुवाद का लक्ष्य है—भाषिक, सामाजिक, सांस्कृतिक, प्रकार्यात्मक स्तरों पर जो कठिनाइयाँ आती हैं, वे ही अनुवाद की समस्याएँ हैं। साहित्य में भी और साहित्येतर क्षेत्र में भी विभिन्न समस्याओं के होते हुए भी अनुवाद की अनंत

संभावनाएँ खुली हैं और दिन-ब-दिन खुलती जा रही हैं। समस्याएँ केवल उठती नहीं, इन्होंने मार्ग को प्रशस्त भी किया है और अनुवाद को चुनौतीपूर्ण कौशल भी बनाया है। विषय क्षेत्रों में बंधी भाषा के स्वरूप का विस्तार भारत में स्वतंत्रता प्राप्ति के बाद प्रारंभ होता है। हिंदी भाषा की प्रौढ़ता का विकास ललित साहित्य के माध्यम से हुआ और स्वतंत्रता के बाद उसकी अभिव्यक्तिपरक क्षमता के विकास में ज्ञानात्मक साहित्य की महत्त्वपूर्ण भूमिका बनी। भारतीय बहुभाषिक संदर्भों में ज्ञानात्मक साहित्य का महत्व बढ़ने के साथ ही अनुवाद का महत्व स्वतः बढ़ गया।

संदर्भ

अय्यर, विश्वनाथ	1985	अनुवाद-भाषाएँ-समस्याएँ, तिरुअनंतपुरम : स्वाति प्रकाशन
कुमार, सुरेश	1988	अनुवाद सिद्धांत की रूपरेखा, दिल्ली : वाणी
तिवारी, भोलानाथ और ओमप्रकाश गाबा	1978	अनुवाद की व्यावहारिक समस्याएँ, दिल्ली : शब्दकार
श्रीवास्तव, रवीन्द्रनाथ और कृष्णकुमार गोस्वामी	1985	अनुवाद : सिद्धांत और समस्याएँ, दिल्ली : आलेख
Catford, J.C.	1965	A Linguistic Theory of Translation
Dil, Anwar, S.	1975	Language Structure and Translation, Stanford University Press.
Harris, R.	1968	'Translaltion propositions in Linguistic Antverpiensia, 2.
Halliday, M.A.K.	1975	Explorations in the Functions of Language, London : Longman.
Leech, G.	1974	Semantics, Harmondsworth, Penguin
Lefevere, A.	1978	Translating Poetry : Seven strategies And a blue-print, Assen & Amstendam : Van Gorcum.
Lyons, J.	1969	Introduction to theoretical

		Linguistics. CUP.
Mehrotra, R.R.	1985	Sociolinguistics in Hindi Context Mouton
Newmark, P.	1981	Approaches to Translation, Oxford, Pergamon Press.
Nida, E.A.	1964	Towards Science of Translating, Leiden : E.J. Brill.
Popovic, Anton	1976	A Dictionary for the Analysis of Literary Translation, Alberta : A.U.
Trivedi, H.C.	1971	Cultural and Linguistic problems of Translation, Ahmedabad : New order Book Company.
	1975	Language Structure and Translation Edited by Anwar S.Dil, California : Stanford University Press.

भारत में अनुवाद की चुनौतियाँ

विभिन्न विषय क्षेत्रों में, विभिन्न स्तरों पर अनुवाद की भूमिका भी बदलती रहती है। यदि वैज्ञानिक विषयों के अनुवाद की चर्चा की जाय तो उसकी प्रक्रिया, प्रकृति और समस्याएँ प्रशासनिक, व्यावसायिक, साहित्यिक आदि विषयों के अनुवाद से भिन्न होंगी। वैज्ञानिक विषयों की तथ्यपरकता और पारिभाषिक शब्दावली की एकरूपता और निश्चित अर्थिता इसका एक कारण है। विभिन्न विषयों की अपनी विशेषताएँ और भिन्नताजन्य संदर्भ हैं। इस प्रकार की भिन्नताएँ अनुवादक के समक्ष चुनौतियाँ भी खड़ी करती हैं और इन क्षेत्रों में अनुवाद की अनंत संभावनाएँ भी प्रस्तुत करती हैं। उदाहरण के लिए हिंदी में पत्रकारिता के क्षेत्र को देखा जा सकता है जहाँ एक साथ भिन्न-भिन्न भाषा रूप पत्रकारिता की उप-प्रयुक्तियों के रूप में उभरे हैं—अंतर्राष्ट्रीय समाचार, देशी समाचार, खेलकूद, फिल्म, बाल-जगत, महिला-जगत आदि में इस भाषा भेद को स्पष्ट देखा जा राकता है। भाषा प्रयोग, वाक्यावली, अभिव्यक्ति, शब्द-चयन, शैली आदि सभी स्तरों पर ये उप-प्रयुक्तियाँ एक-दूसरे से भिन्न होती हैं। हिंदी में इनका अधिकांश अनूदित होता है। पत्रकारिता के क्षेत्र में अनुवाद की संभावनाएँ प्रबल हैं। स्थापित अंग्रेज़ी पत्रिकाओं में हिंदी वाक्यों का रोमनीकृत रूप देकर उनका अंग्रेज़ी अनुवाद देने की परंपरा अनुवाद को एक नया

स्वरूप प्रदान कर रही है। उदाहरण के लिए अंग्रेज़ी 'इंडिया टुडे' के 15 नवंबर, 1990 के अंक से कुछ उदाहरण देखे जा सकते हैं : Thakur ki buddhi, Ahir ka bal : Bhaar mein gaya Janata Dal (the brain of the Thakur and the muscle power of the Ahir (Yadav), have taken the Janata Dal to dogs) Ab bhaiya kab Laotenge ? (When will Rajiv become the P.M. Again ?) Ya Allah Ya Rasul, Benazir Bekasur (In the name of God, Benazir is innocent). ऐसे प्रयोग अब अंग्रेज़ी के दैनिक समाचार-पत्रों में भी बड़ी मात्र में दिखाई देने लगे हैं। अनुवाद समीक्षा और मूल्यांकन की दृष्टि से भी इनके अध्ययन की अनेक संभावनाएँ छिपी हुई हैं।

भारतीय बहुभाषिक संदर्भ में भाषा-शिक्षण की पद्धतियों में भीं एक क्रांतिकारी परिवर्तन आया है। शिक्षण-प्रविधियों में प्रत्यक्ष या परोक्ष रूप से अनुवाद का अपना महत्व है। आज इस बात पर भी बल दिया जा रहा है कि हिंदीतर प्रदेशों में हिंदी का शिक्षण करते समय उस प्रदेश की भाषा में सृजित साहित्य के हिंदी अनुवादों को भी पाठ्यक्रम में स्थान देना चाहिए। भारतीय संदर्भ में अनुवाद की संभावनाएँ इसलिए भी विस्तृत हैं कि आज विभिन्न राष्ट्रीय-अंतर्राष्ट्रीय संदर्भों में हमें दुभाषियों और अनुवादकों की नितांत आवश्यकता है। विदेशी शासन ने भारतीय भाषाओं के विकास को समस्त ज्ञान क्षेत्रों में अवरुद्ध कर रखा था, इनमें विकास स्वतंत्रता के बाद अनुवाद के माध्यम से ही संभव हो सका, आगे भी यह विकास निरंतर नई-नई दिशाओं में होता रहेगा। एक ओर अंग्रेज़ी तथा भारतीय भाषाओं की सामग्री को अनूदित और पुनर्लिखित करना भारतीय भाषाओं को आधुनिकीकरण की दिशा में अग्रसर करता है तो दूसरी ओर भारतीय भाषाओं के बीच भावात्मक एकता की दृष्टि से अनुवाद अपनी महत्त्वपूर्ण भूमिका निभाता है और निभा रहा है। भारतीय ज्ञानपीठ और साहित्य अकादमी द्वारा भारतीय भाषाओं के श्रेष्ठ साहित्य का हिंदी अनुवाद, 'गगनांचल' (भारतीय सांस्कृतिक संबंध परिषद की पत्रिका) में भारतीय और विदेशी साहित्य के हिंदी अनुवाद का प्रकाशन, अनुवाद की संभावनाओं के विस्तार की ओर इंगित करते हैं और भारतीय साहित्य का विदेशी भाषाओं में अनुवाद अंतर्राष्ट्रीय आदान-प्रदान की दिशा में कार्य कर रहा है। विदेशी भाषाओं से भारतीय भाषाओं में अनुवाद भारतीय भाषाओं को 'ज्ञान' के स्तर पर समृद्ध करते हैं तथा हिंदी से क्षेत्रीय भाषाओं और क्षेत्रीय भाषाओं से हिंदी में तथा एक क्षेत्रीय भाषा से दूसरी क्षेत्रीय भाषा में होनेवाले अनुवाद भारतीय संस्कृति, चिंतन, जीवन-विधि में 'भारतीयता के तत्व' को प्रमाणित करते हैं। इसके अतिरिक्त कामकाज के विभिन्न क्षेत्रों में जैसे संदर्भ ग्रंथों, कोशों, वार्षिक रपट लेखन आदि क्षेत्रों में भी अनुवाद की अनिवार्यता बढ़ी है जिसने उसकी संभावनाओं को विस्तार दिया है। भारत में दूरदर्शन के विस्तार ने अनुवाद के एक प्रकार प्रतीकांतर अनुवाद (जिसमें प्रतीक$_1$ की व्यवस्था का आधार

तो भाषा होती है लेकिन प्रतीक$_2$ भाषेतर व्यवस्था की अपेक्षा रखती है) की संभावनाओं में विकास किया है जिसके अंतर्गत किसी कहानी या उपन्यास का फ़िल्म के दृश्य-बिंबों द्वारा प्रतीकांतर होता है। दूरदर्शन के विस्तार के पहले फ़िल्मांकन द्वार यह प्रतीकांतर संभव होता था जैसे हिंदी में 'गोदान', 'गबन', 'तीसरी कसम', 'सारा आकाश' आदि का फ़िल्मीकरण दूरदर्शन के द्वारा 'कथा सागर' में प्रस्तुत की गई देशी-विदेशी कहानियों का टी.वी. शृंखला के रूप में प्रस्तुतीकरण। 'निर्मला', 'गणदेवता', 'युगांतर', 'मैला आंचल', 'चरित्रहीन' जैसे उपन्यासों का प्रदर्शन अधिक विस्तार और गंभीरता से किया गया है। 'तमस' के टी.वी. रुपांतरण ने तो अपना इतिहास ही बना लिया है।

स्वतंत्रता प्राप्ति के बाद अनुवाद के विकास की जो अनंत संभावनाओं के द्वार खुले उनकी परिधि दिन-प्रतिदिन बढ़ती ही जा रही है। अनुवाद कार्य भाषा-विकास में पहले भी सहायक की भूमिका में रहा है, आज उसकी यह भूमिका और भी बहुमुखी और भी दायित्वपूर्ण बन चुकी है। और साथ ही अनुवाद की अनेक चुनौतियाँ भी आज हमारे सामने हैं।

4

अनुवाद समीक्षा और मूल्यांकन के कुछ प्रारूप

आचार्य शुक्ल की समीक्षा शैली और अनुवाद

समीक्षा के मूलतः दो रूपों की चर्चा संप्रति चलती है। एक को हम सैद्धांतिक समीक्षा के नाम से जानते हैं और दूसरे को व्यावहारिक समीक्षा की संज्ञा दी जाती है। इस भेद के पीछे वह प्रक्रिया है जो इनकी कार्य पद्धति से बंधी होती है, अर्थात जिन आधारभूत तत्वों, मान्यताओं और विधान के अनुसार किसी विषय विशेष की प्रक्रिया जुड़ती है उसके विश्लेषण, चिंतन और अध्ययन को समीक्षा का सिद्धांत पक्ष कहा जाता है। इसी विधान के संक्रियात्मक प्रयोग को जब किसी रचना या कृति में देखा जाता है या इसी के साक्ष्य पर जब साहित्य के गुण, सौंदर्य के परीक्षण की प्रक्रिया होती है तो वह समीक्षा का व्यावहारिक पक्ष बन जाती है। यहाँ हमारा उद्देश्य समीक्षा के रूपों पर चर्चा करना नहीं है। उपरोक्त संकेत का संदर्भ इसलिए आवश्यक जान पड़ा कि भारतीय भाषाओं में और विशेष रूप से हिंदी में समीक्षा के इन दोनों रूपों की भाषाई संरचना का क्रमिक विकास हुआ है। इस दृष्टि से हिंदी समीक्षा की भावात्मक, विचारात्मक, इतिवृत्तात्मक, वर्णनात्मक आदि शैलियों के विकास-क्रम को देखा जा सकता है। यह निर्विवाद तथ्य है कि इन समीक्षा शैलियों के निर्माण में अनुवाद की भूमिका महत्त्वपूर्ण रही है। यह कहना भी अत्युक्ति न होगी कि अनुवाद के माध्यम से ही हिंदी समीक्षा की भाषा अपनी एक निश्चित भंगिमा और मुहावरा धारण कर सकी। अनुवाद की दृष्टि से हिंदी समीक्षा को एक सुगढ़ रूप देने और हिंदी समीक्षा शैलियों के विविध रूपों के समन्वित ढाँचे द्वारा हिंदी समीक्षा शैली के स्वतंत्र और सशक्त विकास के स्तर पर भी हिंदी-समीक्षा शैली के निर्माण में आचार्य रामचंद्र शुक्ल का योगदान अभूतपूर्व है।

अपने देश में पुनर्जागरण काल से ही इस बात को लेकर मतवैभिन्न्य रहे कि हम यूरोप के विकसित राष्ट्रों की उन्नत विचारधारा तथा वैज्ञानिक उपलब्धियों को स्वीकार करें या नहीं। इस मत वैभिन्न्य में देश की प्रतिक्रियावादी शक्ति पश्चिम के प्रभाव ग्रहण को उपेक्षणीय मानती रही जबकि प्रगतिशील शक्ति इन यूरोपीय

उपलब्धियों पर आलोचनात्मक ढंग से विचार करके उनकी सहायता से भारत को एक आधुनिक राष्ट्र बनाने के पक्ष में थी। यह वैचारिक संघर्ष भारत में साहित्य-समीक्षा के धरातल पर ही नहीं बल्कि समाज और जीवन के अन्य क्षेत्रों में भी हमें दिखाई देता है। यहाँ महावीर प्रसाद द्विवेदी (साहित्यालाप : संक्षिप्त संस्करण, पृ. 41) के प्रगतिशील विचार अप्रासंगिक न होंगे कि "इस समय अंग्रेज़ी का साहित्य अत्यंत उन्नत दशा को प्राप्त है। अतएव हमको चाहिए कि उस भाषा के अच्छे-अच्छे ग्रंथों का अनुवाद करके हिंदी में साहित्य की दशा को सुधारें। इस समय विज्ञान, इतिहास, यात्रा विवरण, जीवन चरित्र, समालोचनाओं की हिंदी में बड़ी भारी न्यूनता है। इस न्यूनता को कम करना हिंदी वालों का परमधर्म है।" आचार्य द्विवेदी के उपरोक्त शब्द एक ओर उनकी खुली दृष्टि का परिचय देते हैं तो दूसरी ओर हिंदी के संदर्भ में अनुवाद के महत्व को रेखांकित करते भी दिखाई देते हैं।

द्विवेदी युगीन और उसके पूर्व भी समीक्षा शैली की दृष्टि से हिंदी का वह प्रयोजनीय स्वरूप विकसित नहीं हो सका था जो कालांतर में शुक्ल जी के अकेले प्रयास से हुआ। उनके पहले हिंदी समीक्षा शैली अनेक स्तरों पर दोषपूर्ण रही है। कई आलोचक इन दोषों को भाषा के विकास क्रम की सहज प्रक्रिया बताते हैं। पर यह बात सही नहीं है। इस दोष की पूरी जिम्मेदारी तत्कालीन समीक्षकों पर है। इतना ही नहीं यह उन रचनाकारों की सीमाओं का ही परिणाम है जो भाषा प्रयोग की दृष्टि से तो जागरूक नहीं ही थे, अनेक पूर्वाग्रहों से भी जकड़े हुए थे। इन कारणों से तत्कालीन हिंदी समीक्षा शैली में जो शैथिल्य था उसे इन समीक्षकों के ग्रंथों के विश्लेषण से सहज ही समझा जा सकता है। "जो सत्य बात होय उसे कहा चाहिए, को बुरा माने कि भला माने" (हिंदी भाषा सागर : इंशा अल्ला खाँ) जैसे प्रयोग; "ऐसे वे दोनों प्रिय प्यारी बतराय प्रति प्रीति बढ़ाय अनेक प्रकार से काम कलोल करने लगे और बिरही की पीर हरते। आगे पान की मिठाई, मोती भाल की शीतलाई और दीपज्योति की मंदताई देख ... (प्रेमसागर) जैसी असंबद्ध वाक्य संरचना तथा अशुद्ध भाषा प्रयोग; तथा "मैं तो आप चाहता हूँ कि कोई मेरे मन की थाह लेवे और अच्छी तरह से जाँचे।" (शिव प्रसाद सितारे हिंद) जैसे प्रयोग यह निश्चित आभास देते हैं कि कोई हिंदी को पूर्वी रूप की ओर ले जाना चाहता है तो कोई उसे पश्चिमी रूप की ओर घसीटने का प्रयत्न करता दिखाई देता है। तभी तो राजा लक्ष्मण सिंह जैसे समीक्षक "जिन्ने", 'इस्से", "तुझै", "आवश्यक" के स्थान पर "अवश्य" का प्रयोग करते रहते हैं तो बालमुकुंद गुप्त (1863-1907) जैसे लोग भी नानादेश में, श्यामताई, ज्याताभिमान, इच्छा किया, आशा किया जैसे शब्दों–पदों का प्रयोग करते हैं। क्या यह संभव है कि एक ही समय इतने भाषा रूप भिन्न-भिन्न दिशाओं में विकास पा रहे थे जबकि सब अपने को खड़ी बोली हिंदी का पोषक मानते रहे हैं। आश्चर्य तो तब होता है जब हमें प्रतापनारायण मिश्र और बालकृष्ण भट्ट की भाषा में भी "पर वह इस बात को न माने", "कर्तव्यता", "अपने भूमि में" जैसे प्रयोग

मिलते हैं जबकि ये दोनों हिंदी की अच्छी रचना शैली के प्रवक्ता माने जाते हैं।

उपरोक्त संकेतों से निःसंकोच यह निष्कर्ष निकाला जा सकता है कि गद्य भाषा हिंदी के स्वरूप को स्थिर करने के पीछे इन रचनाकारों का कोई "सोच" काम नहीं कर रहा था बल्कि इसके विपरीत व्याकरण की अवहेलना, पश्चिमीपन, पूर्वीपन, पंडिताऊपन (तिस, पीछे, सो) के प्रति अतिरिक्त मोह और पूर्वाग्रह तथा निरर्थक सानुप्रासिक तुकबंदी आदि ने उन्हें इस बात की ओर कभी प्रेरित नहीं किया कि हिंदी का "हिंदीपन" के साथ भी कोई स्वरूप बनाना चाहिए। शुक्लपूर्व गद्य-लेखकों/समीक्षकों की इस असावधानी के कारण ही एक लंबे अर्से तक हिंदी समीक्षा शैली "एकरूप" नहीं बन पाई, ऐसी स्थिति में उसके परिष्कार का तो प्रश्न ही नहीं उठता। वाक्य सामंजस्य और वाक्य समूहों के विभाजन की दृष्टि से हिंदी समीक्षा-भाषा को एक रूप देने का प्रयत्न आचार्य द्विवेदी ने किया। अर्थात एक विषय की विवेचना करते हुए उसके किसी अंग का विधान करना तथा एक विवेचन परंपरा का दूसरे समूह की विवेचन परंपरा के साथ सामंजस्य स्थापित करना उनका मूल उद्देश्य रहा। इस प्रकार व्याकरणिक धरातल पर हिंदी का स्वरूप उन्होंने एक सीमा तक शुद्ध तो कर दिया परंतु, परिणाम स्वरूप उनकी समीक्षा शैली क्रमशः शास्त्रीय बनती चली गई। प्रवाह, जीवंतता, मुहावरे, तेवर की दृष्टि से यह शैली हिंदी को उस रूप में स्थापित न कर सकी जिस रूप में उसकी "अपनी पहचान" बन पाती।

उपरोक्त संदर्भों में देखने पर यह स्पष्ट होता है कि सामान्य गद्य लेखन और समीक्षा लेखन के स्तर पर भी हिंदी का संयत स्वरूप द्विवेदी युग तक नहीं उभर सका था। शुक्ल जी ने हिंदी समीक्षा शैली को संयत करने का अनिर्वचनीय प्रयास किया जिससे उनके चिंतन की स्वच्छता उनकी समीक्षा शैली में उद्घाटित हुई। कहने का तात्पर्य इतना है कि हिंदी का जो स्वरूप सामान्य गद्य के स्तर पर भी तब तक स्थिर नहीं था उस हिंदी को विवेचनात्मक स्तर पर स्थिर करके, हिंदी की समीक्षा भाषा को परिष्कृत करके शुक्ल जी ने उसका जो रूप उभारा, वह आज भी अनुकरणीय है।

शुक्ल जी ने भी अनुवाद के महत्व को पहचाना। लेकिन यूरोप के अंधानुकरण के पक्ष में वे कभी नहीं रहे और न ही उन्होंने अनुवाद द्वारा पाश्चात्य विचारों का पिष्टपेषण ही किया। यूरोप की विचारधाराओं को यथावत् न अपना कर उन्होंने उसे भारतीय साहित्य के संदर्भ में देखते हुए आंशिक स्तर पर ही प्रयोजनानुसार ग्रहण किया और अनुवाद का सहारा लेते हुए भी हिंदी समीक्षा के निजी स्वरूप का विकास किया। शुक्ल जी की यह विशिष्टता थी कि वे शास्त्रीय तथा स्वच्छंदतावादी दोनों प्रकार की रचनाओं की सीमाओं को पहचानते थे और अतीत तथा वर्तमान दोनों के प्रति आलोचनात्मक दृष्टि रखते थे। इस प्रकार समीक्षा के क्षेत्र में उनकी सुसंगत और व्यापक दृष्टि ने हिंदी समीक्षा की संयत भाषा के निर्माण में उनका भरपूर सहयोग दिया। एक ओर उन्होंने भारतीय और पाश्चात्य काव्य शास्त्र के मुहावरों के हिंदी पर्याय गढ़े और दूसरी ओर जहाँ कहीं भी शास्त्र ने उनका साथ नहीं दिया, उन्होंने

अपने अनुभव और विचारों की अभिव्यक्ति के लिए एक नई सशक्त भाषा गढ़ ली। यही कारण है कि उनकी समीक्षा शैली "शास्त्रीय" के साथ-साथ "व्यावहारिक" भी बन सकी। यह तथ्य इस बात का प्रमाण है कि शुक्ल जी ने समीक्षा की भाषा का निर्माण समीक्षा की भाषा के विषय में सिद्धांत बना कर नहीं किया था अपितु यह भाषा उन्होंने आलोचना के निरंतर प्रयोग द्वारा क्रमशः गढ़ी थी। ऐसा करते हुए अनुवाद की उस प्रक्रिया को उन्होंने अपनाया जहाँ लक्ष्य भाषा की शक्ति का उपयोग मूल के भाव को व्यक्त करने के लिए किया जाता है। वे समीक्षा को "संप्रेषणीय" होते देखना चाहते थे। गहन दुरूह भाषा के दायरे में बांध कर उसे अबोधगम्य बनाने का और अपना पांडित्य प्रदर्शित करने का आग्रह उन्होंने कभी नहीं किया। इसीलिए भाषा प्रयोग के प्रति शुक्ल जी की दृष्टि समन्वयात्मक थी जो उनकी दूरदृष्टि का परिचायक है। वे कहते हैं कि "हमें यह स्वीकार करना होगा कि हिंदी-उर्दू एक ही बोलचाल की भाषा के दो रूप हैं और इनका तमाम साहित्य एक ही जाति का साहित्य है।" इनके अलगाव को समाप्त करने का मार्ग दर्शाते हुए शुक्ल जी कहते हैं कि "उर्दूवालों को यह स्वीकार करना होगा कि फारसी यहाँ बरसों से जबरन लादी हुई राजभाषा थी जिसके विरोध में यहाँ जातीय भाषाओं एवं संस्कृति को बचाने के प्रयत्न किए गए और हिंदीवालों को चाहिए कि वे उर्दू को कृत्रिम कह कर टालें नहीं।" अपना निर्णय देते हुए शुक्ल जी कहते हैं कि "हिंदी में फारसी से अधिकाधिक शब्द लिए जा सकते हैं, अरबी से नहीं।" इस विचार के संदर्भ में आगे के विचारकों की उस टिप्पणी को देखना होगा जो इस तथ्य को स्वीकार करते हैं कि देश के विभाजन के बाद अधिकांश लोगों ने पारिभाषिक शब्दावली निर्माण के नाम पर असंप्रेषणीय भाषा गढ़ कर हिंदी का अहित ही किया है क्योंकि हिंदी को यदि ऊपर उठना है तो वह संस्कृत, फारसी, अंग्रेज़ी के दबाव को ठेलते हुए ही ऊपर उठेगी, उनके दबाव से नहीं। शुक्ल जी हिंदी की इस स्वाभाविक शक्ति को पहचानते थे इसीलिए उसे कृत्रिमता के भँवर में उलझाने का प्रयत्न उन्होंने कभी नहीं किया। विषयानुकूल गद्य के अनुरूप होने के कारण ही शुक्ल जी की समीक्षा शैली परिष्कृत और गंभीर पदावली युक्त होते हुए भी सहज, संप्रेषणीय और इसीलिए अनुकरणीय बन सकी है। सामान्य रूप से शुक्ल जी की समीक्षा शैली के तीन प्रकार बनाए जा सकते हैं : प्रचलित शैली, व्यक्ति विधायक या व्याख्यात्मक शैली तथा वैचारिक शैली।

अपनी समीक्षा में विषय निर्वाह की पूर्ण क्षमता उत्पन्न करने की दृष्टि से शुक्ल जी सुनिश्चित संदर्भों में उर्दू-फारसी शब्दावली का प्रयोग करते हैं यथा--गुंजाइश, फालतू, जबरदस्ती, मजाक की हद, बात की करामात, जिंदादिली की मुद्रा आदि जो उनकी समीक्षा शैली को एक निश्चित प्रवाह प्रदान करते हैं। इसके अतिरिक्त शुक्ल जी ने एक ही देशज शब्द के प्रयोग से सारी व्यंजना उद्घाटित करके हिंदी की जातीय शक्ति का प्रमाण भी कई स्थानों पर दिया है, यथा कठहुज्जती, खुल्लमखुल्ला, फुटकरिए, सेत आदि। इन दोनों प्रकार के प्रयोगों से उन्होंने यदा-कदा अपनी समीक्षा

शैली को आवश्यकतानुसार व्यंग्यात्मक पदावली में बदलकर उसे और भी पैना निखार दिया है। इस प्रकार "प्रचलित शैली" के प्रयोग के समय शुक्ल जी की दृष्टि सदैव लोक या सामान्य बोलचाल के प्रचलित शब्दों की ओर रही है, चाहे वे किसी भी स्रोत से हों क्यों कि वे इन शब्दों की शक्ति व उनके सर्जनात्मक प्रयोग की संभावनाओं से भली-भाँति परिचित थे। इनके प्रयोग के आधार पर ही शुक्ल जी की वह समीक्षा शैली निर्मित हुई जो उनकी अस्मिता की शैली है। इस समीक्षा शैली के कुछ उदाहरण निम्नलिखित हैं :

(क) "पर वास्तव में वह भाषा के **गड़बड़झाले** के सिवा कुछ नहीं है।"

(ख) "जो यह भी नहीं जानते कि **कोयल किस चिड़िया का नाम है**, जो यह भी नहीं सुनते कि चातक कहाँ चिल्लाता है, जो **आँख मूंद यह भी नहीं देखते** कि आम प्रणय सौरभपूर्ण मंजरियों से कैसे लदे हुए हैं, जो **यह भी नहीं झांकते** कि किसानों के झोपड़ों के भीतर क्या हो रहा है ...।"

(ग) "... भावों को ग्रहण करने तक की क्षमता न रखनेवाले **बहुतेरे ऊटपटांग** चित्र खड़ा करने और कुछ असंबद्ध प्रलाप करने को ही छायावाद की कविता समझ **अपनी भी कुछ करामात दिखाने के फेर में पड़ गए हैं**। बड़ी भारी बुराई यह है कि अपने को "नए संप्रदाय" में समझ अहंकारवश **ये कुछ सीखने का कभी नाम भी नहीं लेना चाहते** और **अपनी अनभिज्ञता को एक चलते नाम की ओट में छिपाना चाहते हैं** ...।"

उपरोक्त उद्धरणों के मोटे अक्षरों में मुद्रित भाषाई तत्व इस बात की पुष्टि करते हैं कि साहित्य समीक्षा जैसे शुष्क विषय को अपने संयत भाषा प्रयोग द्वारा शुक्ल जी कैसे सर्वग्राही बना देते हैं। उनकी यह समीक्षा शैली उनकी अपनी पहचान है जो यह भी प्रमाणित करती है कि "शैली स्वयं ही व्यक्ति है" क्योंकि शुक्ल जी की प्रचलित शैली उनके द्वारा ही विकसित शैली है जो क्रमशः उनकी "व्यक्तिगत शैली" की पहचान बनती चली गई है।

शुक्ल जी की दूसरी महत्त्वपूर्ण समीक्षा शैली व्याख्यात्मक है जिसे कुछ आलोचकों ने व्यक्ति विधायक शैली की संज्ञा भी दी है। इस शैली द्वारा वे अपनी मान्यताओं को स्पष्ट करने का काम लेते हैं :

> "कवि-कर्म विधान के दो पक्ष होते हैं : विभाव पक्ष और भाव पक्ष। कवि एक ओर तो ऐसी वस्तुओं का चित्रण करता है जो मन में कोई भाव उठाने या उठे हुए भाव को और जगाने में समर्थ होती हैं और दूसरी ओर उन वस्तुओं के अनुरूप भावों के अनेक स्वरूप शब्दों द्वारा व्यक्त करता है ... कहने की आवश्यकता नहीं कि काव्य में दोनों अन्योन्याश्रित हैं, अतः दोनों रहते हैं।"

तीसरी वैचारिक शैली के प्रयोग द्वारा शुक्ल जी का शास्त्रबोध और उस पर उनकी गहरी पकड़ दिखाई देती है जो पूरी मार्मिकता से इस शैली को अनेक स्तरों

पर मांजती चलती है। अर्थात इस शैली में उनके चिंतन का गांभीर्य पूरी सतर्कता, व्यवस्था, स्थिरता, सुबोधता से भाषा में व्यक्त होता चला गया है। इस शैली में शुक्ल जी साध्य और साधन (कथ्य और भाषा) दोनों का सटीक संगठन छोटे, संबद्ध और गहरे अर्थगर्भित वाक्यों द्वारा करते हैं।

> "अद्वैतवाद के मूल में एक दार्शनिक सिद्धांत है। कवि कल्पना या भावना नहीं। वह मनुष्य के बुद्धि प्रयास या तत्वचिंतन का फल है। वह ज्ञान क्षेत्र की वस्तु है। .... रहस्यवाद दो प्रकार का होता है—भावात्मक और साधनात्मक। हमारे यहाँ का योगमार्ग साधनात्मक रहस्यवाद है।"

विषयानुकूल इन शैलियों का प्रयोग यह भी प्रमाणित करता है कि शुक्ल जी हिंदी के शैलीगत वैविध्य और रूपों की सीमाओं संभावनाओं की गहरी पकड़ रखते थे। यही कारण है कि वे इन शैलियों का विषयानुसार—प्रसंगानुसार चुनाव कुशलता से कर सके और अनुवाद को भी अपनी मौलिक चिंतन भाषा के विकास के लिए एक कारगर औजार के रूप में विकसित कर सके। वे चयन के उस आधुनिक सिद्धांत से स्वतः ही परिचित थे जो आज शैलीय संघटना के महत्त्वपूर्ण उपादान के रूप में स्वीकृत है। शुक्ल जी की इस समीक्षा शैली के विकास और प्रयोग के संदर्भ में यह मानना होगा कि उन पर उनके आदर्श समीक्षकों /गद्यलेखकों यथा भारतेंदु, गोविंद नारायण मिश्र, जगमोहन सिंह, सरदार पूर्ण सिंह का प्रत्यक्ष प्रभाव पड़ा है। इन सभी की शैलीय विशिष्टताओं को समन्वित, परिष्कृत करके उन्होंने हिंदी समीक्षा शैली को एक नया रूप दिया। भारतेंदु की शैली और शुक्ल जी की प्रचलित शैली में तो अनेक धरातलों पर अद्भुत साम्य भी देखा जा सकता है। परवर्ती विभिन्न समीक्षा शैलियों का उत्तम, समर्थ और परिष्कृत समाहार शुक्ल जी की समीक्षा शैली का विशिष्ट गुण है जिसमें उनकी भाषा ग्रहण और प्रयोग संबंधी समस्त विशिष्टताएँ उभर कर दिखाई देती। आज के अनेक समीक्षकों पर शुक्ल जी की किसी न किसी समीक्षा शैली का व्यापक प्रभाव प्रत्यक्ष या परोक्ष रूप से देखा जा सकता है जो शुक्ल जी की अध्ययनशीलता, हिंदी की जातीय संस्कृति के प्रति उनके लगाव, हिंदी समीक्षा शैली के स्वतंत्र विकास के प्रति उनकी छटपटाहट और इन सबके समन्वय से उनके द्वारा निर्मित हिंदी समीक्षा शैली के आदर्श स्वरूप की सफलता का स्वतः सिद्ध प्रमाण है।

आचार्य शुक्ल की समीक्षा शैली के विकास का आधार मूलतः विचारात्मक है। अतः शुक्ल जी का अनुवादक रूप भी उसी तरह हमारे सामने आता है, गहन, गंभीर पाठ-विश्लेषक के रूप में। समीक्षा को यदि उसके कार्यफलन की दृष्टि से देखा जाए तो वह निर्विवाद ढंग से साहित्य सिद्धांत ही है क्योंकि रचनात्मक साहित्य ही उसकी सृष्टि के लिए मूल उपादान का कार्य करता है : The ultimate aim of the criticism is to establish the principles of writings. (Making of Literature, कॉलरिज, पृ. 226)। लेकिन आचार्य शुक्ल के समक्ष केवल अपने सिद्धांतों के प्रवर्तन का ही

प्रश्न नहीं था बल्कि यह प्रश्न भी था कि यह प्रवर्तन कैसे एक संप्रेषणीय समीक्षा में ढलकर सामने आए। इस व्यापक दृष्टि के कारण ही शुक्ल जी ने हिंदी समीक्षा को ऐतिहासिक चेतना, सूक्ष्म उद्भावनाशक्ति और तीव्र समीक्षा दृष्टि के समन्वय से युगानुकूल स्वरूप प्रदान किया साथ ही उन्होंने हिंदी समीक्षा को एक ऐसी नवीन पदावली भी प्रदान की जिससे हिंदी वैज्ञानिक विवेचन के उपयुक्त बनी और अपने स्वतंत्र व्यक्तित्व के साथ विकसित हुई। इस दृष्टि की कमी हमें द्विवेदी युगीन नवीनतावादियों में स्पष्ट दिखाई देती है। श्यामसुंदर दास का "साहित्यालोचन" हडसन और वर्सफोल्ड पर पूर्णतया आश्रित है, श्यामसुंदर जोशी का "हिंदी के उपन्यास" निबंध (सरस्वती : सितंबर, 1917) भी इसी प्रकार का अनुवाद है, नाथूराम शर्मा की "समालोचक" नामक कविता ऑर्नाल्ड द्वारा निरूपित समालोचना के लक्षणों का मात्र अनुवाद है आदि। ऐसे अनेक संदर्भ दिए जा सकते हैं जहाँ विद्वानों द्वारा पाश्चात्य चिंतन का विशुद्ध अनुकरण होता रहा है जिसके कारण उस समय तक हिंदी समीक्षा का सैद्धांतिक और शैलीय धरातल पर कोई स्वतंत्र और स्वायत्त ढांचा खड़ा न हो सका था। इस प्रकार की समस्त सामग्री वास्तव में पाश्चात्य समीक्षा के तत्संबंधी विचारों की प्रतिलिपि मात्र बन कर रह गई। इसके लिए और कुछ नहीं इन विद्वानों की वह सीमा उत्तरदायी है जिसके कारण वे पश्चिम की समीक्षा संबंधी सामग्री को पचाकर निजी वस्तु बनानेमें असमर्थ रहे। इसके विपरीत आचार्य शुक्ल हिंदी समीक्षा और समीक्षा शैली के विकास के संबंध में एक निश्चित दर्शन लेकर अवतरित हुए और उन्होंने यूरोप के साहित्य क्षेत्र में फैशन के रूप में प्रचलित वादों को कच्चे-पक्के ढंग से सामने लाकर कुतूहल उत्पन्न करने की चेष्टा को "मस्तिष्क-शून्यता" की संज्ञा दी। इसीलिए अंग्रेज़ी के अंधानुकरण के आधार पर प्रस्तुत परिभाषाओं, मान्यताओं, धारणाओं को यथारूप ग्रहण करने की जगह उन्हें युग की आवश्यकता, आदर्श, समस्या आदि के अनुरूप संशोधित समन्वित करने का कार्य भी उनके "अनुवादक" ने किया। हिंदी समीक्षा के इस पुनर्निर्माण में उनकी समीक्षा शैली स्वतः प्रखर, तर्कपूर्ण और औचित्यपूर्ण बनती चली गई। हिंदी समीक्षा शैली के स्वरूप के संबंध में तथा शब्द विस्तार और नवीन शब्द योजना के संबंध में उनका चिंतन "अपनी भाषा पर विचार" (आनंद कादम्बिनी, 1907) नामक लेखक में मिलता है, यही लेख कालांतर में नागरी प्रचारिणी पत्रिका (1912) में "भाषा की शक्ति" शीर्षक से प्रकाशित हुआ। इस लेख में शुक्ल जी हिंदी से अन्य भाषाओं के पचे हुए शब्दों के निष्कासन का विरोध करते है और हिंदी के संदर्भ में आदर्श भाषा का प्रमाण "भारतेंदु" की भाषा को मानते हैं।

यह सर्वविदित तथ्य है कि भाषा के प्रवाह में भाषा का प्रचलित रूप सहायक होता है लेकिन किसी भी भाषा में प्रयुक्तियों के विकास का पहला आधार (यहाँ साहित्यिक प्रयुक्ति के शास्त्रीय पक्ष आलोचना के परिप्रेक्ष्य में) उस भाषा के क्लासिकल भाषा रूप ही बनते हैं जैसे अंग्रेज़ी के संदर्भ में ग्रीक-लैटिन। इसी प्रकार

हिंदी प्रयुक्तियों के निर्माण का पहला स्वाभाविक आधार संस्कृत भाषा बनती है। शुक्लजी इस तथ्य से परिचित थे अतः शास्त्रीय प्रतिपादन में वे संस्कृत पदावली को यथास्थान प्रयुक्त करते हैं। उनकी विवेचना पद्धति पूर्णतः भारतीय थी अतः उन्होंने भारतीय समीक्षाशास्त्र की पदावली और शब्द विधान को यथासंभव स्वीकार किया है। उदाहरण के लिए पारमार्थिक सत्ता, ऊहात्मक, लाक्षणिक, अन्योन्याश्रय, अप्रस्तुत विधान, करण, तादात्म्य, संश्लिष्ट, व्यापार समष्टि, लोकरंजन, चित्रोपमता, वाग्विलास जैसी भारतीय काव्य शास्त्र की मूल शब्दावली के प्रयोग द्वारा उन्होंने हिंदी समीक्षा शैली को पुष्ट किया। पुष्ट किया, जटिल बनाया इसलिए नहीं कह रहा हूँ क्योंकि समीक्षा सिद्धांत विश्लेषण, तर्क, व्याख्यादि के अवसर पर भी शुक्ल जी की शैली में न तो वाक्यों का विस्तार दिखाई पड़ता है और न उनकी बनावट में दुरूहता या जटिलता ही उत्पन्न होती है। शास्त्रीय पदावली और पारिभाषिक शब्द विन्यास के प्रयोग के बावजूद वे अधिक से अधिक तीन शब्दों तक के समास ही प्रयुक्त करते हैं। जैसे पूज्य-बुद्धि-गर्भित, विश्व-व्यापार-ग्राहिणी, शांति-शील-समुद्र, शक्ति-सौंदर्य-समन्वित, कवि-कर्म-विधान, रस-निरूपण-पद्धति आदि, जिनकी संख्या उनकी समीक्षा शैली में नगण्य है और किन्हीं अपरिहार्य कारणों से ही इनका प्रयोग हुआ है। इनके प्रयोग के कारण उनकी भाषा असंप्रेषणीय भी नहीं बनती क्योंकि पूरी रचना में विस्तार पा कर ऐसे प्रयोग अपना कोई स्वतंत्र रूप नहीं उभार पाते। उनकी समीक्षा शैली क्लिष्टता से इसलिए भी बच सकी है कि उन्होंने भारतीय काव्यशास्त्रीय "मुहावरों" को यथावत ग्रहण नहीं किया। अतः संस्कृत काव्यशास्त्र का भी शुक्ल जी ने मात्र अनुवाद नहीं किया अपितु उसकी शास्त्रीयता को सामाजिकता के परिप्रेक्ष्य में देखते हुए उसका एक परिवर्धित रूप हमारे सामने रखा। उदाहरण के लिए अभिनव गुप्त की शास्त्रीय परिभाषा "आस्वादनात्मानुभवो रसः काव्यार्थमुच्यते" को उन्होंने "लोक हृदय में हृदय के लीन होने की दशा का नाम ही रसदशा है।" के रूप में रखा। इसी प्रकार "काव्यदर्पण" में "रस्यते इति रसः" की शास्त्रीयता को वे जीवन की पृष्ठभूमि और अनुभूति के माध्यम से जोड़ कर एक सामाजिक आधार देते हैं। इसी प्रकार रीति का आधार वे "तत्व पदसंघटना" (रसमीमांसा) को मानते हैं 'विशिष्ट पदरचना रीतिः विशेषो गुणात्मा" (काव्यालंकार) की भाँति "गुण" नहीं। इस प्रकार शुक्ल जी की समीक्षा दृष्टि मात्र काव्य पर केंद्रित न होकर उस युग के समाज की मूल चेतना, दृष्टि एवं मानसिक आवश्यकता को भी काव्य के भीतर समेटती है। चिंतन को पचाकर उसे युगानुरूप बना कर इस महती लक्ष्य को प्राप्त करने में मात्र उनका अनुवादक रूप सफल नहीं हो सकता था। अतः उन्होंने अपने अनुवादक को चिंतक और सर्जक बनाए रखते हुए मूल वृत्तियों को देखा। अपना यही लक्ष्य उन्होंने पाश्चात्य काव्यशास्त्र के संदर्भ में भी बनाए रखा। अपनी नवीन मान्यताओं की स्थापना उन्होंने अंग्रेज़ी अनुवाद के माध्यम से भी प्रस्तुत की परंतु यह अनुवाद भी मात्र अनुवाद न हो कर उनके चिंतन व भाषा शैली के विकास के लिए मात्र एक

माध्यम बना। यहाँ आचार्य शुक्ल द्वारा प्रयुक्त अंग्रेज़ी शब्दों के अनुवाद, स्वयं उनके द्वारा प्रयुक्त और निर्मित समीक्षा शब्दावली तथा अंग्रेज़ी प्रोक्ति (Discourse) के भावानुवाद के विवेचन द्वारा उनके अनुवादक रूप की उपरोक्त विशिष्टता को प्रमाणित भी किया जा सकता है।

अंग्रेज़ी शब्दावली के अनुवाद में शुक्ल जी तीन पद्धतियाँ अपनाते हैं जो आज भी पारिभाषिक शब्दावली के अनुवाद और निर्माण में प्रासंगिक मानी जाती है : शब्दानुवाद, भावानुवाद तथा अंग्रेज़ी के एक शब्द के लिए हिंदी के पदबंध का प्रयोग। इन तीनों संदर्भों में निम्नलिखित शब्द हम शुक्ल जी की समीक्षा-भाषा से उदाहरणस्वरूप देख सकते हैं :

शब्दानुवाद :

Idealistic - आदर्शात्मक
Trancedantal - ज्ञानातीत
Dynamic - गत्यात्मक
Intensity - घनत्व
Impressionism - प्रभाववाद
Pantanism - सर्ववाद
Static - स्थिर
Convention - रूढ़ि
Absolute - निरपेक्ष
Expressionism - अभिव्यंजनावाद
Concious - चेतना
Message - संदेश
Patterns - ढाँचे
Poetic Truth - काव्यगत सत्य
Humanitarian Idealism - लोकादर्शवाद
Communication Of Sound Impulse - नाद सौंदर्य की प्रेषणीयता
Abstraction - अगोचर भावना

भावानुवाद :

Elusiveness - प्रसंग गर्भत्व
Sense of Proportion - मर्यादा का विचार
Reaction - प्रतिवर्तन
Matter of fact - इतिवृत्तात्मक
Sub-concious - अंतःसंज्ञा

Reason	-	बुद्धि
Feeling	-	कलाभावना
Concept	-	विचार

एक शब्द के लिए पदबंध

Concrete	-	मूर्त भावना खड़ी करने वाले शब्द
Insincerity	-	भावों में सचाई का अभाव
Artificiality	-	व्यंजना की कृत्रिमता

निर्मित समीक्षा शब्दावली

आचार्य शुक्ल को जब भारतीय और पाश्चात्य समीक्षा के शब्द सीमित लगे तब उन्होंने स्वयं भी कई शब्द निर्मित किए। उदाहरण के लिए "रसमीमांसा" के अप्रस्तुत विधान खंड में वे जब अलंकारों की चर्चा उठाते हैं, अलंकारों के आधार, लक्ष्य, वास्तविक स्वरूप, प्रयोग विधि को प्रयोगकालीन कवि की मानसिक स्थिति और उनके लाभों से जोड़ कर उन्हें एक व्यापक फलक पर रखते हैं तब निश्चित ही उन्हें परंपरा में शब्द चुक गए मालूम पड़ने लगते हैं और तब वे काव्यार्थ, काव्यधारा, काव्यशक्ति, काव्य पक्ष, रसानुभूति के मार्मिक तत्व जैसे शब्द रचते हैं। इसी प्रकार नाद सौष्ठव (जिसमें वामन का शब्दगुण, माधुर्य, सौकुमार्य, उदारता, कांति सब समाहित है), काव्य की रमणीयता, व्यक्ति वैचिंयवाद, अनुभूतिजन्य, भाषा सौष्ठव, रागात्मकता (भाव की प्रधानता के अर्थ में), लोक मंगल की साधनावस्था, भाषा की प्रकृति, जातीयता, प्रभविष्णुता कोरी नवीनता, कोरी मौलिकता जैसे शब्द शुक्ल जी के ही सिरजे हुए हैं। "बिंब" के लिए शुक्ल जी ने "दृश्य" शब्द का भी प्रयोग किया है जिसे वे मात्र नेत्र का विषय न मानकर अन्य ज्ञानेन्द्रियों के विषयों यथा, शब्द, गंध, रस के ग्रहण से जोड़ देते हैं। यह शब्दावली आज भी अध्यापकों, आलोचकों, कृतिकारों के लिए निरंतर उपयोगी बनी हुई है।

अंग्रेज़ी प्रोक्ति का भावानुवाद

आज के अनेक समीक्षक यह मानते हैं कि शुक्ल जी एडिसन, वड्र्सवर्थ, क्रोचे से सर्वाधिक प्रभावित थे और इन पाश्चात्य साहित्य चिंतकों का व्यापक प्रभाव उन पर पड़ा था। इन तीनों विचारकों की प्रोक्तियों को शुक्ल जी के अनुवाद के साथ प्रस्तुत कर मात्र इतना देखने का प्रयत्न यहाँ किया जा रहा है कि प्रभावग्रहण ज्ञान के क्षेत्र में एक स्वाभाविक प्रक्रिया है और शुक्ल जी ने इनका मात्र उत्था नहीं किया है बल्कि अपने मंतव्यों से इन्हें संबद्ध करते हुए एक ऐसा विस्तार दिया है जो भारतीय संदर्भ में स्वीकार्य और हिंदी भाषा रचना के धरातल पर सहज बनता है।

"Art must not be confused with other forms directed to the production of certain effects, whether there consist in pleasure, enjoyment and utility or in goodness and right causeness." (Philosophy of Croche, P.153)

"काव्य या कला का लोक की रीति, नीति-आचार, व्यवहार, औचित्य, अनौचित्य से कोई संबंध नहीं, अतः काव्य तथा कला को नैतिक मापदंड से ही मापना चाहिए।"

उपरोक्त प्रोक्ति में क्रोचे के वाक्य Art must not be confused with other forms directed to certain effects को शुक्ल जी ने बिल्कुल छोड़ दिया है तथा "प्रभावों" को भी "लोक की" पदसंरचना से जोड़ कर रखा है। क्रोचे की "Pleasure", "Enjoyment" की सीमा का वे रीति-नीति, आचार-व्यवहार तक विस्तार करते हैं तथा "Art" के स्थान पर "काव्य और कला" दोनों को देखते हैं। उनके औचित्य-अनौचित्य में क्रोचे के Utility, goodness, right causeness सिमट आते हैं। नहीं मापना चाहिए must not be confused की तुलना में निःसंदेह अधिक स्पष्ट अभिव्यक्ति तो है ही।

"Poetry is the spontaneous overflow of powerful feeling, it takes it's origin from emotion rejected in tranquility" (Prose writings of Wordsworth and YW Nite, P. 24)

"जिस रूप में अनुभूति कवि के हृदय में होती है, उसी रूप में व्यंजना कभी नहीं हो सकती, शब्दों में ढलने की अनुभूति बहुत विकृत हो जाती है, और की और हो जाती है।"

यहाँ प्रथम वाक्य की अभिव्यक्ति को शुक्ल जी ने "कवि" के साथ जोड़ दिया है। जबकि मूल में केवल "तीव्र अनुभूति" का उल्लेख हैं "अनुभूति बहुत विकृत हो जाती है, और की और हो जाती है" का भाव शुक्ल जी के चिंतन से निकला वाक्य है जो मूल में व्यक्त नहीं दीखता या दिखायी भी देता है तो Emotion rejected in tranquility द्वारा उस रूप में स्पष्ट ढंग से व्यक्त नहीं हो पाता।

Secondary pleasure of the imagination which flows from the ideas of the visible objects, when the objects are not actually before our eyes; but are called upon into our memories or forced into agriable visions of things that are either absent or fictitious, we may observe that any single circumstance of what we have formerly seen often rises up a whole scene of imagery and awakens numberless ideas that before slept in the imagination; such a particular smell or colour is able to fill the mind; on a sudden, with picture of the fields of gardens where we first met with it, and to bring up into view all the variety of images that once attended it. Our imagination takes the hint and leads us unexpectedly to cities or theaters, plains or meadows. (Adison, The spectator, Vol. III No. 412)

"जिस प्रकार हमारी आँखों के सामने आए हुए कुछ रूप व्यापार हमें रसात्मक भावों में मग्न करते हैं उसी प्रकार भूतकाल में प्रत्यक्ष की हुई कुछ परोक्ष वस्तुओं का वास्तविक स्मरण अथवा उसके किसी एक अंश को देख कर उसके पूर्ण स्वरूप का स्मरण अथवा तत्सदृश्य कुछ वस्तुओं को देखकर उसके पूर्ण दृश्य का स्मरण अथवा अध्ययन या श्रवण द्वारा अनुभवगोचर की हुई अतीत कालीन वस्तुओं, व्यक्तियों तथा स्थलों के स्मारकों, भग्नावशेषों को देखकर अथवा पढ़कर उनके पूर्ण स्वरूप का स्मरण प्रत्यभिज्ञान तथा अनुमान भी रसात्मक होता है।"

इस प्रोक्ति के अनुवाद में शुक्ल जी मूल भावों को स्पष्ट परिवर्तनों के साथ व्यक्त करते हैं। इसलिए प्रारंभ के कुछ वाक्यों को छोड़ते हुए शुक्ल जी "जिस प्रकार" पदबंध द्वारा अपना विचार प्रारंभ करते हैं जिसमें मूल प्रोक्ति के वाक्य-क्रमों को हिंदी की प्रकृति के अनुरूप ढाल कर प्रस्तुत करते चलते हैं। साथ ही एडिसन जहाँ अपने विचारों को स्पष्ट नहीं कर पाते वहाँ शुक्ल जी "अथवा" के प्रयोग द्वारा छोटे-छोटे संबद्ध वाक्यों के साथ-विचारों का स्पष्ट उद्घाटन करते हैं। एडिसन की भाँति वे पूर्ण चित्रों यथा fields, gardens तक ही सीमित न कर के व्यक्तियों, स्थलों, भग्नावशेषों, स्मारकों तक की बात करते हैं। रसानुभूति का संबंध वे अंग्रेज़ी प्रोक्ति की भाँति केवल "देखने" तक ही सीमित न करके "पढ़कर", "सुनकर" तक उसका विस्तार करते हैं और इस प्रकार "स्मरण" या "प्रत्यभिज्ञान" को एक व्यापक आधार देते हैं।

इस संक्षिप्त चर्चा और विश्लेषण से यह स्पष्ट हो जाता है कि इन तीनों ही अनुवादों में शुक्ल जी ने स्रोत भाषा के भावों को समझ कर, उसमें व्यक्त विचारों की सीमाओं को समझकर हिंदी की भाषाई प्रकृति के अनुरूप उसे सुसंगत और तार्किक ढंग से लक्ष्य भाषा में प्रस्तुत किया है। इससे एक बात सर्वथा स्पष्ट हो जाती है कि जीवंत भाषा के संदर्भ में अनुवाद की जो अनिवार्य भूमिका व प्रक्रिया है उसके प्रति तथा अनुवादक के दायित्वपूर्ण कर्तव्य के प्रति शुक्ल जी सतर्क हो कर ही अनुवाद की ओर अग्रसर हुए हैं। जैसाकि पहले भी संकेत दिया गया कि सतही अनुवाद, शब्दशः अनुवाद की लंबी परंपरा हिंदी समीक्षा साहित्य के संदर्भ में हमें मिलती है। परंतु शुक्ल जी ने जो अनुवाद किए हैं या जिन मूल अंग्रेज़ी ग्रंथों को अपने चिंतन में सहायक बनाया है उनमें उनकी दृष्टि अनुवाद उन्मुखता से अधिक मूल के भाव, मंतव्य पर रही है। तभी वे उन मंतव्यों के विरोध में भी जा पाते हैं या उसमें अपना भी कुछ जोड़ पाते हैं। हिंदी समीक्षा और समीक्षा भाषा के विकास में शुक्ल जी जैसे अनुवादक की भूमिका मौलिक लेखक से कहीं ज्यादा कठिन, श्रमसाध्य और उपयोगी सिद्ध होती है क्योंकि उनमें मौलिक लेखक जैसी (या उससे अधिक भी) पैनी संवेदनशीलता है। शुक्लपूर्व समीक्षकों की अनुवाद के प्रति धारणा यही थी कि अनुवाद के द्वारा भाषांतर, शब्दांतर कर के अर्थ संप्रेषित कर दिया जाए या रचना की सूचना दे दी जाए। जबकि शुक्ल जी शब्दांतर तक ही अपने को सीमित न करके अनुवाद के

माध्यम से कृति के गूढ़ अर्थ तक पहुँच कर उसकी तर्कसंगत प्रस्तुति करते हैं। और यहाँ भी वे बराबर इस बात का ध्यान रखते हैं कि प्रस्तुति शाब्दिक अनुवाद की क्लिष्टता से बोझिल या पंडिताऊ न बन सके। आज भी यह माना जाता है कि अनुवाद में सहजता और सूक्ष्मता ही उसकी सफलता की प्रमुख अर्हताएँ है। इस तथ्य को नज़र अंदाज करनेवाले समीक्षकों के कारण ही हिंदी समीक्षा एक लंबे समय तक पाश्चात्य विचारों का मात्र पिष्टपेषण करती रही और परिणामस्वरूप हिंदी समीक्षा शैली भी तत्समबहुल, संस्कृतमुखी होकर बनावटी बनती चली गई। शुक्ल जी ने भाषा के प्रति अपनी समन्वयात्मक दृष्टि के सहारे अपनी अनुवाद भाषा को मात्र बुद्धिजीवियों के विलास का माध्यम बनने से बचाते हुए उसे दैनिक जीवन की बोली की धड़कन से संयुक्त किया जिसके बिना शायद किसी भी जीवंत विचार या अनुभव को संप्रेषणीय बनाकर व्यक्त कर पाना असंभव ही है। शुक्ल जी का उद्देश्य हिंदी समीक्षा के प्रतिमानों और हिंदी समीक्षा शैली की विवेचनात्मक शक्ति को विश्व साहित्य समीक्षा के समकक्ष प्रतिष्ठित करना था, जिसमें वे निःसंदेह सफल भी हुए।

अनुवाद-समीक्षा की कुछ कसौटियाँ और 'गोदान' का अंग्रेज़ी अनुवाद

अनुवाद की परिभाषा देनेवाले वर्गों में एक वर्ग अनुवाद को एक प्रक्रिया मानता है और इसे संक्रियात्मक (ऑपरेशनल) कहता है। अतः इस वर्ग की मान्यता है कि अनुवाद एक प्रगतिशील प्रक्रिया है—दो भाषा-पाठों पर समानांतर की जाने वाली—ताकि एक भाषा की विशिष्ट अभिव्यक्ति दूसरी भाषा में विभिन्न स्तरों (संरचना, शैली, अर्थ, समाज-सांस्कृतिक संदर्भ आदि) पर समतुल्य और निकटतम रूप में व्यक्त हो सके, रूपांतरित हो सके। इसीलिए आज अनुवाद-प्रक्रिया को संप्रेषण सिद्धांत से संबद्ध करके भी देखा जा रहा है। साहित्यिक अनुवाद की प्रक्रिया अनुवादक में कुछ विशिष्ट अर्हताओं की मांग करती है। यदि साहित्यिक अनुवाद पर केंद्रित प्रमुख अनुवाद शास्त्रियों के विचारों को समेटे तो इसके आठ सोपान निर्धारित किए जा सकते हैं—

1. मूल कृति के लेखक का विचार (मंतव्य, उद्देश्य)
2. मूल भाषा की अभिव्यक्ति (शब्द, शैली, वाक्य)
3. मूल कृति (प्रोक्ति या पाठ के रूप में)
4. मूल पाठ के पाठक के रूप में अनुवादक
5. अनुवादक की अर्थ ग्रहण की क्षमता
6. अनुवादक की लक्ष्य भाषा में अंतरण की क्षमता
7. अनुवादक की मूल भाषा के भाषेतर पक्षों पर पकड़ और
8. लक्ष्य भाषा की प्रकृति/आत्मीयता के अनुरूप लक्ष्य भाषा पाठ (अनूदित पाठ) के गठन की क्षमता

दो मोटे भागों—गद्य और पद्य में बँटे साहित्य (सर्जनात्मक) के अनुवाद की परंपरा पुरानी, विस्तृत और व्यापक है। विश्वजनीन है। गद्‌य और पद्‌य की अलग-अलग विधाएँ होती हैं—इनकी लेखन शैली भी अलग होती है। अतः इनकी अनुवाद प्रक्रिया भी अलग होती है, या होनी चाहिए। हम यहाँ गद्‌यानुवाद की (गद्‌य की एक विशिष्ट और लोकप्रिय विधा उपन्यास की) बात करने जा रहे हैं जिसके आनुवाद प्रक्रिया सम्बन्धी छह सिद्धांतों का प्रतिपादन प्रसिद्ध अनुवादक बेलक ने काफ़ी पहले (1931) में किया था—1. पाठ को अंश-अंश रूप में ग्रहण करना, 2. मुहावरों और लोकोक्तियों का लक्ष्य भाषा में अर्थपरक विन्यास करना, 3. पाठ के मंतव्य के आधार पर अनुवाद करना, 4. समतुल्य भाषिक अभिव्यक्तियों के प्रति सतर्कता, 5. अनूदित पाठ में सर्जनात्मकता और 6. अंतरण प्रभाव से रहित लक्ष्य भाषा अभिव्यक्ति। इसमें संदेह नहीं कि साहित्यिक कृति भाषाबद्ध होती है। कृति की भाषा में निहित अर्थ की व्यापकता उसकी समाज- सांस्कृतिक विशिष्टता से आती है। 'गोदान' सामाजिक-सांस्कृतिक दृष्टि से लोक मूल्यों, लोक आकांक्षाओं और लोक जीवन को दर्शाने वाला उपन्यास है। भाषाई दृष्टि से इसी सामाजिक यथार्थता के कारण इसमें हिंदी के शैली भेदों, हिंदी के बोली मिश्रित रूप, सामाजिक-सांस्कृतिक अभिव्यक्तियों तथा लोकोक्ति-मुहावरों का इतना व्यापक प्रयोग हुआ है कि इसे जनजीवन का दस्तावेज कहा जा सकता है। सामाजिक उपन्यासों की परंपरा में 'गोदान' सभी भारतीय भाषाओं के लिए आदर्श रहा है। इसे भारत में ही नहीं, पूरे विश्व में सराहना मिली। भारत और विश्व की लगभग सभी प्रमुख भाषाओं में इसके अनुवाद प्रकाशित हो चुके हैं।

'गोदान' में वह सब कुछ है जिसकी आकांक्षा एक आदर्श उपन्यास की संरचना से की जा सकती है। यह माना गया है कि उपन्यास में मूल और सहायक कथानकों का संगठन (शिल्प), पात्रों का चरित्र-चित्रण (उनकी वेशभूषा, रहन-सहन, बोल-चाल, सोच), पात्रों के सामाजिक संबंध, पात्रानुकूल भाषा, संवाद-योजना, विवरण, एकालाप, क्षेत्रीय तत्व या आंचलिकता जैसे कई धरातल होते हैं जो उपन्यास को अन्य गद्‌य- विधाओं से अलग खड़ा करते हैं। ये सभी धरातल भाषाबद्ध होते हैं, भाषा के माध्यम से ही व्यक्त होते हैं और भाषाई बुनावट ही इन्हें अच्छा या बुरा पाठ बनाती है—अतः भाषा$_1$ के समतुल्य भाषा$_2$ में इनके पुनः सृजन (अनुवाद) का प्रयास कभी पूर्ण, कभी आंशिक तो कभी शून्य स्तर पर संभव हो पाता है।

साहित्यिक कृति भाषाबद्ध होती है का अर्थ यह भी लेना चाहिए कि कृति की भाषा में निहित अर्थ की व्यापकता उसकी समाज-सांस्कृतिक विशिष्टता से आती है। इसीलिए साहित्य की भाषा अनेकार्थी और अभिव्यंजक होती है। अतः एक भाषा की अनेकार्थता को दूसरी भाषा में अंतरित करने का अर्थ है—दूसरी संस्कृति में अंतरित करना। ऐसा इसलिए भी कि साहित्य हमारी अनुभूतियों, भावनाओं, सौंदर्य बोध और जीवन मूल्यों से संबद्ध होता है। अतः यह जरूरी नहीं कि लक्ष्य-भाषा

समाज इन स्तरों पर एकरूप अथवा समान हो। साहित्य की इस कसौटी पर खरा उपन्यास है—गोदान; अतः अंग्रेज़ी जैसी एक भिन्न संस्कृति (विजातीय) वाली भाषा में इसे उतार पाना किसी भी अनुवादक के लिए एक चुनौती भरा काम है। अपनी संस्कृति से दूर की भाषा या विदेशी भाषा में अनुवाद करते समय जो प्रमुख चुनौतियाँ अनुवादक के सामने उपस्थित होती हैं, वे इस प्रकार हैं :

1. **मूल भाषा पाठ को समग्र इकाई (प्रोक्ति) के रूप में ग्रहण करते हुए उसके अंश-अंश विभाजन की चुनौती** कि अनुवादक अंश को ही आदर्श माने फिर भी वाक्य-प्रति वाक्य, अनुच्छेद, प्रति-अनुच्छेद के स्थान पर पूरे पाठ तथा उसके अर्थ-संदर्भ को केंद्र में रखे।
2. **मूल पाठ में संरचित विचार, अनुभव, जीवन-प्रकार्य, मूल्यों से संबंधित लोकोक्ति, मुहावरों, अभिव्यक्तियों के अनुवाद की चुनौती** कि अनुवादक अपनी प्रतिभा का परिचय देते हुए लक्ष्य भाषा में इनका समुचित ढंग से प्रतिस्थापना करे।
3. **मूल पाठ के स्थानीय रंग और संस्कारों के व्याख्या अनुवाद की चुनौती** ताकि अनुवादक लक्ष्य भाषा पाठक को (विशेष कर विदेशी भाषा का) मूल भाषा की सांस्कृतिकता से परिचित करा सके।
4. **मूल पाठ के अभिप्रेत को उसके गुणात्मक रूप के साथ लक्ष्य भाषा पाठ में अभिव्यंजित करने की चुनौती**। क्योंकि भिन्न अभिव्यक्तियाँ एक ही कथ्य को भिन्न ढंग से व्यक्त करती हैं—कभी बल दे कर, कभी घुमाफिरा कर और कभी वाग्मितापरक (रह्टेटोरिक) उपकरणों के सहारे।
5. **स्रोत और लक्ष्य भाषा की व्यावहारिक विशिष्टता को विश्लेषित करने और उन्हें लक्ष्य भाषा की समतुल्य इकाई में ढालने की चुनौती**। क्योंकि अपने व्यावहारिक स्तर पर हर भाषा विशिष्ट होती है। किन्हीं भी दो भाषाओं के भाषिक, सामाजिक और सांस्कृतिक प्रतीक समान नहीं होते। उनके सामाजिक अर्थ भी भिन्न होते हैं, सामाजिक शैली भी। इसलिए विदेशी भाषा में अनूदित पाठ पूर्णरूप से बहुत ही कम स्थलों पर अनूदित हो पाते हैं।
6. **मूल पाठ की संवेदना को ग्रहण करने तथा उसे लक्ष्य भाषा पाठ में प्रक्षेपित करने की चुनौती**। प्रसिद्ध अनुवाद शास्त्री न्यूमार्क ने संकेत किया है कि "अनुवादक को मूलपाठ की संवेदना को लक्ष्य भाषा में अंतरित करने के लिए भाषा-प्रयोग में साहित्यिक ढंग से सर्जनात्मक प्रयोग करना चाहिए। ऐसा करने से ही वह मूल कथ्य को, पाठगत संवेदना को और रचना-सौंदर्य को विदेशी भाषा के पाठ या शरीर में प्रवाहित कर पाता है।"
7. **लक्ष्य भाषा पाठ को नया रूप देने की चुनौती**। मूल पाठ अपनी प्रकृति

में सृजनात्मक होता है। उसका अपना सौंदर्य होता है। लक्ष्य भाषा पाठ में इसे अलंकृत और अतिरंजित ढंग से लाकर ही अनुवादक इसे (टीएलटी* को) नया रूप दे सकता है। इस पुनः सर्जन की प्रक्रिया में यह बात महत्त्वपूर्ण है कि अनुवादक लक्ष्य भाषा की शैलीगत विशेषता को साधे, यह ज़्यादा ज़रूरी है न कि स्रोत भाषा का अनुसरण करे।

यदि अन्य भाषा अनुवाद कार्य (विशेषकर विदेशी भाषा) से जुड़ा अनुवादक उपरोक्त चुनौतियों से रूबरू हो, इन्हें जान-समझे और गंभीरता के साथ इनके साथ संबद्ध दिशाओं में चले तो गद्यानुवाद (साहित्यिक पाठ का) सार्थक सिद्ध हो सकता है। साहित्य की भावपरकता के साथ ही आज भाषा-प्रकार्य (लैंग्वेज फंक्शन) को भी अनुवादचिंतन में प्रर्याप्त महत्व दिया जा रहा है। एक तो यह कि रचनाकार जो कुछ कहता है कभी उससे ज़्यादा अर्थ निकलता है, कभी कम तो कभी एकदम विपरीत। दूसरे यह कि कथासाहित्य में भाषा-प्रकार्य का फ़िशमैन प्रदत्त सूत्र अपने पूरे फैलाव के साथ उपस्थित होता है कि–**हू स्पीक्स व्हाट लैंग्वेज टु हूम एण्ड व्हेन**।

साहित्यिक अभिव्यंजना की परंपरागत कसौटियाँ भी भाषा की सचेतनता को ही व्यक्त करती हैं। प्रतीकों को ही लें। ये हमारी भावनाओं की अभिव्यक्ति का माध्यम होते हैं। मनुष्य प्रतीकों के माध्यम से सोचता है, अपने आस-पास की चीज़ों को 'रियलाइज़' करता है, उनके साथ अपनी अनुभूतियों के संबंध रचता है और इस प्रकार रचना-सत्य को प्रखर और प्रभावशाली बनाता है। इसी तरह मानव संवेदनाओं की अभिव्यक्ति में बिंब भी प्रमुख भूमिका निभाते हैं। मूल भाषा, लक्ष्य भाषा पर हावी न हो, इसे अनुवाद का परम सिद्धांत स्वीकारना चाहिए। मूल रचना के बिंब अनूदित पाठ में लक्ष्य भाषा को निगल न जाएँ, इसलिए अनुवादक स्रोत भाषा के बिंबों और मिथकों को अर्थ विस्तार की सांकेतिकता के साथ लक्ष्य भाषा संस्कारों से संपृक्त कर इन्हें लक्ष्य भाषा पाठ में पुनः सृजित करने का प्रयत्न करता है, अगर नहीं करता तो उसे करना चाहिए। प्रतीकों-बिंबों के रूपांतरण के समय दो भिन्न प्रकार की संस्कृतियों में तालमेल बैठाने के लिए ही अनुवादक लक्ष्य भाषा में कुछ जोड़ता (मूल के अतिरिक्त) और कुछ छोड़ता (मूल में संपृक्त) भी है। इसके अतिरिक्त व्यंग्य और वक्रोक्ति साहित्यिक अभिव्यंजना को धार देते हैं। व्यंग्य एक प्रकार से पाठक को अर्थ के निकट लाने की पद्धति है, जो हर भाषा में विशिष्ट होती है। वक्रोक्ति से अर्थ में चमक या रंजकता उपजती है। वक्रोक्ति या कथन-भंगिमा अर्थ को सर्वथा नए, कभी-कभी तो अनछुए मोड़ देती है।

आज अनुवाद विज्ञान के अनुप्रयुक्त पक्ष के रूप में अनुवाद समीक्षा और मूल्यांकन का अपना सिद्धांत निर्मित हो चुका है। इस सिद्धांत में समीक्षा (अनुवाद) की ऐसी तकनीकें भी उपलब्ध कराई गई है जिनकी सहायता से किसी रचना के

---

* टी एल टी - ट्रांसलेटेड लिट्ररी टेक्सट

अनुवाद को भाषिक, सामाजिक और सांस्कृतिक धरातलों पर जाँचा-परखा जा सकता है। यहाँ 'गोदान' के अंग्रेज़ी अनुवाद (GO-DAAN) पर उपरोक्त सिद्धांत और तकनीक के प्रकाश में विचार किया जाएगा—अनुवादक द्वय हैं—जय रतन और पी. पाल। इसके पहले यह स्पष्ट कर लें कि भारत में व्यावहारिक स्तर पर चाहे अंग्रेज़ी भाषा का कितना ही वर्चस्व क्यों न हो—अपनी संगठना के प्रत्येक स्तर पर वह एक विजातीय भाषा है। इसीलिए हिंदी की अनेक अभिव्यक्तियों और मुहावरों (विशेष रूप से लोकसिद्ध, जिनका 'गोदान' में जमकर प्रयोग हुआ है) के अस्तित्व की कल्पना भी अंग्रेज़ी में नहीं की जा सकती। इतना ही नहीं, दोनों भाषाओं की व्याकरणिक संरचना में भी इतना भेद है कि हिंदी की कई कथन-भंगिमाएँ अंग्रेज़ी के आंचल में अँट ही नहीं पातीं। भावात्मक आवेगों को व्यक्त करने की जो शक्ति हिंदी में है, उसका शतांश भी अंग्रेज़ी में नहीं है। अतः हिंदी की वाग्मिताएँ तो अंग्रेज़ी में उतर ही नहीं पातीं। सामाजिक भाषा प्रयोग के स्तर पर हिंदी भाषा-समाज में व्यक्तियों/समूहों के बीच जिस तरह के अनौपचारिक (इनफार्मल) और प्रगाढ़ (एक्सेसिव) संबंध होते हैं—इन्हें अंग्रेज़ी जैसी औपचारिक संरचना (फार्मल स्ट्रक्चर) वाली भाषा व्यक्त ही नहीं कर पाती। ये तथ्य बार-बार 'गोदान' के इस अंग्रेज़ी अनूदित पाठ को खंगालते हुए उजागर हुए हैं, जिन्हें अनुवादक की असफलता के रूप में नहीं, लक्ष्य भाषा की दूरी और उसकी आंतरिक सीमा के रूप में देखना चाहिए। आक्षेप रहित अनुवाद समीक्षा पद्धति में संभवतः इसीलिए अनूद्यता (ट्रांसलेटिबिलिटी) और अननूद्यता (इन्ट्रांसलेटिबिलिटी) जैसे भाषावैज्ञानिक और समाजभाषावैज्ञानिक दृष्टि से पुष्ट विचार उपलब्ध हैं। इन विचारों के पीछे स्थित सूत्र है कि **अगर अनुवादक यह जानता है कि उसे क्या अनुवाद करना है (पाठ, संरचना, अर्थ, शैली, सौंदर्य आदि) तो उसे यह भी अवश्य जानना होगा कि उसे किस और कितने अंश का (मूल पाठ के) अनुवाद नहीं करना है।**

अनुवाद समीक्षा और मूल्यांकन की तकनीक में उल्लिखित आधारों में से हम यहाँ निम्नलिखित प्रमुख आधारों की कसौटी पर 'गोदान' के हिंदी-अंग्रेज़ी पाठों पर तुलनात्मक दृष्टिपात करेंगे :

1. लक्ष्य भाषा पाठ में छूटी हुई संरचनाएँ।
2. लक्ष्य भाषा पाठ में जोड़ी गई संरचनाएँ।
3. शाब्दिक अनुवाद वाली संरचनाएँ।
4. भावानुवाद वाली संरचनाएँ। (अनूदित संरचना भिन्न लेकिन अर्थ समान)
5. त्रुटिपूर्ण अनुवाद (अनूदित संरचना भी भिन्न और अर्थ भी भिन्न)
6. मूल संरचना के समतुल्य या निकटतम समतुल्य संरचनाएँ
7. सामाजिक और सांस्कृतिक स्तर की संरचनाएँ
8. अभिव्यक्ति का स्तर
9. लोकोक्ति और मुहावरों का स्तर

लक्ष्य भाषा पाठ में छूटी हुई संरचनाएँ

"होरी चुपचाप सुनता रहा, भिनका तक नहीं, क्रोध आया, खून खौला, आँख जली, दांत पीसे, लेकिन बोला नहीं।"

Hori gulped her words in silently without so much of raising an eyebrow.

'भिनका तक नहीं हिंदी का अपना Rhetoric है अतः Silently के द्वारा यह समतुल्य रूप में अनूदित नहीं हो पाता। 'लेकिन बोला नहीं' ही Silently के माध्यम से अंतरित हो सका। क्रोध के भाव को व्यक्त करने वाले सभी मुहावरे अनुवाद में छोड़ दिए गए हैं और raising an eyebrow के साथ नकारात्मकता without आने से मूल का अर्थ ही बिखर गया है। शब्द, अर्थ और भाव, इन तीनों ही स्तरों पर इस अनुवाद में काफी कुछ छूट गया है।

अब तो यह रुपए क्रिया-करम में जाएँगे।

अनुवाद नहीं किया गया।

'क्रिया-करम' अंतिम संस्कार और उसके बाद होने वाली औपचारिकताओं (जो हिंदू समाज में 13 दिन तक चलती है) को व्यक्त करता है। 'गोदान' की कथा में इस वाक्य का बड़ा महत्व है जो उपन्यास के अंत को और भी कारुणिक बनाता है। इस प्रकार के अंश छूटने से कथा-प्रोक्ति के प्रभाव की गहराई मंद पड़ जाती है।

उसने **लाल-लाल आँखों से** सिलिया को देख कर डाँटा।

He turned to silia and said.

रेखांकित मुहावरे और क्रिया 'डाँटना' का अनुवाद न होने से मूल की भावगतता अनुवाद में पूरी तरह छूट गई है।

तुम इन पिशाचों से दया की आशा रखते हो ? सोचते हो दस-पाँच मन निकाल कर तुम्हें दे देंगे।

If you expect charity from them.

'पिशाचों, के साथ जो लोकजनित अर्थ है कि कोई चाहे कितने भी संकट में हो उसकी मदद न करके उसे लूटने-खसोटने की फिराक में रहने वाले लोग। इसी अर्थ में 'गिद्ध', 'कफन खसोट' भी प्रचलित है। दस-पाँच ..... के लिए Charity पर्याप्त नहीं है क्योंकि यहाँ बात अनाज की हो रही है और 'दस-पाँच मन' का यहाँ गहरा व्यंग्यार्थ भी है कि जो 'नर-पिशाच' हैं वे एक मुट्ठी अनाज नहीं दे सकते, उनसे इतनी बड़ी उम्मीद रखना ही मूर्खता है। 'दस-पाँच' का संरचनात्मक महत्व भी है हिंदी में, जैसे–दो-चार, दस-बीस, पाँच-सात आदि का।

फिर गाय का चित्र सामने आया।

अनुवाद नहीं किया गया।

यह होरी के अंतिम क्षणों का चित्र है। जब जीवन भर की लालसाएँ और

स्मृतियाँ संचित हो कर एक के बाद एक उसके जहन में आमदरफ्त करती हैं जिसमें वह बहुत कुछ देखता है—धनिया को दुल्हन बने हुए, रोटी बनाते हुए, उसे जिमाते हुए, द्वार पर कामधेनु बँधी हुई, बच्चों को दूध पीते हुए। धनिया और बच्चों की स्मृतियों के बाद यह वाक्य आता है। 'गाय' तो 'गोदान' की आत्मा है—स्थान-स्थान पर होरी के पूरे परिवार में इसकी लालसा और हुलास दर्शित हैं। 'गाय' द्वार पर बँधी हो, इस इच्छा के लिए होरी क्या-क्या नहीं करता। इस तरह के केंद्रीय संदर्भ को छोड़ना 'गोदान' में गाय से बंधी पूरी प्रोक्ति को ही खंडित कर देता है।

अब कब तक जिलाएगी !

अनुवाद नहीं किया गया।

यह वाक्य भी बड़ा ही मार्मिक है। धनिया से अपने अंतिम समय में कहा गया होरी का यह वाक्य उसकी लाचारी, परिवार की दयनीय दशा, उसके दर्द की इंतहा और धनिया के प्रति उसके विगलित स्नेह को बड़े ही करुणापूरित ढंग से व्यक्त करने वाला है। 'लाचारी' ही जिस प्रोक्ति का मूल भाव हो उसमें से यह सबसे सशक्त वाक्य छोड़ दिया जाय तो लगता है जैसे सभी कुछ छूट गया है।

इससे औरत बेसरम हो जाती है।

अनुवाद नहीं किया गया।

'मारने-पीटने' से औरत बेशर्म हो जाती है। पूरे संवाद में से अनुवाद सिर्फ़ उस अंश का हुआ है कि—औरत को पीटना नहीं चाहिए। 'बेसरम' हो जाने पर पारिवारिक कलह कितना उग्र रूप ले सकता है, औरत और भी मुँहजोर ही सकती है, उसका शील-संकोच खत्म हो सकता है, जैसे कितने ही अर्थ-संकेत इस वाक्य में छिपे हैं जिसके अनूदित न होने से संवाद का पूरा संदर्भ ही अधूरा-सा लगता है।

लक्ष्य भाषा पाठ में जोड़ी गई संरचनाएँ

होरी ने कहा ....

Hori shouted over Heera.

होरी ने जो कुछ कहा वह कर्कश और तेज़ आवाज में गुस्से में कहा—इस संदर्भ को देखते हुए यह अनुवाद किया गया है। केवल लेखकीय निर्देश को ही नहीं, संवाद के संदर्भ को भी ध्यान में रखकर किया गया यह अनुवाद, अनुवाद-क्रिया की आदर्श स्थिति को सामने लाता है।

यही पैसे हैं।

This is all the money I have.

अच्छा अनुवाद है। I have (मेरे पास) के जुड़ने से अर्थ और भी स्पष्ट हुआ है 'यही' के लिए all the money (कुल यही) की समतुल्यता ने मूल की अर्थछवि को और भी सघन तथा स्पष्ट बनाया है।

और पछाड़ खा कर गिर पड़ी।

And she collapsed and sanked to the ground.

'पछाड़ खा कर' के साथ तड़पन, विक्षिप्तता और हताशा का मिला-जुला भाव तो अनुवाद में नहीं आ पाया है पर Collapsed और Sanked के जुड़ने से तथा to the ground (धरती पर) के प्रयोग से मूलार्थ की प्राप्ति हो जाती है।

शाब्दिक अनुवाद वाली संरचनाएँ

तुम उसकी पाँव की धूल भी नहीं हो।

But you are not worthy of the dust of her feet.

मुहावरे का लगभग शाब्दिक अनुवाद है। Worthy (लायक) के प्रयोग से संरचनार्थ में थोड़ा बदलाव आया है—**तुम उसके पाँव की धूल के लायक/बराबर भी नहीं हो** लेकिन अर्थ-संप्रेषण मूल के समान ही हो जाता है।

दोनों कोरों से आँसू की दो बूँदें ढुलक पड़ीं।

And two tears rolled down from the corners of his eyes.

शाब्दिक अनुवाद का यह अच्छा नमूना है। दोनों कोरों (the corners) में दोनों के छूटने तथा of his eyes के जुड़ने से लक्ष्य भाषा की स्वाभाविकता तथा अस्मिता भी सुरक्षित रही है और अनुवाद का अर्थ भी मूल के समतुल्य और सटीक बैठा है।

मेरे साथ कोठी में आ।

Come with me to kothi

'कोठी' का लिप्यंतरण द्रष्टव्य है। पर फुटनोट में इसकी व्याख्या अपेक्षित थी।

तू इसे क्यों चिढ़ाती है ?

Why do you tease her.

रूपा से होरी कहता है कि वह सोना को क्यों चिढ़ाती है। 'तू' में ममत्व भी है, दुलार भी और दोनों बच्चियों के लिए होरी का छलकता प्यार भी। दोनों बच्चियाँ भी पिता की इस प्यारभरी फटकार का मतलब खूब समझती हैं। यह भावाभिव्यंजना तो अनुवाद में नहीं उतर सकी है पर सामान्य कथन के रूप में अंतरण हो गया है।

आपके दर्दे-जिगर की दवा मिस मालती के पास ही है।

She has prescription for your heart ache.

दवा और prescription में अंतर है पर अर्थ की पकड़ 'नुस्खा' से भी हो जाती है। 'दर्दे-जिगर (heart ache) में व्यंग्य, दिल्लगी के साथ शैली-भेद का सौंदर्य भी निहित है। पर शैलीय वैशिष्ट्य की समस्त अर्थछवि पूर्णतः किसी विजातीय भाषा में उतारी नहीं जा सकती, यह बात अनुवाद सिद्धांत में भी मान्य और स्वीकृत है।

धोबी का कुत्ता, न घर का न घाट का।

Like a Dhobi's dog who belongs to no where.

यह हिंदी की प्रसिद्ध लोकोक्ति का शाब्दिक अनुवाद है। लिप्यंतरित Dhobi व्याख्या की मांग करता था। No where 'न घर का न घाट का' के अभिधार्थ को तो समेट लेता है पर संदर्भार्थ अदृश्य ही रह जाता है—और गधे की तुलना में धोबी के कुत्ते की अनुपादेयता की बात अनुवाद में नहीं खुल पाती। अनुवाद को मूल के अधिकतम निकट लाने के लिए इस लोकोक्ति से संबद्ध कथाको फुटनोट में अंग्रेज़ी में देना उपयुक्त होता।

क़ाज़ी के घर चूहे भी सयाने ।

In the house of a preist even the rats are clever.

हिंदी कहावत का सटीक अनुवाद है।

पानी में रह कर मगर से बैर।

If we have to live in the river, it does not pay to antogonise the crocodile.

पूरी कहावत को अंग्रेज़ी संरचना में 'कर्ता' के साथ जोड़कर 'उपदेशात्मक कथन' में बदल दिया गया है पर मूल का भाव सुरक्षित है। यहाँ अनुवादक सजग है, लक्ष्य भाषा में मूल कहावत के अर्थ विन्यास को उतार पाने में वह सफल हुआ है।

भावानुवाद वाली संरचनाएँ

जिसमें दया और विवेक है, वही मेरी रानी है।

A woman with compassion and intellect is the true Rani.

'मेरी रानी' के समतुल्य true Rani को अच्छे अनुवाद के रूप में नहीं स्वीकारा जा सकता। रानी (दिल की, हृदय की, जीवन की, सपनों की) का खुलासा भी इस लिप्यंतरण के साथ अपेक्षित था। इसी तरह विवेक Intellect नहीं है। पर भाव कमोबेश उतर आया है अनुवाद में।

किसी प्रश्न पर अपना मत प्रकट करते थे तो जैसे सारी आत्मा उसमें डाल देते थे।

As if turning the matter over in his mind.

मूल संरचना के ढेरों भाषिक तत्व अनुवाद में छूट गए हैं—मत प्रकट करना turning (पलटना) नहीं है, 'आत्मा डालना' हिंदी का विशिष्ट कथन है, शैली भेद के साथ भी इस भाव को व्यक्त करने वाली अभिव्यक्ति हिंदी में उपलब्ध है—जान डालना। फिर भी मूल कथन का भावार्थ संप्रेषित है। अनुवाद सिद्धांत में यह मान्य है कि मूल के भाव को लक्ष्य भाषा संरचना या उसकी अपनी उक्ति में अंतरित करना अच्छे अनुवाद की कसौटी है। अतः मूल का बहुत कुछ छूट जाने के बावजूद यह अच्छा अनुवाद माना जाएगा।

झुनिया से बोला—पहले चिलम भर ला फिर थोड़ा-सा रस बना ला।

Bring a chillum daughter, Bhola said and get some sharabat done.

'चिलम भर लाने' का अर्थ अनुवाद में व्यक्त नहीं है। chilum की व्याख्या भी नहीं है। पूरे उपन्यास में चिलम, चिलम के लिए आग, टिकिया, तमाखू की चर्चा है। अतः चिलम और उसके भरे जाने का अर्थ स्पष्ट होना चाहिए था। रस sharabat में भी साम्य नहीं है। 'रस' बनाने की प्रक्रिया तक 'गोदान' में वर्णित है। रोमन में sharabat देने का औचित्य समझ में नहीं आया। अनुवाद में सामान्य अर्थ तो आ गया है पर 'चिलम भरने' और 'रस बनाने' की प्रक्रिया स्रोत भाषा के समाज-सांस्कृतिक वैशिष्ट्य को उभार सकती थी। अतः इसे आंशिक अनुवाद की कोटि में रखा जा सकता है।

घर की श्री ही कुछ और हो गई।

'श्री' का सांस्कृतिक प्रयोग और अर्थ बड़ा व्यापक है। 'श्री-हीन' प्रयोग भी मिलता है। फिर भी सकारात्मक 'बदलाव' का भाव मूल की तरह ही अनुवाद में व्यंजित हो सका है।

तुम मालती की जितनी बुराई करो ....

You hate her don't you.

मूल और अनुवाद की संरचना और अर्थ में नितांत भेद है। किसी की बुराई हम तभी करते हैं जब उसके प्रति हमारे मन में घृणा हो—यदि इस दूर की कौड़ीनुमा अर्थ को स्वीकारा जाय तो अनुवाद को भावांतर का अच्छा उदाहरण माना जा सकता है।

मुख कांति हीन हो गया।

Her face went cold.

अंग्रेज़ी उक्ति की समतुल्य स्थापनापन्नता से अनुवाद सटीक बन पड़ा है।

जी कैसा है तुम्हारा ?

How are you feeling.

हिंदी का यह एक समाज संदर्भित Rhetoric है—जिसमें स्नेह, Concern, आत्मीयता, चिंता जैसे कई भाव बेझरे हुए हैं—अत्यंत आत्मीय के साथ ही यह उक्ति प्रयुक्त की जा सकती है जबकि अंग्रेज़ी का वाक्य ठेठ औपचारिक है। जिसे कोई किसी से भी कह सकता है। फिर भी अर्थान्तरण सीमाबद्ध ही सही, हुआ है।

यही इनका गोदान है।

Take this in the place of the cow.

यही (Take this) भावानुवाद का संदर्भयुक्त अंतरण है क्योंकि मूल पाठ में इसके पहले 'महाराज, यह लीजिए' आया है। In the place of (की जगह) अनुपयुक्त रूप में जुड़ा अंश है और of the cow उपन्यास के मर्म और शीर्षक की ही उपेक्षा करता प्रतीत होता है। सपाट कथन और अर्थ-न्यूवता ही सही गोदान के रूप में 'बीस आने' देने के भाव को तो अनुवाद व्यक्त कर ही देता है।

अनूदित संरचना भिन्न और अर्थ भी भिन्न (त्रुटिपूर्ण अनुवाद)

आप दैनिक पत्र बिजली के यशस्वी संपादक हैं।

The Popular editor of flash

'बिजली' एक दैनिक पत्र है। इसका Flash अनुवाद हास्यास्पद लगता है। आमने-सामने 'आप' के प्रयोग का हिंदी में अपना सामाजिक संदर्भ है–जो दो से अधिक लोगों के बीच प्रयुक्त होता है–वक्ता, श्रोता (एक या समूह) और तीसरा व्यक्ति जिसके लिए 'आप' का प्रयोग किया जाता है। भाषण में (विशेषकर अभिनंदन करते समय) और परिचय कराते समय यह विशिष्ट प्रयोग आम है। 'यशस्वी' (जिनका यश है, कीर्ति है) के लिए Popular जैसा सस्ता शब्द (Popular film, Popular novel, popular writing, popular music) भी सटीक नहीं है।

तुम्हें देख कर तो यही जी चाहता है कि कलेजे में बिठा लें।

Who could be more beautiful.

मूल का कुछ भी अनुवाद में नहीं आ सका है। 'देखकर जी चाहता' कलेजे में बिठा लेने की इच्छा दोन्नों ही इस उक्ति की जान हैं। अनुवाद इन दोनों को नहीं पकड़ सका और सराहना वाक्य तुम से ज्यादा खूबसूरत कोई नहीं हो सकता के रूप में ही ला कर संतुष्ट हो गया जबकि अंग्रेज़ी में ये दोनों उक्तियाँ समतुल्य ढंग से अनूदित हो सकती हैं।

होरी ने सामने हाथ जोड़ कर कहा 'धनिया तेरे पैर पड़ता हूँ', चुप रह।

Horei tried to calm her.

अपनी पत्नी के सामने हाथ जोड़ने और पैर पड़ने की मजबूरी स्थिति की चरम अवस्था को द्यूोतित करती है। अनुवाद में केवल 'चुप रह' के भाव को लेकर बड़े ही सपाट ढंग से अंतरित कर दिया गया है।

गाय की लालसा मन में ही रह गई।

I have no cow.

मूलार्थ अनुवाद में शून्य स्तर पर है। 'लालसा का मन में ही रह जाना' और I have no Cow में किसी भी स्तर पर अर्थ साम्य नहीं है।

अजी, वह आप पर मरती थी।

She is your's for ever.

मूलार्थ अनुवाद में शून्य स्तर पर है। 'अजी' के आत्मीयता व दिल्लगी के स्वर को और किसी पर मरने के अर्थ को अनुवाद बिल्कुल भी व्यंजित नहीं कर पाता। 'वह हमेशा के लिए आपकी है' यह अर्थ दूर-दूर तक मूल उक्ति का समतुल्य नहीं है।

अच्छी दिल्लगी है।

What kind of force is this.

यह हिंदी का अपना Rhetoric है। Force (जबरदस्ती) से इसका कोई संबंध नहीं है। संभवतः घटनाक्रम के संदर्भ को देखते हुए अनुवादक ने ऐसा किया पर Rhetorics के अर्थ संदर्भ से नहीं निर्धारित होते। वे स्वयं अपना संदर्भ रचते हैं।

तुम (चलकर) चक्की पीसो, मैं अनाज माड़ूंगी।

Yes you look after the kitchen and I will take care of field.

दोनों ही 'क्रियाएँ' गलत अनूदित हैं।

वह उसे भांग-बूटी में उड़ाता था।

On drink and very gay living.

भांग-बूटी, शराब (drink) नहीं है। और भांग-बूटी का सेवन करना gay Living को द्योतित नहीं करता। उत्तर-भारत में भांग-बूटी का सेवन एक सांस्कृतिक कर्म की तरह किया जाता है। यदि नशे के अर्थ में भी लिया जाता तो यह बहुत ही सस्ता नशा है।

मैं एक क्षण में बाटियाँ सेंक दूँगी।

She has to cook the food.

बाटियाँ (उपले पर आंटे की लोई बनाकर सेंकी गई खाद्य वस्तु) 'गोदान' में चित्रित समाज विशेष का लोकप्रिय भोजन है। मैं एक क्षण में ..... she has to में संरचनात्मक ही नहीं अर्थ-स्तर पर भी पूरा अलगाव है।

आम गदरा गए थे।

The Mangoes ripened.

गदराना का अर्थ होता है बड़ी संख्या में वृक्ष पर फलना, न कि 'पकना'।

होरी को गुदगुदी हुई।

Hori smiled

किसी मधुर स्मृति में, किसी छेड़छाड़ या शरारत (विशेष रूप से किसी स्त्री के साथ) की योजना सोच कर मन में उठने वाली हुलास के लिए हिंदी की यह अभिव्यक्ति इस्तेमाल होती है। 'मुस्कुराना' इस निहितार्थ को छू भी नहीं पाता।

अपनी भद्द न कराइए।

Do not let us down.

अपनी का us में अंतरण दोषपूर्ण है। **(आप) अपनी न कि आप हमारी।**

कितने छिछोरे हो।

How shameful.

(तुम) कितने छिछोरे हो। अनुवाद में संबोध्य (तुम) का स्थान ही नहीं है। छिछोरापन- 'शर्मनाक' का पर्याय नहीं होता—**यह कितने शर्म की बात है**—यह अर्थ मूल उक्ति का कतई नहीं है।

मूल संरचना के समतुल्य या निकटतम समतुल्य संरचनाएँ

इस अवसर पर उनके यार-दोस्त, हाकिम-हुक्काम सभी निमंत्रित होते थे।

Oh this occasion invitation went to a large circle of friends and officials.

निमंत्रित होते थे (Invitation went–निमंत्रण जाता था) के संरचना भेद, Large circle of के जुड़ने और शब्द-युग्मों यार-दोस्त (friends) हाकिम-हुक्काम (officials) के सामाजिक प्रयोग की अन्विति अनुवाद में न होने के बावजूद अनुवाद मूल के निकटतम समतुल्य है।

कई चचा थे। दरजनों चचेरे भाई, कई सगे भाई, बीसियों नाते के भाई।

Many uncles and brothers, scores of cousins and crowds of distant relatives.

दरजनों (scores of) बीसियों (crowds of) के भावानुवाद तथा नाते के भाई (distant relatives) के त्रुटिपूर्ण अनुवाद के बावजूद मूल के समतुल्य संरचनाएँ अनुवाद को संप्रेषणीय बनाए रखती हैं।

एक समय था जब होरी खेत-खलियान में उसे छेड़ा करता था।

Hori used to have innocent fun with her in the field.

'एक समय था' के छूट जाने के बावजूद अनुवाद पूरी तरह मूल के समतुल्य है। छेड़छाड़ (Innocent fun) खेत-खलियान (field) भाव के स्तर पर मूलार्थ को व्यक्त कर देते हैं।

दोनों के बीच खिचड़ी पक रही है।

What was on between the two.

हिंदी मुहावरे के भावार्थ को समझकर उसके समतुल्य इकाई अनुवाद में रखी गई है। 'न जाने क्या खिचड़ी पक रही है' का प्रयोग भी हिंदी में चलता है।

तुम्हारी अकल तो घास खा रही है।

Your head is stuffed with straw.

यहाँ भी मुहावरे के भाव को सुरक्षित रखते हुए संरचना परिवर्तन–घास खाना की जगह stuffed with straw. (भूसा भरा हुआ है : यह प्रयोग भी हिंदी में प्रचलित है) और 'अकल' के लिए head रखने के बावजूद अर्थ का समतुल्य धरातल अनुवाद में व्यंजित है।

सामाजिक और सांस्कृतिक स्तर की संरचनाएँ

महाराज, घर में न गाय है न बछिया।

Maharaj, there is neither a cow, nor a calf.

'महाराज' संबोधन जाति विशेष के लिए है। हिंदी भाषा समाज में बाबू साहब, चौधरी, महतो, सरदार आदि इसी प्रकार के संबोधन हैं। अनुवाद में स्रोत भाषा की यह सामाजिकता स्पष्ट नहीं होती। संबोधन के लिप्यंतरण ने और भी समस्या उत्पन्न कर दी है। 'गोदान' में इन जाति सूचक संबोधनों का प्रयोग जगह-जगह हुआ है—इनकी सामाजिक प्रासंगिकता पर फुटनोट में विस्तृत टिप्पणी अपेक्षित थी।

पंडिताइन मुझे जीता न छोड़ेगी।

She will kill me.

यहाँ 'पंडिताइन' पंडित का स्त्रीलिंग रूप है। हिंदी में नाइन, सहुआइन इसी संरचना क्रम में बनते हैं। 'पंडिताइन' यानी पंडित की पत्नी। यह अर्थ अनुवाद में नहीं आ पाया है। 'जीता न छोड़ेगी' सामाजिक अभिव्यक्ति है जिसके कई अर्थ हो सकते हैं—झगड़ा करेगी, बिगड़ेगी, अनाप-शनाप बकेगी आदि मार डालेगी (kill) नहीं।

तश्तरी में पान आ गए थे।

Betel leaves were brought in.

यहाँ पान का अर्थ है **लगा हुआ** पान (बीड़ा, जिसमें चूना, कत्था, सुपारी पड़ा होता है), पान का पत्ता नहीं।

पान खाने को।

For betel leaves

यहाँ भी 'पान' की वही स्थिति है। एक बात और यहाँ महत्त्वपूर्ण है—पान खाने को, चाय पीने को, मिठाई के लिए जैसी अभिव्यक्तियों का प्रयोग हिंदी में छोटी-मोटी घूस लेते-देते समय या इनाम देते समय (जैसे किसी परिचित या रिश्तेदार के घर दो-चार दिन रहकर वापस लौटते समय उस घर के नौकर को कुछ रुपए देते हुए कहना—यह रख लो, चाय-पानी के लिए) सामान्यतः किया जाता है। मूल पाठ में संदर्भ घूस का है। इस सामाजिक अर्थ को न पकड़ पाने के कारण अनुवाद निर्जीव हो गया है।

पाँव छू लोगे ....

Pay respect.

यह भावानुवाद है। ठीक है। पर पाँव छू कर किसी को खुश कर लेने या माना लेने का भाव अनुवाद में नहीं आ सका है। 'गोदान' में भाव यही है—गोबर और धनियाँ में झड़प हो चुकी है। झुनिया भी अपना बदला तेवर दिखा चुकी है। गोबर-झुनिया घर छोड़कर शहर जा रहे हैं—पूरा परिवार स्तब्ध है। इसी समय होरी गोबर से कहता है धनिया के पाँव छू कर मनमुटाव दूर करने के लिए। Respect तो कई तरह से दिया जा सकता है—हाथ जोड़कर, बैठे हों तो खड़े होकर, हाथ बाँधे हाँ में हाँ मिलाकर आदि। अतः अनुवाद में रिश्तों की आत्मीयता से जुड़ा सामाजिक अर्थ अनुवाद में नहीं खुल पाया है।

कन्या ऋण से उद्धार

Meet the requirements of the marriage.

हिंदू संस्कृति में कन्या का विवाह करके ही माता-पिता कन्या-ऋण से मुक्त होते हैं, ऐसा विश्वास है। पर अनुवाद में यह सांस्कृतिक धारणा विवाह की तैयारी या ज़रूरतों तक ही सिमट कर रह गई है। इस सांस्कृतिक पक्ष पर फुटनोट देकर हिंदू-संस्कृति का बोध लक्ष्य भाषा पाठ आसानी से करा सकता था।

कुश-कन्या

Grass

पिछली इकाई की भाँति ही सांस्कृतिक पक्ष की जानकारी न होने से अनुवाद में मूल का निहितार्थ पूरी तरह दब गया है। कन्यादान करते समय पिता उंगलियों में (अंगूठी की तरह पहनकर) कुश धारण करता है। जल तर्पण इसी कुश पर से करते हुए वह कन्या का हाथ वर के हाथ में सौंपता है। इसे ही 'पाणिग्रहण' कहा जाता है। कन्यादान के समय अन्य वस्तुएँ भी दान की जाती हैं। जो असमर्थ हैं—दान-दहेज नहीं दे सकते वे इस अभिव्यक्ति का प्रयोग कर सकते हैं कि मैं तो कुश-कन्या ही दे सकता हूँ। मूल में यही अर्थ ध्वनित भी है grass (घास) अनूदित करके अनुवादक ने अनुवादनीयता के स्तर को शून्य स्तर पर पहुँचा दिया है।

पाँचों पोशाक

All the finary.

पूर्वी उत्तर प्रदेश, बिहार और नेपाल के आस-पास के तराई क्षेत्र (सभी भोजपुरी के भिन्न कोड प्रयोक्ता) के गाँवों में आज भी किसी विशेष (शुभ) अवसर पर या किसी खास काम से बाहर जाते समय पाँचों पोशाक धारण की जाती हैं—(1) धोती-कुर्ता (2) मिर्जई (बंडी-जैकेट), 3. पगड़ी या गांधी टोपी, (4) जूता और (5) लाठी। इससे यह भी पता चलता है कि सामान्य ग्रामीण किसान के लिए यह जरूरी पोशाक भी विशिष्ट है। तो सामान्यतः वे कैसी पोशाक पहनते होंगे। अनुवाद न तो इन पोशाकों की चर्चा करता है और न ही ग्रामीण जीवन में इनके महत्व की।

धनुष-यज्ञ

Dussera

उत्तर-भारत में खेली जाने वाली रामलीलाओं की अहम लीला है—धनुष-यज्ञ, सीता-स्वयंवर से संबंधित इस लीला में राम शिव का धनुष भंग करके राजा जनक की शर्त पूरी करते हैं और पत्नी के रूप में सीता का वरण करते हैं। इसी लीला में परशुराम से राम-लक्ष्मण का संवाद भी होता है। 'दशहरा या विजय दशमी' रामलीला की अंतिम कड़ी है—इसी दिन रावण-वध होता है। इस तरह के अनुवाद अनुवादक की लक्ष्य-भाषा संस्कृति के प्रति अनभिज्ञता सिद्ध करते हैं।

गिलौरी दान

Betel leaves.

'पानदान' और 'गिलौरी दान' हिंदी क्षेत्र की पान-संस्कृति का हिस्सा है जो हिंदू, मुसलमान दोनों की साझा संस्कृति है। 'पानदान' में पान लगाने के सभी साजो-सामान होते हैं—और पानदान रखने वाला इसे सामने रखकर खुद पान लगाता है, खाता है, दूसरों को पेश करता है। पानदान बड़ा होता है और गोल, चौकोर, षट्कोण कई आकारों में पीतल या जर्मन सिलवर का मिलता है। 'गिलौरी दान' छोटी, चौकोर, डिबिया होती है—यह चाँदी की भी बनती है जिसमें लगे हुए (पान के बीड़े, गिलौरी) आठ-दस पान गीले कपड़े में लपेट कर रख लिए जाते हैं। इस डिबिया के एक कोने में दो ढक्कनदार छोटे-छोटे खाने होते हैं—एक में चूना-सुपारी और दूसरे में जर्दा रखा जाता है। अनुवाद में इस महत्त्वपूर्ण सांस्कृतिक पक्ष को तो महत्व नहीं ही दिया गया है 'गिलौरी दान' को betel leaves कह कर अप-संस्कृति के फैलाव को प्रमाणित किया है।

श्री जानकी

Queen Janaki

श्री जानकी, श्री राधे का अपना सांस्कृतिक अर्थ है—जो राम या कृष्ण की 'श्री' हैं, जिनके बिना इन पुरुष-श्रेष्ठों का महत्व नगण्य हो जाता है। इसलिए युगल नाम में इनका नाम पहले आता है—सीता-राम, राधे-कृष्ण। इस 'श्री' को Queen (रानी) में ढालना अनुवादक में भारतीय संस्कृति की गहरी अनभिज्ञता को दर्शाता है।

गंगाजली उठा ले और चौरे पर चढ़कर कसम खाय।

Sworn by the holy water of the Ganga in the presence of the village.

'गंगाजली' एक पात्र होता है, अधिकांशतः तांबे का जिसमें गंगाजल भरकर पूजाघर में रखा जाता है। इसे हाथ में लेकर (उठाकर) झूठी कसम खाने का साहस कोई भी धर्मभीरू हिंदू नहीं करता। 'चौरा' बटवृक्ष या सती, शीतला, तुलसी (मैया) जैसी लोक देवियों के नाम पर होता है, एक पवित्र स्थल। मूल में धार्मिक विश्वास के इसी पक्ष को रेखांकित किया गया है। गंगा के पानी के साथ/गाँव के सामने (sworn by, presence of the village) जैसा सरल मंतव्य इसका नहीं है। सांस्कृतिक पक्ष की सूक्ष्मता छूटने पर भी सामान्य अर्थ को अनुवाद सँभाल लेता है कि पवित्र गंगाजल लेकर पूरे गाँव के सामने हीरा (जिस पर होरी की गाय को विष देने का संदेह है) कसम खाय तो पंचायत उसकी बात मान लेगी।

क्रिया-करम

Cremation

क्रिया-करम सिर्फ Cremation नहीं है। मृत्यु के बाद दसवें दिन, फिर तेरहवें दिन तक के क्रिया-कलाप, ब्राह्मण भोज, बिरादरी भोज, शांति पाठ कई परिपाटियाँ इसके अंतर्गत आती हैं। इनकी कोई चर्चा अनुवाद नहीं कर पाता।

मैं यह जनेऊ हाथ में लेकर कहता हूँ।

I sweare to you by the holy thread.

क्या स्थान है 'जनेऊ' का हिंदू समाज में ? यज्ञोपवीत संस्कार क्या है? क्या इसे सिर्फ holy thread के माध्यम से अभिव्यक्त किया जा सकता है, इसकी कसम को इतना महत्व क्यों देता है कोई समाज ? इन प्रश्नों का उत्तर अनुवाद नहीं दे पाता। अगर विदेश में बसा अंग्रेज़ी मातृभाषा-भाषी इस अनुवाद का पाठक है तो उसके लिए यह अनुवाद अबोधगम्य ही नहीं, भ्रामक भी सिद्ध हो सकता है।

कृषक के जीवन का तो यही प्रसाद है

Such things are common ...

'प्रसाद' का संदर्भ उभरना चाहिए था। ईश्वर का, आपका, परिश्रम का, आलस का (प्रसाद) जैसे प्रयोग हिंदी में प्रचलित हैं। इनका रंजक अर्थ होता है। पर सामान्य अर्थ को ही अनुवाद व्यक्त कर सका है।

धनिया प्रचंड हो गई।

Dhania was in temper.

'प्रचंड होना' (आग के साथ सामान्यतः प्रयुक्त, जैसे प्रचंड आग) क्रोध और आग का मेल हिंदी में बनता है (आगबबूला)। भाव को पकड़कर अंग्रेज़ी अभिव्यक्ति के अनुरूप (in temper) ढालने से यह अनुवाद स्वाभाविक बन पड़ा है।

सबसे बड़ी विभूति

Priceless trait.

'विभूति' का भी सांस्कृतिक संदर्भ काफी गहरा है। अंग्रेज़ी में इसे लक्ष्य भाषा संरचना के अनुरूप ढाला गया है। दोनों की कोई तुलना नहीं है पर काम चल गया है।

होम करना

Surrender.

'होम करना' के कई अर्थ है—त्याग करना, तिल-तिकर अपने को दूसरे के लिए समर्पित करना आदि। हथियार डालना (Surrender) तो इसका अर्थ कदापि नहीं है।

आप भी तशरीफ रखते हैं।

How nice to see you here.

हिंदी की इस सामाजिक उक्ति में उछाह, आत्मीयता और खुशी मिश्रित अचरज का जो भाव है वह अंग्रेज़ी की समतुल्य अभिव्यक्ति में भी उतरा है—संरचना का पूरा बदलाव अनुवादक की दक्षता को सिद्ध करता है—हिंदी की सामाजिक-उक्ति को उसने अंग्रेज़ी की समतुल्य सामाजिक-उक्ति में बड़ी कुशलता के साथ ढाला है।

आशनाई कर बैठे

Fell in love.

उर्दू के अपने रंग में रंगी उक्ति को अंग्रेज़ी में उचित ढंग से उतारा गया है। शैलीय वैशिष्ट्य किसी विजातीय भाषा में तो उतर नहीं सकता, अतः भाषा के

समतुल्य इकाई को लक्ष्य भाषा में अंतरित करना ही उचित होता है। इस दृष्टि से यह 'उपयुक्त' अनुवाद है।

दान

Dharma

एकदम गलत अनुवाद है—वास्तव में यह अनुवाद है ही नहीं। एक नितांत भिन्न अर्थ-संदर्भ वाले शब्द के लिए स्रोत भाषा के ही नितांत भिन्न शब्द का लिप्यंतरण कर देना हास्यास्पद लगता है। दान-धर्म का युग्म तो हिंदी में बनता है पर इन दोनों को एक-दूसरे का पर्याय तो नहीं माना जा सकता, फिर स्रोत भाषा की इकाई के स्थान पर स्रोत भाषा की ही इकाई को रखना अनुवाद की सैद्धांतिकता में कहीं स्वीकृत नहीं है।

हुस्न-परस्ती

Taste for beauty

हुस्न की, सौंदर्य की पूजा करना मूलार्थ है। बुत-परस्ती भी बनता है। इसके भाव को अनुवाद व्यक्त कर पाने में समर्थ है, यदि अंग्रेज़ी के भाव को इस रूप में लिया जाय कि सौंदर्य के प्रति जिसकी रुचि हो, उसका आस्वाद लेने की संवेदना जिसमें हो, वही तो पूज सकता है सौंदर्य को, उसका महत्व समझ सकता है।

मुशायरा

Poets symposium

इसे भावानुवाद ही मान सकते हैं।

बैठिए, तकल्लुफ न कीजिए।

do sit down.

इस सामाजिक कथन का ठीक अनुदाद नहीं हो सका है। तकल्लुफ, संकोच या औपचारिकता का भाव नहीं सिमटा है। अनुवाद में बलात्मक ढंग से बैठने का आग्रह है—मूल में लिपटा विनम्रता (politeness) वाला भाव अनुवाद में अव्यक्त ही रह गया है।

अभिव्यक्ति का स्तर

*होरी चुपचाप सुनता रहा, **भिनका तक नहीं**।*

Hori gulped her words in silently.

रेखांकित अभिव्यक्ति छूट गई है।

*जैसे प्रकृति ने वायु में आग **घोल दी हो**।*

air has turned the place to a oven.

'प्रकृति' का कर्ता रूप अनुवाद में 'वायु' का कर्ता रूप बन गया है। place अलग से लाया गया है। **आग घोलने** की रंजक उक्ति turned to oven में तब्दील हुई है। फिर भी गर्मी की शिद्दत का भाव अनुवाद में भी मूल जितनी ही सघनता

के साथ उतरा है।

मैं न जाने कब लौटूँ।

May return late.

मूल वाक्य में अनिश्चितता का स्पष्ट भाव अनुवाद में संभावनार्थ (May-शायद) में तब्दील हो गया है। पर अर्थ पहुँच जाता हैं।

उसकी उम्र अभी क्या थी ?

and what was her age ?

प्रश्नवाचक का हिंदी में नकारात्मक अर्थ में प्रयोग सहज है—मूल में ऐसा ही है जिसका अर्थ निकलेगा अधिक नहीं थी, बहुत कम थी, पर अंग्रेज़ी में इसका शाब्दिक अनुवाद हुआ है जो मूल के पूरे संदर्भ को ही पलट देता है।

इसके पहले ही चल देंगे।

I shall be gone long before that.

अच्छा भावानुवाद है।

मालिक क्या खा के लेंगे।

he has no guts.

हिंदी के रेखांकित Rhetoric का भावानुवाद है। उपयुक्त है।

तो तुमसे नगद मांगता कौन है भाई ?

But did I ask for the payment.

नगद का Payment (भुगतान) खटकता है पर अर्थ संप्रेषण समतुल्य स्तर पर हो जाता है।

अब तुमसे बहस कौन करे ?

It's no use arguing with you.

यहाँ भी प्रश्नवाचक नकारात्मक अर्थ व्यक्त है। इसे अनुवादक ने पकड़ा है और उपयुक्त अनुवाद किया है।

सोलह आने तेरी।

But of course.

पूरी तरह, निःसंदेह बिना शक, का अर्थ 'सोलह आने' देता है। अंग्रेज़ी अभिव्यक्ति इस भाव के अंतरण के लिए उपयुक्त है। जिसका अर्थ होता है एकदम बिल्कुल निश्चय ही।

शामत और क्या ?

It's my kismet.

अनुवाद भटक गया है। 'शामत' में आफत, अनचाहे संकट का अर्थ निहित है। यहाँ अनुवादक ने पुनः स्रोत भाव के ही एक असंबद्ध शब्द को लिप्यंतरण करके दे दिया है। मूलार्थ लुप्त हो गया है।

टलती ही नहीं, धरना दिए बैठी है।

But she wont budge.

दोनों ही अभिव्यक्तियाँ हिंदी की विशिष्ट और अर्थ-गर्भ अभिव्यक्तियाँ हैं। इनके भाव को किसी तरह अंग्रेज़ी अनुवाद बस संभाल ही पाया है।

*पीते ही **चोला तर हो** जाता है।*

It's effect is magical.

रेखांकित अभिव्यक्ति की अनूद्यता भी अंग्रेज़ी जैसी विजातीय भाषा में असंभव ही है पर अनुवादक ने अंग्रेज़ी की जिस अभिव्यक्ति का प्रयोग किया है वह सटीक है जिसे निकटतम समतुल्य कहा जा सकता है।

बौरा तो नहीं गई।

Have you gone crazy.

लोक अभिव्यक्ति के भाव को पकड़ कर अनुवादक ने कुशलता से अंतरित किया है।

वह हवा हो गई।

She had gone.

यहाँ भी वैसा ही हुआ है। मूल के निकटतम समतुल्य उक्ति अनुवाद में रखी गई है।

छन भर पौढ़ रहती हूँ।

Sleep for a while.

यहाँ भी वैसा ही हुआ है। पौढ़ना/ढरकना, 'सोना' का पर्याय नहीं है—दिन में थकान के बाद थोड़ी देर लेटकर झपकी लेने का भाव इन क्रियाओं से निकलता है। इसके समतुल्य अंग्रेज़ी में कोई क्रिया नहीं है—पर for a while से हिंदी की अर्थ-ध्वनि को कौंधाने में अनुवादक सफल है।

लोकोक्ति और मुहावरों का स्तर

हमें अपने पेट की ही चिंता रहती है।

our only worry is daily bread.

'पेट की चिंता' को daily bread में अंतरित करके अनुवादक ने अपनी क्षमता का परिचय दिया है।

*ओंकार नाथ बोले **'अकेला चना भाड़ नहीं फोड़ सकता'**, मिस्टर मेहता।*

Mr. Mehta, pandit Omkarnath said, a lone fighter is helpless.

मूल भाषा की लोकोक्ति के समतुल्य लोकोक्ति लक्ष्य भाषा में ढूँढ़ कर अनुवादक ने रखी है।

घुटने टेकते

Bowing

अच्छा अनुवाद है।

खोद कर ***जमीन में गाड़ दूँगा, खून चूस लूँगा।***

I will skin him alive.

यहाँ भी मूल के दो मुहावरों के समतुल्य अंग्रेज़ी का मुहावरा रखा गया है–अनुवाद में चमक आ गई है।

नाम बड़े दर्शन छोटे

only five rupees

संदर्भ को ध्यान में रखकर अनुवाद किया गया है। लोकोक्ति का अनुवाद न होने पर भी अनुवाद में मूल अर्थ और कथन परिवेश झलक जाते हैं।

घाव पर नमक छिड़का

Said roguishly

यहाँ भी मूल के भाव को संदर्भानुसार ढाला गया है। मुहावरा अनूदित नहीं हुआ फिर भी अर्थ की समतुल्यता बरकरार है।

कान पकड़ता हूँ।

apology

यहाँ भी पूर्ववत् स्थिति है।

पर दाँत लगाए हुए थे।

an eye on

मूल के समतुल्य लक्ष्यभाषा अभिव्यक्ति के रखने से अनुवाद में चमक आ गई है।

भीगी बिल्ली

Fish out of water

यहाँ भी वैसा ही हुआ है।

तुम्हारा सिर फिर गया है।

(you have) lost your head.

संरचना में बदलाव के बावजूद अर्थ-साम्य सुरक्षित है।

इनकी कमाई में बरकत नहीं होती।

He has no heart

मुहावरे का सही अर्थ न पकड़ पाने के कारण अनुवाद निरर्थक हो गया है।

उफ् ! सिर फटा जा रहा है।

My head will burst with pain.

यहाँ भी संरचना में बदलाव के बावजूद समतुल्य अर्थ सुरक्षित है।

मेहता मुँह लटकाए हुए थे।

had a long face

मूल के समतुल्य लक्ष्य भाषा इकाई रखने से अनुवाद सटीक बन पड़ा है।

तकदीर के खोटे हो

your luck was out

अच्छा अनुवाद है।

अपने मुँह मियां मिट्ठू बन लीजिए

Such a self praise

मुहावरे के भाव को समझ कर लक्ष्य भाषा में अंतरित किया गया है। सटीक अनुवाद है।

नाक कटे, मुँह में कालिख लगे।

loss face

सरापने का मूल भाव अनुवाद व्यक्त नहीं कर पाता।

बिन घरनी घर भूत का डेरा

without a wife the house becomes an abode of ghost

मूल की लोकोक्ति का शब्दानुवाद। अर्थ स्पष्ट है।

द्वार पर नाक रगड़ते हैं

Crying to my door.

भावानुवाद है। अंग्रेज़ी भाषा का मुहावरा अनुकूल और हिंदी मुहावरे के समतुल्य है।

मन की मिठाई खा रहे हो।

You are building castles in the air.

मूल के समतुल्य अर्थ वाली इकाई रखकर किया गया सार्थक अनुवाद।

*आपकी **कलई खोल** दूँगी।*

I will tell about it.

मुहावरा तो अनूदित या अंतरित नहीं हुआ है पर भाव स्पष्ट हो गया है।

न जोरू न जांता

he is alone.

यहाँ भी वैसा ही है।

हमने यह विवेचन भाषा$_1$ और भाषा$_2$ की संरचनात्मक, सामाजिक प्रकार्यता सांस्कृतिक वैशिष्ट्य, संप्रेषणीयता को केंद्र में रखते हुए–'अनुवादनीयता' के स्तरों को जाँचते हुए किया है। निश्चित ही अनुवाद-समीक्षा के इस प्रारूप में संदर्भ, परिस्थिति और भाव पर विशेष ध्यान रखा गया है। पाठ/प्रोक्ति के स्तर पर 'गोदान' के अनुवाद को और भी व्यापक संदर्भ दिए जा सकते हैं। विवरणों, संवदों, एकालापों,

लेखकीय वक्तव्यों, संवाद के पहले के निर्देशों को वर्गीकृत करके देखना बहुत फलप्रद हो सकता है। पर धरातल (अनुवाद-समीक्षा के) लगभग वही रहेंगे जिन्हें इस आलेख में समेटने का प्रयत्न किया गया है। 'संप्रेषण सिद्धांत' को इस समीक्षा के लिए औज़ार बनाया गया है क्योंकि यदि अनूदित पाठ मूल पाठ के समाज-सांस्कृतिक वैशिष्ट्य का परिचय नहीं दे पाता अथवा मूल के rhetoric को महत्व नहीं देता तो 'सूचनांतरण' या छूँछी स्थानापन्नता तो संभव है, संप्रेषणीयता नहीं।

प्रारंभ में सैद्धांतिक स्तर पर साहित्यिक अनुवाद की प्रक्रियाओं, अनुवाद से अपेक्षाओं तथा लक्ष्य-भाषा पाठ में अनिवार्यतः उतारी जाने वाली इकाइयों (भाषिक, सामाजिक, सांस्कृतिक अर्थीय शैलीय, प्रयोजनीय आदि) पर प्रकाश डाला गया है। उस प्रकाश में देखें तो 'गोदान' के अंग्रेज़ी अनुवाद की कितनी ही सीमाएँ और विशिष्टताएँ दिखाई देंगी, यह भी (और जिस पर अनुवाद सिद्धांत में बहुत कम चर्चा है) कि अनुवादक की गंभीरता या काम चलाऊ प्रवृत्ति का असर अनूदित पाठ पर पड़ता है। इसी समीक्षा मे देखें तो अपनी गंभीरता (तल्लीनता) के चलते हिंदी भाषा की नितांत निजी और जटिल उक्तियों को भी अनुवादक सटीक ढंग से उतार पाने में सफल हुआ है तो असावधानीवश सहज-सरल इकाई को भी अंतरित कर पाने में चूक गया है। इतना जरूर है और जिसकी सराहना भी की जानी चाहिए कि गोदान के इस अनुवाद में अंग्रेज़ी भाषा की संरचना को अत्यंत सरल रखा गया है—छोटे-छोटे वाक्यों, अर्धविराम के प्रयोगों और अंग्रेज़ी की सरल शब्दावली के प्रयोग से अनूदित पाठ की 'पठनीयता' निःसंदेह गतिमान बनी रहती है। एक बात और कि कभी-कभी 'विजातीय' भाषा में भी मूल भाषा की लोकसिंचित अभिव्यक्तियों के समतुल्य इकाई बड़े सुंदर शब्दों में लिपटी मिल जाती है। इस समीक्षा में ऐसे कई स्थल द्रष्टव्य हैं। इससे बल मिलता है इस तथ्य को कि मानवीय संवेदना की गहनता और सुख-दुःख, आशा-निराशा की अनुभूतियों को भाषा कोई भी हो, अभिव्यक्त करने के रास्ते ढूँढ़े रहती है।

कहीं-कहीं लक्ष्य-भाषा की नहीं, अनुवादक की असावधानी से चूक हुई है। यहाँ तक कि यदि स्रोत भाषा (हिंदी) के समाज-सांस्कृतिक संप्रेषणीय घटकों को भी अनुवादक गहराई से देख पाता तो उसे अंग्रेज़ी में अंतरति किया जा सकता था। कई जगह यह बात प्रमाणित भी हुई है। पर व्याख्या, पाद-टिप्पणी का सहारा न लेने, उक्ति का विश्लेषण न करने तथा ऊपरी ढंग से कोई भी प्रक्रिया अपना कर (लिप्यंतरण, शब्दानुवाद, गलत अनुवाद) आगे बढ़ने से अनूदित पाठ में जो झोल दिखाई देते हैं वे अंग्रेज़ी भाषा की अक्षमता के कारण नहीं, अनुवादक की जल्दबाजी (यही कहा जाय) की वजह से आए हैं।

(क) संदर्भ और टिप्पणी

Jacobson, Eric, 1958, Translation : A traditional craft.

Copenhagen : Nordisk Forlag.

This book contains much interesting information about the function of translation within the terms of rhetorical tradition, it avoids as far as possible discussion of the general theory and principles of translation.

Popovic, Anton, A. 1976. A dictionary for the analysis of literary translation.

Department of comparative literature : University of Alberta.

Popovic distinguishes five types of shift :

(a) Constitutive shift : that takes place inevitably due to the differences between the two language system.

(b) Generic shift, described as "a type of topical shift that implies a change in constitutive features of the text as a literary genre."

(c) Individual shift : "a system of individual deviations motivated by the translator's expressive propensities and his subjective idiolect"

(d) Negative shift, where there has been a misunderstanding in the translation.

(e) Topical shift, where a difference in the topical facts between SL and TL versions is due to the use of different denotations.

Holmes, James, (ed.). 1970. The nature of translation : Essays on the theory and practice of literary translation. The Hague : Mauton.

This volume contains a number of important chapters, in particular J. Holme's 'Forms of verse translation and the translation of verse form', and Anton popovic's. 'The concept of 'shift of expression' in translation analysis'.

Holmes, J.Lambert. J. and Lefever, A (Eds.) 1978. Literature and Translation. Louvain : Acco

This volume contains the papers read at the colloquium on literature and Translation held at the University of Leaven, there is an extensive bibliography that gives details of texts on translation in English, French and German.

Savory, Theodore. 1957. The art of translation. London : Cape.

The author of this book approaches translation from the view point of traditional liberal humanism. Translation is perceived as a means of breaking down communication barriers.

Steiner, George. 1975. After bable : Aspects of language and Translation. London : OUP

This book covers a wide area and its particularly helpful in discussing the Question of multilingualism and translation.

(ख) सामान्य संदर्भ

Edward, Sapir, 1956. Culture, Language and Personality. Los Angels : UCP.

J.R. Firth, 1970. The tongues of men and speech. London : OUP.

Maria Corti, 1978. An introduction to literary semiotics, London : IUP.

Bassnett-McGUire, Susan, 1980. Translation studies, London : Mathuen & Co. Ltd.

Roger, T.Bell. 1991 Translation and Translating : Theory and Practice. New York : Longman.

Mehrotra, R.R. 1985. Sociolinguistics in Hindi context. New York : Mouton.

Shrivastava, R.N. 1996. Applied linguistics, Delhi : Kalinga.

(ग) हिंदी संदर्भ

कुमार, सुरेश, 1986 अनुवाद सिद्धांत की रूपरेखा, दिल्ली : वाणी

राय, त्रिभुवन (सं.) 1999 अनुवाद : स्वरूप और आयाम, इलाहाबाद : अनिल प्रकाशन

टंडन, पूरनचंद, 'अनुवाद' प्रतिष्ठित अनुवादक विशेषांक : जुलाई-सितंबर, 1998, दिल्ली : भारतीय अनुवाद परिषद।

आचार्य रामचंद्र शुक्ल का काव्यानुवाद

आचार्य शुक्ल जैसी प्रतिभा हिंदी साहित्य चिंतन के क्षेत्र में बिरली ही दिखाई देती है। इतिहास लेखन, व्याख्यात्मक समीक्षा, सैद्धांतिक-समीक्षा, निबंध-लेखन और संपादन शुक्ल जी के वे प्रतिभा-क्षेत्र हैं जिनके संदर्भ में पर्याप्त विचार विद्वनों तथा शोधकर्मियों ने किए हैं। परंतु उनके दो अन्य प्रतिभा-क्षेत्र अपेक्षाकृत कम और सतही ढंग से ही विवेचित हुए हैं।

एक तो उनके मौलिक काव्य सृजन का क्षेत्र और दूसरे उनके द्वारा अनूदित साहित्य का क्षेत्र। मौलिक काव्य-सृजन के क्षेत्र में उनका स्वर मूलतः राष्ट्रीय-भावना और प्राकृतिक-सौंदर्य से संबद्ध रहा है। अनुवादक के रूप में उन्होंने गद्यानुवाद (शशांक, विश्व-प्रपंच, आदर्श-जीवन) भी किए और पद्यानुवाद (बुद्ध-चरित) भी। इसमें संदेह नहीं कि अनुवाद कार्य को कभी भी मौलिक सृजन के समकक्ष महत्व नहीं दिया गया, उसे अभी भी द्वितीय श्रेणी का कार्य ही समझा जाता है तथा

मौलिक-लेखन की तुलना में नीरस और कृत्रिम भी। मौलिक सृजन और चिंतन के धरातल पर श्रेष्ठ प्रतिभा से संपन्न होते हुए भी शुक्ल जी ने अनुवाद के कार्य को महत्व दिया, यह स्वयं में उनके व्यापक दृष्टिकोण का परिचायक है। काव्यानुवाद का कार्य जटिल अवश्य है क्योंकि मूलभाषा में लिपटी साहित्यिक संवेदना अपनी प्रकृति में इतनी विशिष्ट होती है कि उसका दूसरी भाषा में अंतरण (ट्रान्सफर) प्रायः असंभव सा होता है। परंतु अनुवाद कार्य दूवितीय श्रेणी का कदापि नहीं है क्योंकि इस असंभव कार्य को अधिकाधिक सफल बनाने के लिए अनुवादक को कवि-धर्म के दायित्व का भी निर्वाह करना पड़ता है।

इसी व्यापक दृष्टिकोण के तहत् यहाँ हम शुक्ल जी द्वारा किए गए एडविन आर्नाल्ड की कृति <u>लाइट आफ एशिया</u> के हिंदी अनुवाद 'बुद्ध-चरित' के परिप्रेक्ष्य में उनके इस उपेक्षित प्रतिभा क्षेत्र का सीमित आकलन करने का प्रयत्न करेंगे। यहाँ इस आकलन से पहले कुछ बातों का ध्यान रखना जरूरी है--मूलपाठ की भाषा अर्थात स्रोत भाषा अंग्रेज़ी है जबकि उसकी विषयवस्तु भारतीय, अनूदित पाठ की भाषा अर्थात लक्ष्य-भाषा ब्रज है क्योंकि उस समय की स्वीकृत काव्य-भाषा यही थी और इस अनुवाद कार्य को आधुनिक अनुवाद-विज्ञान पर किए जा रहे चिंतन के परिप्रेक्ष्य में रख कर विचार किया जा रहा है।

सबसे पहले इस अनुवाद के विषय में बाबू गुलाबराय को उद्धरित करना चाहूँगा 'बुद्ध-चरित का अनुवाद, अनुवाद होते हुए भी अनुवाद की कोटि में रखने योग्य नहीं है .... इसे मौलिक रचना ही समझना चाहिए।' इस उक्ति का कारण संभवतः यही है कि शुक्ल जी ने ब्लैक वर्स में रचित मूल पाठ को अनूदित पाठ में कई छंदों में बांधा है तथा उन भारतीय संकल्पनाओं को अनूदित पाठ में लाने का प्रयत्न किया है जो मूल पाठ में अंग्रेज़ी भाषा की अपनी सीमाओं के कारण न आ सकी थीं। वास्तव में इनके कारण अनुवाद को अनुवाद न मानने का कोई कारण नहीं है। शब्द, पद, वाक्य के स्तर पर मूल तथा अनूदित पाठ का भेद काव्यानुवाद की स्वाभाविक प्रक्रिया का परिणाम है जो आधुनिक अनुवाद-चिंतन में काव्यानुवाद की उस संकल्पना को व्यक्त करता है जिसे 'पुनः सृजन' कहा गया है। अनुवाद में कविता की मूल संवेदना और संप्रेषणीयता की अनिवार्यता के कारण अनुवादक पुनः सर्जक बनता है। यहीं नाइडा की परिभाषा पर भी एक दृष्टि डालनी होगी, वे कहते हैं कि अर्थ और फिर शैली के धरातल पर लक्ष्यभाषा में निकटतम, स्वाभाविक तथा तुल्यार्थक उपादान प्रस्तुत करना अनुवाद है। एक ही मूल पाठ के दो अनूदित सहपाठों में इसीलिए आधारभूत कथ्य के धरातल पर समानता दिखाई देती है और अभिव्यक्ति के धरातल पर भिन्नता। यहाँ यह भी स्वीकार करना होगा कि सहपाठ इन दोनों में से चाहे जिसे प्रमुखता दे अपनी मूल प्रकृति में अनुवाद ही होता है।

मूल पाठ से प्रभावित कोई नई रचना नहीं। काव्यानुवाद में स्रोत भाषा के कवि द्वारा अभिव्यक्त विचारों, भावों, संवेदनाओं की रक्षा करते हुए कविता को लक्ष्य भाषा में पुनः सृजित किया जाता है। और सभी काव्यानुवादों में पुनः सर्जन का यह सिद्धांत समान भी नहीं होता, हो भी नहीं सकता। क्योंकि भिन्न-भिन्न कवियों की भिन्न वर्णन विधि या रचना शैली भिन्न अनुवाद विधि की मांग करती है। मैथिलीशरण गुप्त और प्रसाद की रचनाएँ एक सैद्धांतिक धरातल पर अनूदित नहीं की जा सकतीं। यह स्थिति 'बुद्ध-चरित' के साथ भी है क्योंकि मूल पाठ की विशेषताएँ उसके अनुवाद के संदर्भ को भी विशिष्ट बनाती है।

Softly the Indian night sinks on the plains
At full moon, in the month of Chaitra Shud
निखरी रैन चैत पूनों की अति निर्मल उजियारी
चारुहासिनी खिली चांदनी तट पर पैं अतिप्यारी।

शुक्ल जी के 'बुद्ध-चरित' के अनुवाद के विषय में डॉ. विजयेंद्र स्नातक के मत द्रष्टव्य है 'लाइट आफ एशिया' का अनुवाद करते समय शुक्ल जी ने स्वतंत्र होकर अनुवाद किया है, फिर भी उन्होंने अनुवादक की मर्यादा का पालन किया है और मूल लेखक के भावों का भी।' बुद्ध-चरित की भूमिका के अपने प्रारंभिक वक्तव्य में शुक्ल जी ने यह निवेदित किया है 'यद्यपि ढंग इसका ऐसा रखा गया है कि एक स्वतंत्र हिंदी काव्य के रूप में इसका ग्रहण हो पर साथ ही मूल पुस्तक के भावों को स्पष्ट करने का भी पूर्ण प्रयत्न किया गया है। दृश्य-वर्णन जहाँ अयुक्त या अपर्याप्त प्रतीत हुए वहाँ बहुत कुछ फेरफार भी करना या बढ़ाना भी पड़ा है।'

पता नहीं डॉ. स्नातक का 'स्वतंत्रता' से क्या तात्पर्य है। और आचार्य शुक्ल स्वयं फेरफार करने या विस्तार करने की स्वाभाविक प्रक्रिया को एक हीन ग्रंथि के साथ ही क्यों स्वीकार कर सके। जबकि मूल पाठ का कुछ छोड़ने और अनूदित पाठ में कुछ जोड़ने की स्थिति के बिना काव्यानुवाद की सफलता संदिग्ध ही है। भाषांतर (भाषा$_1$ और भाषा$_2$ के बीच) ही नहीं बल्कि अन्व्यांतर में भी मूल पाठ का एक रूप नहीं रहता। यहाँ प्रेमचंद का उदाहरण प्रस्तुत करने की अनुमति चाहूँगा। 1924 में 'शतरंज के खिलाड़ी' का हिंदी रूप 'माधुरी' में छपा फिर 1924 में ही प्रेमचंद द्वारा किया गया उसका अन्व्यांतरित रूप 'जमाना' में प्रकाशित हुआ 'शतरंज की बाजी' शीर्षक से। शीर्षक में ही 'फेरफार' को देखा जा सकता है। अन्व्यांतर भी मात्र लिपि परिवर्तन नहीं होता अपितु उसमें भी शब्द-वाक्य चयन का भेद वातावरण और अनुभूति के कई स्तरों पर होता है। एक उदाहरण देखिए :-

अंधेरा हो चला था। बाजी बिछी हुई थी। दोनों बादशाह अपने-अपने सिंहासनों पर बैठे हुए मानो उन दोनों वीरों की मृत्यु पर रो रहे थे।

'अंधेरा हो गया था। बाजी बिछी हुई थी। दोनों बादशाह अपने-अपने तख्त पर रौनक अफरोज थे। उन पर हसरत छाई हुई थी, गोया मक्तूलीन की मौत का मातम कर रहे थे।'

जब एक रचनाकार अपनी ही कृति का अन्व्यांतर करते समय भी अनूदित पाठ को लक्ष्य भाषा की प्रकृति के अनुरूप ढालता है तो भाषांतर की स्थिति में जहाँ स्रोत और लक्ष्य भाषाएँ अपनी-अपनी व्यवस्थाओं से न जाने कितने स्तरों पर जुड़ी होती हैं अनुवाद एक निष्ठ (मोनोस्टिक) हो ही नहीं सकता। ऐसा नहीं कि शुक्ल जी भाषा के 'जीनियम' की संकल्पना से परिचित नहीं थे। अनूदित कृति में दोनों भाषाओं के संस्कार, संरचना एक में घुलते-मिलते हैं और संश्लिष्ट रूप में अनूदित पाठ में उभरते हैं। यह संक्रमण ही अनूदित पाठ को स्रोत भाषा तथा लक्ष्य भाषा के सर्जनात्मक सहयोग से निर्मित एक रचना के रूप में हमारे समक्ष रखता है। शुक्ल जी का यह अनुवाद इस तथ्य को प्रमाणित भी करता है और इस प्रकार उनके इस अनुवाद की तीन विशेषताएँ निर्धारित होती हैं :-

(क) अनुवाद में लक्ष्य भाषा की प्रकृति अक्षुण्ण है।

(ख) विषय विस्तार भारतीय संदर्भ में किया गया है।

(ग) मूल भाव को ग्रहण करके लक्ष्य भाषा में संश्लिष्ट रूप में प्रस्तुत किया गया है।

काव्यानुवाद की यह प्रकृति होती है कि उसमें मूल पाठ में प्रयुक्त लोकोक्ति मुहावरों और सांस्कृतिक तत्वों को लक्ष्य भाषा में नवीन अभिव्यक्ति देनी पड़ती है। यहाँ क्योंकि ये तत्व भारतीय थे इसलिए शुक्ल जी ने इन्हें नवीन अभिव्यक्ति के रूप में नहीं बल्कि लक्ष्य भाषा में प्रचलित अभिव्यक्ति के रूप में रखा। अनूदित पाठ में इसीलिए <u>ए कोर्ट ऑफ प्लेज़र</u> के लिए 'अशोकोत्सव', <u>सिलवर लैंप्स</u> के लिए 'कंचन-दीप', <u>गर्ल्स हेयर</u> के लिए 'कुटिल कामिनी केश' जैसे अनुवाद पर्याप्त संख्या में मिलते हैं जो भारतीय परंपरा के अधिक निकट हैं और मूल पाठ के भाव को व्यक्त करने के साथ-साथ लक्ष्य भाषा के सौंदर्य में वृद्धि भी करते हैं। काव्यानुवाद क्योंकि सूक्ष्म भावों की अभिव्यक्ति देने वाले साहित्य से संबद्ध है इसीलिए इसका केंद्रक मूल भाव ही रहता है जिसे हम भावानुवाद कहते हैं :-

But, when the days were numbered that befall. The parting of our lord which was to be - where by came waiting in the Golden home woe to the king and sorrow over the lord

जब दिन पूरे भए बुद्ध भगवान् हमारे,
तजि अपनी घर बार घोर बन ओर सिधारे।
जासो पर्‌यो खमार राज-मंदिर में भारी,
शोक-विरक्त अतिभूप, प्रजा सब मंह दुखारी।।

यहाँ काव्य संरचना के क्रम में भेद के साथ कई इकाइयाँ लक्ष्य पाठ में जोड़ी घटाई गई हैं पर इनसे काव्यानुवाद की आदर्श स्थिति पर प्रश्न चिह्न नहीं लगाया जा सकता। काव्यानुवाद कभी भी मूल का यंत्रवत् अनुसरण नहीं करता वरन उसमें मौलिक रचना जैसा सहज प्रवाह व जीवंतता ले आना अनुवादक के लिए एक चुनौती होती है और इसमें उसकी अपनी शैली की छाप दिखाई देती है :

Her lids were wan with tears
her tender Cheeks had thinned,
her lips delicious were drawn with the grief
The lustrous glory of her hair
was hid in the close bound.

'आंसुन पलक भारी, कोमल कपोल छीन,
बिरह की पीर अधराति पै लखाति है।
चापि रही चीकने चिकुर को चमक चारु,
बैनी बीच बंधि नेकु नहिं नगराति है।

यहाँ हमें अनुवाद के उस सर्वाधिक महत्त्वपूर्ण सिद्धांत की चर्चा भी कर लेनी चाहिए जिसे समतुल्यता का सिद्धांत (थ्यौरी ऑफ इक्विलेंस) कहा जाता है और जिसकी यह मान्यता है कि मूल पाठ और अनूदित पाठ पूर्णरूप से समरूप (आइडेंटिकल) हो ही नहीं सकते, वे समतुल्य (इक्विलैंट) ही हो सकते हैं। समतुल्यता का आधार शैली भी हो सकती है, भाव भी, संवेदना भी और शब्द भी। यह माना जाता है कि मूल पाठ में निहित संस्कृति, स्थानीय परिवेश, सामाजिक तत्व का संप्रेषण जब अभीष्ट होता है तब और जब साहित्यिक कृति को साहित्यिक कृति के रूप में ही पाठक तक पहुँचाना हो तब समतुल्यता का सिद्धांत दो भिन्न प्रकार से प्रतिफलित होता है। निश्चित ही शुक्ल जी का लक्ष्य साहित्यिक कृति को उसी रूप में संप्रेषित करना था क्योंकि मूलपाठ के सभी सांस्कृतिक, परिवेशगत, सामाजिक तत्व भारतीय ही थे। यही कारण है कि शुक्ल जी अपने अनुवाद में लक्ष्य भाषा की प्रकृति के प्रति अधिक सचेत हैं, उन्होंने इस दृष्टि से मूलपाठ का गहन मूल्यांकन किया होगा, इसमें संदेह नहीं।

When Mangoes redden and the Asoka Buds,
Sweeten the breeze and Rama's birthday comes.
अमराइन में धंसि अमियन को दरसाबति बिलगाई
सींक्त में गुद्दि झूल रहीं जो मंद झकोरन पाई
चुवत मधूक परसि भू जो लौ टप-टप शब्द सुनावैं
महकति कतहुँ अशोक-मंजरी कतहुं-कतहुं पुर माहीं
राम जन्म उत्सव के अब लों साज हटे हैं नाहीं।

अनुवाद का यह स्वरूप जिसमें लक्ष्य-भाषा के प्रति व्यापक सचेतनता और अतिरिक्त महत्व की भावना है हमारा ध्यान दो बातों कीं ओर ले जाता है। एक तो यह कि कविता और कवि के साथ अनुवादक के व्यक्तित्व का पक्ष भी यहाँ महत्त्वपूर्ण है। अनुवादक पाठक होता है : सबसे पहले, और पाठक की भांति ही वह मूलपाठ में अर्थ भरता है। शायद इसीलिए कविता का अर्थ काल के साथ परिविर्तत भी होता है। और दूसरी बात यह कि अनुवादक के लिए मूल कविता मात्र बीज के रूप में होती है जिसे वह अपनी सर्जनाशक्ति के आधार पर वृक्ष और फल के रूप में अपने ढंग से विकसित करता है। शुक्ल जी के काव्यानुवाद के संदर्भ में यह कहा जा सकता है कि इसमें कविता का संभाव्य रूप ही उसका बीज है जबकि काव्यवस्तु का संदर्भ उसके वृक्ष का व्यक्तित्व।

काव्यानुवाद के चार आधार आज अनुवाद विज्ञान में स्वीकृत किए जाते हैं : विषय प्रधान, संरचना प्रधान, भाषिक प्रधान तथा साहित्येतर प्रधान। चारों में से सब का या वैकल्पिक चयन मूल पाठ की प्रकृति पर निर्भर करता है और समतुल्यता का सिद्धांत सभी आधारों पर प्रतिफलित होता है। शुक्ल जी के इस अनुवाद में विषय प्रधान व साहित्येतर प्रधान आधार मूल रूप में तथा संरचना और भाषिक प्रधान आधार गौण रूप में अपनाए गए हैं। संरचना व भाषिक आधार का गौण होना काव्यानुवाद की प्रकृति का अंग है और इनकी गौणता ही अनुवादक से इस बात की अपेक्षा करती है कि वह मूलपाठ के भाव को लक्ष्य भाषा की प्रकृति के अनुरूप अनूदित पाठ में प्रस्तुत करे। पर इस उद्देश्य की पूर्ति को बहुत आसान नहीं माना जाता। यह माना जाता है कि पद्य के बंधन के कारण अनुवादक न तो मूल भावों की रक्षा कर पाता है और न अनूदित कृति में सौंदर्य स्थापना ही कर पाता है। यदि वह भाषा या संरचना पर ध्यान केंद्रित करता है तो भाव नहीं आ पाते और भावों का अविकल अनुवाद करना चाहता है तो व्याकरण उसका साथ नहीं देता। भाषा, भाव, माधुर्य की दृष्टि से मूलपाठ की सामग्री के अंतरण की दृष्टि से 'बुद्ध-चरित' एक सफल काव्यानुवाद है। इसमें काव्यानुवाद संबंधी समस्त अर्हताओं का सफल निर्वाह हुआ है। अनुवाद की यह सफलता शुक्ल जी की जागरूक और बहुमुखी प्रतिभा का परिणाम है। आज हमें शुक्ल जी द्वारा किए गए महत्त्वपूर्ण अनुवाद कार्यों पर विवेचनात्मक ढंग से विचार करना चाहिए। इससे उनकी मूल्यांकन क्षमता व सृजनात्मक शक्ति का उद्घाटन अधिक सार्थक ढंग से किया जा सकता है। आज आधुनिक अनुवाद विज्ञान व भाषाविज्ञान के परिप्रेक्ष्य में शुक्ल जी के इन अनुवादों पर गहन अध्ययन व गंभीर शोध की अनंत संभावनाएँ छिपी है। मैंने थोड़े से संदर्भों के साथ यहाँ इन संभावनाओं के सीमित गवाक्ष खोले हैं। इस दिशा में कार्य करना, शुक्ल जी के इस उपेक्षित प्रतिभा क्षेत्र के माध्यम से उनके सृजनात्मक व्यक्तित्व को संपूर्णता प्रदान करना हमारा परम कर्तव्य है और आचार्य शुक्ल के प्रति इससे बड़ी

श्रद्धांजलि संभवतः नहीं हो सकती कि हम उनकी साहित्यिक साधना के इस आयाम को आज के विकसित अनुवाद विज्ञान के परिप्रेक्ष्य में उजागर करें।

साहित्येतर हिंदी अनुवाद विमर्श

स्वतंत्र भारत में भाषाप्रकार्य बहुत तेजी से बदले। प्रकार्यों के बदलने से भाषाविकास की सायास प्रक्रिया निर्धारित की गई। हिंदी के संदर्भ में यह प्रक्रिया अंग्रेज़ी भाषा और अनुवाद के माध्यम से संपन्न की गई जिसे बाद में समस्त भारतीय भाषाओं के लिए भी अपनाया गया। भाषाविकास के इस विशिष्ट प्रयोजनगत संदर्भ को आधुनिकीकरण की प्रक्रिया माना गया। इसके पीछे भारत की बहुभाषिक स्थिति और उसका भाषाई इतिहास भी विचारों के अथवा भाषानीति निर्धारण संबंधी सिद्धांतों के केंद्र में रहे। इस दृष्टि से ही भारतीय संविधान के अनुच्छेदों का गठन हुआ जो एक प्रकार से बहुभाषिक और बहुसांस्कृतिक भारत की भाषानीति का पहला चरण है। इस संवैधानिक मान्यता से हिंदी और भारतीय भाषाएँ बदलते भारतीय समाज की सामाजिक आवश्यकताओं की पूर्ति में सहायक बनीं। वास्तव में, यह भारतीय भाषाओं का वैधानीकरण था अर्थात राष्ट्रीय भाषाओं को राजकाज या कामकाज की भाषा के रूप में निर्मित और विकसित करना।

भारतीय संविधान के अनुच्छेद 343 के अनुसार 'संघ की राजभाषा हिंदी और लिपि देवनागरी होगी।' अनुच्छेद 346 के अनुसार '.... यदि दो या अधिक राज्य करार करते हैं कि ऐसे राज्यों के बीच में संचार के लिए राजभाषा हिंदी भाषा होगी तो ऐसे संचार के लिए वह भाषा प्रयोग की जा सकेगी।' जिस हिंदी की बात संविधान में उठाई गई है, उसकी प्रकृति क्या हो तथा उसके विकास के लिए संघ का कर्तव्य क्या होगा, इसका निर्देश संविधान के अनुच्छेद 351 में दिया गया है। यहाँ इस बात का जिक्र जरूरी है कि हिंदी को संघ की प्रमुख राजभाषा और अंग्रेज़ी को सहयोगी राजभाषा स्वीकार किया गया है, लेकिन इसके साथ ही संविधान में सभी भाषाओं की उन्नति और विकास को मूल अधिकार के रूप में भी मान्यता दी गयी है। इस प्रकार राजभाषा का परिप्रेक्ष्य भारत में साहित्येतर अनुवाद की पृष्ठभूमि तैयार कर देता है। संविधान में हिंदी तथा क्षेत्रीय भाषाओं की उन्नति और संवर्धन के परिणामस्वरूप ही राजभाषा आयोग का गठन हुआ, राजभाषा अधिनियम बनाए गए। वास्तव में, भाषाविकास का यह पूरा संवैधानिक आयाम ही भाषाओं के वैधानीकरण का संदर्भ है। एक प्रकार से यही भारत सरकार की भाषानीति का भी आधार है। इसका एक मात्र लक्ष्य यह है कि भारतीय भाषाओं को वह वैधानिक पद मिले जिससे कि वे ज्ञानविज्ञान के समस्त मान्य क्षेत्रें में अपना व्यवहार, प्रसार पा सकें। दूसरे शब्दों में इसे ही हम भाषानियोजन का एक अंग **पदनियोजन** कह सकते हैं। इसी लक्ष्य का व्यावहारिक प्रतिफलन भाषाओं का आधुनिकीकरण है जिसका तात्पर्य है कि

हमारी भाषाएँ इस तरह आधुनिकीकृत हों कि केवल कामकाज की प्रशासनिक भाषा के रूप में ही नहीं, बल्कि बैंक, व्यवसाय, विज्ञान और पत्रकारिता के विविध क्षेत्रों में भी इनके प्रकार्य बढ़ सकें, ये प्रयोजनीय बन सकें।

इस स्तर पर अर्थात आधुनिकीकरण के स्तर पर कोश संपदा, तकनीकी शब्दावली, अभिव्यक्ति आदि के स्तर पर विषयानुकूल भाषासमृद्धि इसका लक्ष्य रहा जिसे हम दूसरे शब्दों में अर्थात भाषानियोजन की दृष्टि से **सामग्री नियोजन** कह सकते हैं। इस पूरी प्रक्रिया को अभिव्यक्तिपरक संस्कृति से भाषा का प्रगतिपरक संस्कृति में रूपांतरित होना भी माना गया है। साहित्येतर अनुवाद ने भारत की भाषाओं के आधुनिकीकरण में सर्वाधिक योगदान दिया है, तभी हमारी भाषाएँ प्रगतिपरक संस्कृति से संबद्ध सभी व्यावहारिक क्षेत्रों (साहित्येर क्षेत्रों) में समर्थ संप्रेषण का माध्यम बन सकी हैं।

भाषा नियोजन के दोनों पक्षों अर्थात वैधानीकरण और आधुनिकीकरण ने भारतीय भाषाओं के संदर्भ में भाषानियोजन की संकल्पना को साकार करने की हर संभव कोशिश की। इस अथक प्रयास और विशेष दृष्टि ने ही केंद्र में राजभाषा विभाग का निर्माण किया, वैज्ञानिक एवं तकनीकी शब्दावली आयोग का गठन किया, केंद्रीय हिंदी निदेशालय की स्थापना की और केंद्रीय अनुवाद ब्यूरो को जन्म दिया। शब्दावली निर्माण के स्तर पर अनुवाद की प्रक्रिया ने नितांत सार्थक भूमिका निभाई। यह अनुवाद प्रयोगशील होने के साथ-साथ भाषाई रूढ़ियों से भी मुक्त था जिससे अनेक नए शब्द सामने आए, शब्दों के नए सहसंबंध बने और रूपरचना के स्तर पर भिन्न भाषाओं के तत्व एक दूसरे में सहयोजित हुए, विदेशी शब्दावली का हिंदीकरण हुआ। इस अनुवाद प्रक्रिया ने ही पहली बार यह सिद्ध किया कि भाषा-अवमिश्रण भाषाविकास की एक सहज और अनिवार्य प्रक्रिया है। यह प्रक्रिया साहित्यिक लेखन में भी भारतीय भाषा- परिवारों द्वारा स्वीकृत रही है। मध्यकाल और भारतेंदु युग का साहित्य इस बात का गवाह है कि आदान-प्रदान और भाषा अवमिश्रण हमारी भाषाओं के लिए कोई नई बात नहीं है। आज तो यह भी सत्य उजागर हो रहा है कि आर्यकुल की भाषाओं में द्रविड़ कुल की भाषाओं के और द्रविड़ कुल की भाषाओं में आर्यकुल की भाषाओं के लक्षण विद्यमान हैं। अनुवाद, व्यतिरेकी विश्लेषण (जो अनुवाद विश्लेषण का ही एक हिस्सा है) तथा मशीनी अनुवाद के माध्यम से यह सत्य अब जाहिर हो चुका है कि भारत की भिन्न भाषाएँ अपने भाषा परिवेश में एक प्रकार से उतनी भिन्न नहीं हैं जितनी कि हम मानते और समझते आ रहे थे।

शब्दावली के स्तर पर अनुवाद की भूमिका ने भाषा को प्रयोजनवती बनने में, कहा जाए कि समर्थ बनने में सहायता की और यह अनुवाद प्रक्रिया अत्यंत सफल भी हुई। इसकी कुछ सीमाओं की ओर भी संकेत किया गया है लेकिन निरंतर संशोधन और परिवर्धन के माध्यम से अथवा अनुवाद-समीक्षा की पद्धति को

अपनाकर इस तरह की कमियों को दूर किया जा सकता है, किया जा रहा है। सीमाएँ इस प्रकार हैं :-

1. अंग्रेज़ी के साथ हमारी द्विभाषिक स्थिति ने अंग्रेज़ी भाषा को आधुनिकीकृत भाषा का 'आदर्शरूप' माना।
2. इस 'आदर्शरूप' को पकड़ने के प्रयास में हमारी भाषाएँ कमजोर या कृत्रिम बनीं।
3. अनुवाद के माध्यम से गढ़ी गई अधिकांश पारिभाषिक शब्दावली भाषा प्रयोजन के लिए सहज नहीं है, कृत्रिम या अतिसंस्कृत-निष्ठ है।
4. मौलिक साहित्येतर लेखन न होने के कारण साहित्येतर पाठों के अनुवाद बोध अथवा संप्रेषण के स्तर पर जटिल प्रोक्ति की रचना करते हैं।
5. हमारी भाषाओं में साहित्येतर मौलिक सामग्री न होने से नई प्रयुक्तिपरक शैली निर्मित की गई जो जनभाषा से दूर रखकर बनाई गई।
6. साहित्येतर अनुवाद में सृजनात्मक प्रक्रिया की अवहेलना की गई।
7. भारतीय भाषाओं की प्रकृति अथवा उनकी आत्मीयता को पहचाने बिना उन्हें अंग्रेज़ी भाषा की छाया से भर दिया गया।
8. भाषाविकास की जिस स्वाभाविक प्रक्रिया से भारतीय भाषाएँ आगे बढ़ती रही हैं, उसके विपरीत एक ऐसा प्रक्रिया अपनाई गई जिसमें मूलभाषा पाठ (स्रोतभाषा) की तुलना में लक्ष्यभाषा को कम महत्व दिया गया जबकि आज अनुवाद में लक्ष्यभाषा का महत्व प्रथम स्थिति में स्वीकृत है।

भारत में प्रयोजनमूलक रूप में भारतीय भाषाओं के विकास में अनुवाद की भूमिका को नकारा नहीं जा सकता। इसमें संदेह नहीं है कि भारतीय भाषाओं में सृजनात्मक साहित्य की श्रेष्ठ परंपरा रही है और परस्पर अनुवाद द्वारा यह साहित्य एक से दूसरी भाषा में पहुँचता भी रहा है। हिंदी ने साहित्यिक अनुवाद के इस क्रिया कलाप में केंद्रीय भाषा की भूमिका भी बड़ी कुशलता से निभाई है। लेकिन आज के बदलते परिवेश, भाषाई दायित्वों और विकसित होते व्यवहार क्षेत्रों को देखते हुए यह कहा जा सकता है कि किसी भी भाषा में साहित्यसृजन बड़ी मात्र में क्यों न हो रहा हो, जीवन व्यवहार की भाषा बनकर ही वह अपना विकास पाती है अर्थात जीवन के हर क्षेत्र में प्रमुख होकर ही उसका विस्तार होता है। इस धरातल पर ही अनुवाद और हिंदी सहित भारतीय भाषाओं की अवस्था और स्थिति पर भी विचार किया जाना चाहिए। बहुत पीछे के अतीत की बात छोड़ भी दें, तो पिछले पचास साल से हिंदी राजभाषा है और भारतीय भाषाएँ अपने-अपने राज्यों की राजभाषाएँ हैं, लेकिन आज भी इन्हें अपने ही प्रयोगक्षेत्र में गौरवपूर्ण स्थान नहीं मिल सका है। हमें सोचना होगा कि इसका कारण क्या है ? दो कारण तो साफ दिखाई देते हैं। एक यह कि इनके प्रयोजनमूलक स्वरूप के विकास के प्रयत्न तो किए गए पर इनके प्रयोग की

अवहेलना की गई और यह अवहेलना इसके संस्कृतनिष्ठ होने, जटिल होने, अनुवाद की भाषा होने के आरोप लगाते हुए की गई और सरलीकरण की आवाज उठाई गई। दूसरे, भारतीय भाषाओं की डाँवाडोल मनोवृत्ति भी इसका कारण है क्योंकि हम आज भी अपनी ही भाषाओं की अभिव्यक्ति क्षमता, शब्दभंडार, प्रयोजनमूलकता, संप्रेषणीयता पर उंगली उठाने या आक्षेप करने में संकोच नहीं करते, वह भी अंग्रेज़ी के साथ तुलना करके। इन आक्षेपों के करारे जवाब दिए जा सकते हैं यदि हम अनुवाद, अनुवादनीयता और अनुवाद समीक्षा की सैद्धांतिक प्रणाली के आधार पर विभिन्न प्रयोग क्षेत्रों की हिंदी का स्वरूपगत विश्लेषण करें और तार्किक निष्कर्ष दें।

इसमें संदेह नहीं है कि स्वतंत्रता के बाद एक निश्चित निर्धारित अवधि में हमें अपनी भाषाओं के आधुनिकीकरण की प्रक्रिया संपन्न करनी थी। अवधि की बाध्यता हमारे सामने थी और मूलभाषा अंग्रेज़ी के सहारे अनुवाद के माध्यम से हम अपनी भाषाओं के प्रयोजनमूलक विस्तार में संलग्न हुए। लेकिन एक बात खटकती है कि पहले साधन जुटाकर फिर प्रयोग करने की नीति क्या उचित थी ? इसने हमारी भाषाओं के वास्तविक प्रवाह, उनकी प्रकृति और आत्मीयता को कहीं न कहीं जरूर खंडित किया। वजह यही दिखाई देती है कि हमने हिंदी का विकास अंग्रेज़ी की स्थानापन्न भाषा के रूप में किया और उसे अंग्रेज़ी का पिछलग्गू बना दिया। इन तात्कालिक कमियों को भी अब अनुवाद की विकसित सैद्धांतिकता के सहारे आसानी से दूर किया जा सकता है। एक बात यह भी ध्यान रखनी पड़ेगी कि भारतीय भाषाओं को प्रयोजनमूलक बनाने में अब अंग्रेज़ी की भूमिका को नकारना ठीक नहीं होगा, हम न तो प्रगतिचक्र को पीछे ढकेल सकते हैं और न ही आधुनिक ज्ञान को तत्काल प्रदान करने की शक्ति रखने वाली अंग्रेज़ी भाषा से लाभ उठाने के अवसर को गंवा सकते हैं।

अंग्रेज़ी के विरोध के स्थान पर हमें प्रयोजनमूलक हिंदी के तात्पर्य को व्यापकता देने का एकजुट प्रयास करना चाहिए। प्रयोजनमूलक हिंदी पर 1974 में केंद्रीय हिंदी संस्थान द्वारा दिल्ली में आयोजित संगोष्ठी के बाद भी, और उसके पहले से भी, हमने इस प्रयोजनमूलक भाषा को 'राजभाषा'—विशेषकर प्रशासनिक भाषा का पर्याय मान लिया। कुछ समय बाद बहुत हुआ तो प्रयुक्तियों के संदर्भ में बैंक या विज्ञान की बात कर ली गई। कमोबेश ऐसी ही स्थिति आज भी है। संचार माध्यमों, विज्ञापनों, बाज़ार, खेलकूद, फिल्म आदि अनेक क्षेत्रों की ओर हम उतनी गहराई से नहीं देख रहे हैं जितना कि हमें देखना चाहिए। हम संक्षिप्तियों, डबिंग, सबटाइटलिंग जैसी भाषा अंतरण की प्रमुख प्रक्रियाओं को भी जमकर अपने विचारों में नहीं समेट रहे हैं और न ही उन दिशाओं को जो पिछले कुछ वर्षों में ही मशीनी अनुवाद के माध्यम से खुली हैं जैसे प्राकृतिक भाषा संसाधन आदि। यदि हम प्रयोजनमूलक हिंदी के तात्पर्य को विकास नहीं देंगे और प्रयोग क्षेत्र तथा 'प्रयुक्ति' की सीमा से निकल

कर 'उपप्रयुक्तियों' के संदर्भ तक नहीं पहुँचेंगे, तो हम साहित्येतर अनुवाद की विस्तीर्ण भूमि को छू पाने में भी सफल नहीं हो सकेंगे।

यहाँ हमें साहित्येतर अनुवाद की दो अलग धाराओं या ध्रुवों की पहचान भी करनी होगी। एक ओर सरकारी स्तर पर किए गए कार्यालयीन, बैंकिंग, वैधानिक अनुवाद का स्वरूप है जो आरोपों के घेरे में भी है और ये आरोप वे ही लोग लगाते हैं जो न तो भारतीय भाषाओं में कामकाज करना चाहते हैं और न ही जिनकी रुचि भारतीय भाषाओं के विकास और कार्यान्वयन में है। दूसरी धारा गैर सरकारी संगठनों से संबंधित है। अखबार, पत्रिकाएँ, रेडियो, दूरदर्शन, वैज्ञानिक और तकनीकी संगठन, उद्योग, व्यवसाय जैसे अनेक क्षेत्र अपनी विविधता के साथ भाषा विकास का कार्य कर रहे हैं। इनमें से अधिकांश क्षेत्र जनसंपर्क के क्षेत्र हैं, इसलिए इनकी भाषा में अथवा इनके अनुवाद में तकनीकी और गैर तकनीकी भाषिक तत्वों का सही अनुपात में मिश्रण और संतुलन दिखाई देता है। प्रयोजनमूलक भाषा की तथ्यपरकता और सामान्य भाषा की सृजनात्मकता दोनों का इस्तेमाल करते हुए इन क्षेत्रों में हिंदी का विपुल विस्तार हमें दिखाई देता है। इन्हें निश्चित ही अब अनुवाद चिंतन के दायरे में लाने भी जरूरत है, और यदि संभव हो तो इन्हें ही, या इनमें से कुछ को, सरकारी स्तर पर किए गए अनुवादों के लिए आदर्श मानकर उनका संशोधन परिवर्धन किया जा सकता है।

आज अनुवाद या अनूदित कृति पर विचार करने वाली दो दृष्टियाँ हमारे सामने हैं–पाठपरक और प्रक्रियापरक। इन दोनों पर समग्र चिंतन भी हमें उपलब्ध है। दोनों के संदर्भ यदि लिए जाएँ, तो भारतीय भाषाओं की अक्षमता अथवा उनकी अव्यावहारिकता पर निराधार विचारों को चुनौती दी जा सकती है। पाठपरक अनुवाद पर विचार करने वाली दृष्टि जितनी उपयोगी साहित्यिक अनुवाद के लिए हो सकती है, उतनी ही या उससे भी ज्यादा साहित्येतर अनुवाद के क्षेत्र में इससे लाभ उठाया जा सकता है। यह दृष्टि अनुवाद पर कई गूढ़ दिशाएँ हमें प्रदान करती है जिनका सैद्धांतिक परिप्रेक्ष्य उपलब्ध है और इसका अनुप्रयोग करते हुए यह देखा जा सकता है कि अपने संदेश, बनावट और बुनावट में अनूदित कृति मूल पाठ के कितने निकट या कितनी दूर है, मूल रचना के संदेश को अनूदित पाठ किस सीमा तक संप्रेषित करने में सफल है और संरचनात्मक बनावट या शैलीगत बुनावट में अनुवाद मूल पाठ के शिल्पविधान (प्रोक्ति) के कितने निकट है। यही वे आधार हैं जो अनूदित पाठ की कमियों और उसकी उत्कृष्टता दोनों पर प्रामाणिक ढंग से प्रकाश डाल सकते हैं क्योंकि यह दृष्टि अनुवाद को एक बनी बनाई वस्तु के रूप में स्वीकार करती है।

प्रक्रियापरक अनुवाद की दृष्टि उन प्रसंगों पर केंद्रित होती है जिनका सामना अनुवाद करते समय अनुवादक को करना पड़ता है, अनुवादक की भूमिका बहुआयामी होती है–पाठक की, भाषा विश्लेषक की, विषय विशेषज्ञ की और द्विभाषी की।

इसीलिए अनुवादक की ये सारी क्षमताएँ या इनसे संबद्ध अक्षमताएँ अनुवाद की प्रक्रिया को प्रभावित करती हैं और अंततः इनका अच्छा या बुरा प्रभाव अनूदित पाठ में दिखाई देने लगता है। संभवतः इसीलिए अनुवाद को भाषा व्यापार की एक सृजनात्मक प्रक्रिया भी माना गया है। अतः हमारा यह मानते जाना भी भ्रमपूर्ण है कि अनुवाद की सृजनात्मक प्रक्रिया की आवश्यकता केवल साहित्यिक प्रकृति के पाठों तक ही सीमित है, साहित्येतर पाठों की अनुवाद प्रक्रिया में सृजनात्मकता का कोई दखल नहीं होता। इस भ्रम की वजह से ही साहित्येतर अनुवादों के जो पाठ हिंदी में हमें मिलते हैं, उनमें हिंदी भाषा की अपनी आत्मीयता, रंगत और प्रवाह का अभाव दिखाई देता है। इसीलिए हमें यह मानकर चलना होगा कि अनुवाद भाषा व्यापार की एक संश्लिष्ट प्रक्रिया भी है और इस प्रक्रिया का परिणाम भी। यह प्रक्रिया मूल पाठ पर अनुवादक की प्रतिक्रिया से शुरू होती है और अनूदित पाठ के शिल्प तक फैली होती है। अब हम इसीलिए अनूदित पाठ को मूल पाठ के 'समतुल्य' एक 'स्वायत्त' पाठ के रूप में भी देखने लगे हैं। यह उल्लेखनीय है कि अनूदित पाठ की 'स्वायत्तता' पर अभी भी हमें अनुवाद चिंतन पर उपलब्ध हिंदी सामग्री में चर्चा नहीं मिलती। यदि यह चर्चा हो तो हम कई प्रश्नों के उत्तर सहजता से पा और दे सकते हैं कि अगर अनुवाद मूल रचना से भिन्न है तो क्यों और मूल और अनूदित पाठ की प्रकृति में जो भेद हैं, उनके निहित कारण क्या हैं—संदेश की बाह्यता, भाषा की संरचना, शैलीय अंतर या प्रोक्ति रचना की पद्धति। हम यह भी देख सकते हैं कि प्रक्रियापरक दृष्टि अनुवाद प्रशिक्षण के लिए कितनी महत्त्वपूर्ण है क्योंकि यह अनुवादक को उसकी विभिन्न भूमिकाओं के प्रति सजग और समर्थ बनाने में सहायक होने के साथ ही अनुवाद की विभिन्न प्रक्रियाओं (चरणों) के महत्व और उन्हें साधने की विधि पर भी प्रकाश डालती है। इतना ही नहीं, इसका उपयोग मशीनी अनुवाद में भी सार्थक ढंग से किया जा सकता है क्योंकि इसके माध्यम से हम अनुवाद व्यापार के चरणों और भिन्न चरणों पर पाए जाने वाले भाषाई विकल्पों का निर्धारण कर सकते हैं और कंप्यूटर को इसकी सूचना दे सकते हैं ताकि वह किसी संदर्भ में सटीक विकल्प चुन सके और आसानी से उसे वर्गीकृत रूप में अपनी 'स्मृति' में सहेज सके।

प्रक्रिया का यह पक्ष साहित्येतर विषयों में वैसे तो पाठ के सभी स्तरों पर उपादेय हो सकता है लेकिन इसका सर्वाधिक लाभ पारिभाषिक शब्दावली के संदर्भ में उठाया जा सकता है क्योंकि हिंदी पर जितने भी आरोप जटिलता और क्लिष्टता को लेकर लगाए जाते रहे हैं, उनकी उदाहरण सामग्री हिंदी के पारिभाषिक शब्द ही रहे हैं। अकारण लगाए जाने वाले इस आरोप के पीछे भी अल्पज्ञान ही मूल कारण है। अनुवाद प्रक्रिया और भाषा विस्तार (आधुनिकीकरण) की प्रक्रिया को साथ-साथ न देख पाने से समस्याएँ उठीं। जब भी हम साहित्येतर अनुवाद की बात करते हैं

तो हमें दो क्षेत्रों पर दृष्टिपात करना चाहिए—पारिभाषिक शब्दावली का विस्तार और नई भाषिक प्रयुक्तियों का विकास। इसमें दो राय नहीं है कि आधुनिक चिंतन के संदर्भ में शब्दसंपदा के विस्तार का अर्थ दुहरा होता है। एक—नए पारिभाषिक शब्द विकसित होते हैं। दो-नई भाषा शैली गठित होती है। इन दोनों के लिए हिंदी के संदर्भ में सहज शब्द निर्माण की प्रक्रिया भी अपनाई गई है और नियोजित शब्द निर्माण की भी। संभवतः इसीलिए पारिभाषिक शब्दावली के अनेक प्रकारों की चर्चा भी अनेक विद्वानों ने की है जिन्हें अनुवाद केंद्रित हिंदी पुस्तकों में देखा जा सकता है। इन सबने प्रयोग और संदर्भ के आधार पर पूर्णपारिभाषिक और अर्धपारिभाषिक शब्दावली पर विचार किया है, संकेतन व्यापार के आधार पर नामावली और संकल्पनात्मक शब्दों की चर्चा की है, अर्थ संप्रेषण के आधार पर पारदर्शी और अपारदर्शी पारिभाषिक शब्दों की श्रेणियां निर्मित की हैं और विधाविशेष के आधार पर भी भिन्न स्रोतों, परंपरागत माध्यमों और जन बोलियों से लिए गए शब्दों की पारिभाषिकता पर विवेचनात्मक दृष्टि डाली है और यह माना है कि हिंदी की पारिभाषिक शब्दावली 'एकात्मक' नहीं है क्योंकि एक ही अर्थ को अभिव्यक्त करने के लिए यहाँ तत्सम, तद्भव और आगत शब्दों का स्वतंत्र या आवश्यकतानुसार संकरित प्रयोग किया गया है। यह भी देखना चाहिए कि आधुनिकता की जरूरतों और भाषा पर पड़नेवाले दबावों से उसकी शब्द संपदा में निरंतर वृद्धि होती है, विशेष रूप से पारिभाषिक शब्दावली की संपदा, नए नए क्षेत्रों की नई नई शब्दावली, हमारे सामने आती रहती है, मात्र सरकारी प्रयत्नों से नहीं बल्कि अन्य जनसंबद्ध माध्यमों और क्षेत्रों से भी। इसमें संदेह नहीं है कि पारिभाषिक शब्दावलियों के प्रयोग में अर्थात इनके संयोग से निर्मित वाक्यावली की भाषाशैली कैसी हो, और संप्रेषण की कौन सी दिशा अनुवादक चुने, इस पर भी छिटपुट विचार आज हमारे सामने हैं। इनसे आँखें मूंद कर कोई भी सार्थक बहस नहीं की जा सकती। पक्षधरता का तात्पर्य हठधर्मिता कदापि नहीं होता और हठधर्मिता तभी उपजती है, जब शास्त्रीय अथवा वैज्ञानिक चिंतन से दूर होकर भावात्मक फतवे जारी किए जाते हैं ; और भाषा इसका सबसे सुगम क्षेत्र है। इस हठधर्मिता और नासमझी के मूल में वह मूलनिष्ठ हो गई धारणा है जो साहित्यिक और साहित्येतर अनुवाद की भिन्नता को समझ पाने में असमर्थ है।

पिछले चार दशकों में 'अनुवाद' ने एक आधुनिक शास्त्र (मॉडर्न डिसिप्लिन) के रूप में अपनी पहचान बनाई है। इस पहचान ने अनुवाद को मात्र साहित्य-केंद्रित मानने वाली धारणा को काफी कुछ बदल दिया है। अनुवाद की प्रक्रिया और अनूदित पाठ की प्रकृति पर इस बीच मात्र साहित्यकारों ने नहीं बल्कि भाषा वैज्ञानिकों, सूचना सैद्धांतिकों, तर्कशास्त्रियों और अर्थशास्त्रियों (semanticists) जैसे विभिन्न ज्ञानक्षेत्र के लोगों ने विचार प्रारंभ किया। इन अंतर्विद्यावर्ती (Interdisciplinary) सपर्क के

विकास के साथ ही अनुवाद सामग्री के रूप में 'साहित्य' से इतर अनेक प्रकार की विविध सामग्री को महत्व देने और इनके अनुवाद कार्य को गंभीरता से देखने की दृष्टि उपजी। इस तरह साहित्येतर पाठ की अनुवाद प्रणाली और प्रक्रिया पर, साहित्यिक अनुवाद की प्रचलित प्रणाली और प्रक्रिया से भिन्न स्तर पर बातचीत शुरू हुई।

साहित्येतर पाठ के अनुवाद की ओर आकर्षित इस दृष्टिकोण ने उसे सामाजिक उपादेयता (social needs) के संदर्भ में भी पारिभाषित किया और उपनिवेशवादी शासन व्यवस्था से मुक्त हुए विकासशील राष्ट्रों की भाषाई समस्या और उनकी जरूरतों के मद्देनजर भी। उसने अनेक विषयों के अनुवाद को उपभोक्ता सापेक्ष (consumer oriented) सामाजिक अनिवार्यता के रूप में मान्यता दी। पाठभेद की स्वीकार्यता ने अब पाठ को भाषावैज्ञानिक और शैलीवैज्ञानिक अभिलक्षणों के आधार पर देखना शुरू किया और अनुवाद को अनुप्रयुक्त भाषाविज्ञान (applied linguistics) का एक अंग मानते हुए उसकी प्रक्रिया में व्यतिरेकी विश्लेषण (contrastive analysis) और शैलीविज्ञान के आधार की अनिवार्यता सिद्ध की।

याले विश्वविद्यालय की एक अनुवाद विषयक गोष्ठी (1971) में रॉबर्ट एडंस ने कहा था कि 'अब अनुवाद जैसे ज्ञान क्षेत्र को साहित्यिक सामग्री तक सीमित नहीं रखा जा सकता। साहित्येतर विषयों के इतने क्षेत्र और विश्व संपर्क के इतने मार्ग आज खुल गए हैं कि नित नई संकल्पनाएँ, नए विचार, नया ज्ञान अलग अलग भाषाओं में प्रवाहित होने लगा है। हमारी जरूरतें भी बदली हैं और बदला है हमारा समाजार्थिक ढाँचा। अतः आज अगर साहित्यिक अनुवाद की अपेक्षा साहित्येतर अनुवाद को महत्व मिल रहा है तो यह चिंता करने का नहीं, संतोष व्यक्त करने और प्रसन्न होने का समय है।'

स्वतंत्रता के बाद भारत भी अनेक परिवर्तनों से गुजरा। नई सामाजिक, शैक्षिक, आर्थिक और औद्योगिक चुनौतियों के साथ-साथ स्वभाषाओं के विकास की चुनौतियाँ भी राष्ट्र के सामने खड़ी हुई। अतः इस बहुभाषिक देश की जरूरतें भी साहित्येतर अनुवाद की ओर झुकीं। संघ की राजभाषा की संवैधानिक मान्यता प्राप्त करने के कारण हिंदी भाषा के दायित्व अन्य भाषाओं की तुलना में अधिक उभरे। एक लंबी अवधि तक भारत की प्रशासनिक भाषा रही अंग्रेज़ी को भी आधुनिक भारत के आर्थिक-औद्योगिक विकास के लिए जरूरी माना गया और अखिल भारतीय संपर्क भाषा (राजभाषा) हिंदी और भारतीय भाषाओं के बीच भी कामकाजी संपर्क के अवसर बने। ऐसे में अखिल भारतीय स्तर पर कामकाज की भाषा के रूप में हिंदी के विकास में 'अनुवाद' एक अनिवार्यता बन कर उभरा। भारत में यहीं से साहित्येतर अनुवाद की बहुआयामी दिशाएँ खुलनी शुरू हुईं। यह एक चुनौती थी, प्रारंभ में जिसका सामना शब्दावली आयोग (बोर्ड) और केंद्रीय अनुवाद ब्यूरो का गठन करके किया गया। इन दोनों ने अंग्रेज़ी (स्रोत भाषा) और हिंदी (लक्ष्य भाषा) अनुवाद के

आधार पर प्रयोजनमूलक हिंदी के विविध वर्गों (प्रयुक्तियों) के निर्माण और विकास का कार्य किया। ऐसा ही कार्य विधि मंत्रालय और भारतीय रिजर्व बैंक ने भी क्रमशः कानूनी हिंदी और बैंकिंग/व्यावसायिक हिंदी के रूप निर्माण के लिए किया।

इन वर्षों में अनुवाद की सैद्धांतिक पीठिका में भी कई आयाम जुड़ चुके थे जिन्होंने इन अनुवादों की सीमाओं को देखने की पद्धति भी हमें प्रदान की और शब्दावली के मानकीकरण, एकरूपता, उपयुक्तता, विषयानुकूलता और अनूद्यता जैसे प्रश्नों तथा अनूदित पाठों की जटिलता, अंग्रेज़ी मूल पाठ के अनपेक्षित प्रभावों और प्रोक्ति के स्तर पर अनूदित पाठ की सहजता/प्रवाह पर भी लक्ष्य भाषा हिंदी पाठ के संदर्भ में विचार होने लगा।

इसी प्रक्रिया और दृष्टि के अनुसार स्वतंत्र भारत में प्रयोजनमूलक हिंदी के प्रकार्य और प्रयोगक्षेत्र (domains) निर्धारित होन लगे। पत्रकारिता, संचार माध्यम, व्यवसाय जगत, विज्ञान-तकनीक आदि अनेक दिशाएँ खुलने लगीं जिन्होंने समय की चुनौती को स्वीकार करते हुए अनुवाद के सहारे उन विषयों के लिए हिंदी गढ़ी, बनाई और प्रचलित की जिनकी संकल्पना से भी हिंदी भाषा अनजान थी। ये उसके लिए बाह्य जगत के विषय थे जैसे क्रिकेट, टेनिस, बैडमिंटन, फिल्म, शेयर बाज़ार आदि। हिंदी के इस रचाव में अनुवाद की भूमिका केंद्रीय रही।

अनुवाद की चर्चा अनुवाद के विभिन्न प्रकारों के बिना अब नहीं की जा सकती। प्रकार भी अपने परंपरागत अर्थ में (शब्दानुवाद, छायानुवाद, भावानुवाद) न लेकर भिन्न आयामों और पैरामीटरों की दृष्टि से देखने होंगे जिनमें माध्यम, प्रक्रिया और पाठ अनुवाद के प्रकार और उनके प्रतिफलन को सिद्ध कर सकते हैं। यह माना गया है (हैरिस) कि प्राकृतिक अनुवाद किसी भी द्विभाषिक द्वारा दैनंदिन परिस्थितियों में किया जाता है। इसके लिए उन्हें किसी विशेष प्रशिक्षण की आवश्यकता नही होती। लेकिन प्राकृतिक अनुवाद का दूसरा पक्ष अनुवादक से सावधानी की और एक निश्चित पद्धति अपनाने की माँग करता है। पहली माँग यह होती है कि अनुवाद से जुड़ी प्रक्रियाओं को समझने की अंतर्दृष्टि उसमें हो और दूसरी यह कि वह अपने अनुवाद में आगत तत्वों का अंगीकरण करके उन्हें लक्ष्यभाषा की भाषिक इकाइयों का अंग बना दे, उन्हें आत्मसात कर ले। हिंदी में ऐसा प्राकृतिक अनुवादक के रूप में हिंदी भाषा समुदाय का प्रत्येक सदस्य करता भी है। ध्वनि परिवर्तन के साथ अंग्रेज़ी शब्दों का अंगीकरण करता है जैसे भोट, अनवरसीटी, इसकूल आदि, नामिक क्रियाओं में अंग्रेज़ी शब्दों को स्थान देता है जैसे लोड करना, पंक्चर लगाना, शेव करना आदि। इसी दृष्टि से अनुवादक की भाषिक क्षमता पर विचार किया गया है। बिना भाषाविद् हुए भी मातृभाषाभाषी धाराप्रवाह अपनी भाषा बोलते हैं और हर प्रकार के भाव का संप्रेषण कर लेते हैं। इसी तरह बिना अनुवाद सिद्धांत की जानकारी के कोई भी द्विभाषी एक भाषा में व्यक्त विचारों को दूसरी भाषा में अंतरित कर लेता

है। पहली स्थिति को हम भाषाई क्षमता कहते हैं जो एकभाषी के पास होती है और कोडीकरण तथा विकोडीकरण के माध्यम से वह रूपांतरण की प्रक्रिया से जुड़ा रहता है। दूसरे, अंतरण की क्षमता भी भाषाई होती है लेकिन दो भाषाओं में–भाषा$_1$ और भाषा$_2$ में, और सीमित अनुवाद क्षमता होती है, यह किसी भी द्विभाषी में देखी जा सकती है। लेकिन वास्तविक अनुवाद की दृष्टि से तिहरी क्षमता (ट्रिपल कांपीटेंस) की अपेक्षा की जाती है–भाषा$_1$ और भाषा$_2$ में भाषाई क्षमता, भाषा$_1$ से भाषा$_2$ या भाषा$_2$ से भाषा$_1$ में अनुवाद करने की क्षमता और तीसरी क्षमता दुहरी या दो दिशाओं वाली होती है जिसमें किसी विषय या क्षेत्रविशेष के पाठ का उसकी पारिभाषिकता और प्रयोजनीय भाषा स्वरूप की दृष्टि से वह अनुवाद कर सके। संभवतः इसीलिए दो भाषाओं के बीच किए जा रहे अनुवाद की निश्चित प्रक्रिया निर्मित की गई (नाइडा)–विश्लेषण, अंतरण और पुनर्गठन। इन तीनों प्रक्रियाओं के स्तर पर अनुवादक को तीन प्रकार्य पूरे करने होते हैं–ग्रहीता का प्रकार्य (विश्लेषण के स्तर पर), रूपांतरणकार का प्रकार्य (अंतरण के स्तर पर) और पुनरुत्पादक का प्रकार्य (पुनर्गठन के स्तर पर)। अनुवाद में इन सभी प्रकार्यों, प्रक्रियाओं और स्तरों पर प्राकृतिक अनुवाद से बहुत कुछ लिया गया है। प्राकृतिक अनुवादक का मूल लक्ष्य कम से कम प्रयत्न द्वारा सूचना को अंतरित करना होता है। इसके लिए वह लक्ष्यभाषा की उन भाषिक इकाइयों का सहारा लेता है जो उसे आसानी से उपलब्ध हैं और जिन्हें वह पहले से ही अच्छी तरह पहचानता, जानता और समझता है। वह इतना करके ही संतुष्ट हो जाता है, बहुत से विकल्प ढूँढ़ने की कोशिश नहीं करता। यह दृष्टि किसी भी अनुवादक को अपनानी चाहिए। तभी अनुवाद में सहजता आ सकती है। प्राकृतिक अनुवादक संदर्भ और रूप के स्तर पर सटीक समतुल्यों की खोज पर भी बहुत ध्यान नहीं देता, उसका लक्ष्य होता है वह प्रेषणपरक पक्ष जिससे कि उसकी दूसरी भाषा में कही गई बात आसानी से संप्रेषित हो सके। वह इसीलिए संप्रेषण को और जिनके लिए संदेश है (उपभोक्ता) उनको अधिक महत्व देता है। प्राकृतिक अनुवाद की इस संप्रेषणीयता पर आधारित दृष्टि को भी आज देखने की जरूरत है।

यह बार-बार कहा जा चुका है कि अपनी आंतरिक प्रकृति में कोई भी भाषा अक्षम या अपूर्ण नहीं होती और न ही व्यवहार में वह अविकसित या असांस्कृतिक होती हैं–अक्षम या अविकसित होते हैं उनके प्रयोक्ता। भाषा को यदि उसका उचित दाय और प्रयोग के सामाजिक संदर्भ दिए जाएँ तो वह सामाजिक अपेक्षाओं के अनुरूप निखरकर ऊपर उठ जाएगी। यह भी स्पष्ट हो चुका है कि भाषाविकास की अपनी शक्ति का स्रोत भाषाप्रयोक्ता के प्रयोजन और प्रयोग के भीतर निहित होता है। प्रयोजन और प्रयोग का यही संदर्भ साहित्येतर हिंदी का संदर्भ है। निश्चित ही,

इसमें अनुवाद की भूमिका प्रधान है इसलिए अनुवाद पर गंभीरता से विचार जरूरी होगा। यह तो मानकर चलना होगा कि इस कार्य में प्रयोजनीय भाषा, व्यवहार क्षेत्र, पाठ के साथ ही अनुवादक का रो़ल भी कम महत्त्वपूर्ण नहीं है। जब तक अनुवादक में भाषा की प्रकृति और उसमें अंतर्निहित शैलीय अथवा वाग्मितापरक शक्ति को पहचानने और अनुभव करने की शक्ति न होगी तब तक वह सृजनात्मक अनुवाद (लक्ष्य भाषा की मौलिकता और प्रवाह को सुरक्षित रखते हुए साहित्येतर अनुवाद) नहीं कर सकता। अपनी इस कमजोर स्थिति में वह स्रोत भाषा की प्रकृति और उसकी शैलीय शक्ति का अंधानुकरण करते हुए 'शाब्दिक अनुवाद' की ओर प्रवृत्त होता है जो उसके लिए सुविधाजनक है। अतः यदि आगे हमें अनुवाद की सार्थकता को सिद्ध करना है तो अनूदित पाठ को मौलिकता देनी होगी और विभिन्न साहित्येतर क्षेत्रों में अथवा अनूदित पाठ सामग्री के विषयों पर अपनी भाषाओं में मौलिक सामग्री भी पैदा करनी होगी।

अनुवाद-समीक्षा और मूल्यांकन : साहित्येतर पाठ का संदर्भ

भारतीय भाषाओं के प्रकार्य (फंक्शंस) स्वतंत्र भारत में बहुत तेज़ी से बदले हैं। प्रकार्यों के बदलने से भाषा विकास (लैंग्वेज़ डेवलेपमेंट) के प्रकार निर्धारित किए गए। हिंदी भाषा के संदर्भ में यह प्रक्रिया अंग्रेज़ी भाषा और अनुवाद के माध्यम से संपन्न की गई जिसे बाद में समस्त भारतीय भाषाओं (प्रांतीय राजभाषाओं) के लिए भी अपनाया गया। भाषा विकास के इस विशिष्ट प्रयोजनगत संदर्भ को आधुनिकीकरण की प्रक्रिया (प्रॉसेस ऑफ मॉडर्नाइज़ेशन) माना गया। इसके पीछे भारत की बहुभाषिक स्थिति और उसका भाषाई इतिहास भी विचारों के, अथवा भाषा नीति निर्धारण संबंधी सिद्धांतों के केंद्र में रहे। इस दृष्टि से ही भारतीय संविधान के राजभाषा संबंधी अनुच्छेदों का गठन हुआ जो एक प्रकार से बहुभाषिक और बहुसांस्कृतिक भारत की भाषानीति (लैंग्वेज पालिसी) का पहला चरण है। इस संवैधानिक मान्यता से हिंदी और भारतीय भाषाएँ बदलते भारतीय समाज की सामाजिक आवश्यकताओं की पूर्ति में सहायक बनीं। वास्तव में, यह भारतीय भाषाओं का वैधानीकरण था—अर्थात राष्ट्रीय भाषाओं को राजकाज या कामकाज की भाषा के रूप में निर्मित और विकसित करना। स्वभाषाओं के प्रयोजनमूलक स्वरूप के विकास की चुनौती का सामना करने में साहित्येतर अनुवाद की भूमिका प्रमुख रही।

स्वतंत्रता के बाद भारत भी अनेक परिवर्तनों से गुज़रा। नई सामाजिक, शैक्षिक, आर्थिक और औद्योगिक चुनौतियों के साथ-साथ स्वभाषाओं के विकास की चुनौतियाँ भी राष्ट्र के सामने खड़ी हुईं। अतः इस बहुभाषिक देश की ज़रूरतें भी साहित्येतर अनुवाद की ओर झुकीं। इस झुकाव के परिणामस्वरूप ही स्वतंत्र भारत

में प्रयोजनमूलक हिंदी के प्रकार्य और प्रयोग क्षेत्र (डोमेन्स) निर्धारित होने लगे। पत्रकारिता, संचार माध्यम, व्यवसाय जगत, विज्ञान-तकनीक आदि अनेक दिशाएँ खुलने लगीं जिन्होंने समय की चुनौती को स्वीकार करते हुए अनुवाद के सहारे उन विषयों/कार्यक्षेत्रों के लिए हिंदी गढ़ी, बनाई और प्रचलित की जिनकी संकल्पना से भी हिंदी भाषा (भारतीय भाषाएँ) अनजान थी।

मैलोन (1988) की पुस्तक 'द साइंस ऑफ लिंग्विस्टिक्स इन द आर्ट ऑफ ट्रांसलेशन' न केवल शुद्ध भाषाविज्ञान की चर्चा करती है बल्कि अनुवाद के परिप्रेक्ष्य में सैद्धांतिक और अनुप्रयुक्त भाषाविज्ञान (उसकी भिन्न शाखाएें) की भूमिकाएँ भी निर्धारित करती है जिनके आधार पर अनुवाद चिंतन और अनुवाद समीक्षा तथा मूल्यांकन को सही रास्ता मिला है। इसी प्रकार बिग्यूनेट और शूल्टे (1989) की पुस्तक द क्राफ्ट ऑफ ट्रांसलेशन अनुवाद को एक शिल्प की तरह देखते हुए उसके स्वरूप को भाषावैज्ञानिक चिंतन से जोड़कर एक वैज्ञानिक आधार देती है। अनुवाद चिंतन के इस बदलते पैराडाइम की परख करने के बाद ही प्रो. सुरेश कुमार ने अनुवाद समीक्षा और मूल्यांकन में इनके अनुप्रयोग पर बल देते हुए लिखा है–अनुवाद विज्ञान विभिन्न आयामों पर विकसित हो रहा है। आज उसके सिद्धांतों के अनुप्रयोग की आवश्यकता बढ़ गई है। अनुवाद चिंतन का अनुप्रयुक्त पक्ष समाज भाषाविज्ञान, शैलीविज्ञान और अर्थविज्ञान से गहरे संबद्ध होता गया है। अनुवाद की इस व्यापकता को 'अनूदित पाठ' के संदर्भ में रेखांकित करने की आज महती आवश्यकता है। इस आवश्यकता का एक महत्त्वपूर्ण धरातल उन्होंने अनुवाद परीक्षण और मूल्यांकन को मानते हुए इस धरातल की सैद्धांतिक पीठिका इन शब्दों में निर्मित की है–"यहाँ (अनुवाद समीक्षा और मूल्यांकन में) पाठ केंद्र में होता है–मूल पाठ भी और अनूदित पाठ भी। यह पाठ साहित्यिक भी हो सकता है और साहित्येतर भी। अतः इन दोनों के अनूदित पाठों के परीक्षण की प्रक्रिया और प्रविधि में अनिवार्यतः भेद होगा। अनुवाद परीक्षण (समीक्षा) में अनूदित पाठ की गुणवत्ता का मापन (क्वांटिफिकेशन) वांछनीय होता है और मूल्यांकन भी।" और इसकी उपादेयता पर उनकी टिप्पणी है–मूल के आधार पर अनूदित पाठ का परीक्षण, लक्ष्य भाषा पाठ के माध्यम से अच्छे और आदर्श अनुवाद की संभावनाएँ प्रस्तुत करता है।

अनुवाद समीक्षा और मूल्यांकन के संदर्भ में प्रो. सुरेश कुमार द्वारा प्रदत्त निम्नलिखित बिंदु उनकी उपरोक्त सैद्धांतिक पीठिका को व्यावहारिक प्रारूप प्रदान करते हैं :

1. अनुवाद परीक्षण और मूल्यांकन में लक्ष्य भाषा में प्रस्तुत पाठ का केंद्रीय महत्व होता है क्योंकि इसके आधार पर अनूदित पाठ की विशेषता और सीमा दोनों का पता चलता है।
2. परीक्षण में यह देखना महत्त्वपूर्ण होता है कि किसी पाठ/रचना/कृति का

अनुवाद करने के कारण और उद्देश्य क्या हैं ? इसमें अनुवादक की पसंद अभिप्रेरक तत्व है या पाठ का अनुभव जगत भी ? ऐसे अनुवादों की पहचान भी अनुवाद समीक्षा द्वारा प्रदत्त औज़ार (टूल्स) आसानी से कर सकते हैं।

3. अनुवादक व्यक्ति है या मशीन, अनुवाद आपाधापी में किया गया है या स्थिर मानसिक स्थिति में, ये धरातल भी अनुवाद समीक्षा की परिधि बनते हैं।
4. समीक्षा में तुलना का पक्ष अंतर्निहित होता है अतः समतुल्यता की संकल्पना भी महत्त्वपूर्ण है। कोई भी अनुवाद मूल के निकट तो पहुँचता ही है। अनूदित पाठ की सफलता या विफलता का अनुपात देखा जाए तो यह प्रमाणित हो सकता है कि सफलता की दर विफलता से अधिक होती है। अनुवाद समीक्षा में सफलता की दर का मूल्यांकन केंद्र में रहना चाहिए।
5. पाठ निर्माण और रचना में शैली का चयन और विचलन महत्त्वपूर्ण होता है। चयन भाषा वैविध्य को दर्शाता है। जब अनूदित पाठ में मूल के अनुरूप सटीक चयन नहीं हो पाता तब अनुवाद शैली की बात आती है। यह भी कहा जा सकता है कि जब चयन सटीक नहीं होता तो अनूदित पाठ के संदर्भ में हम उसे विचलन कह सकते हैं। इन दोनों का संकेत हमें भाषा प्रयोग (लैंग्वेज यूज़) में स्पष्ट दिखाई देता है। अतः अनुवाद समीक्षा में इसे साधना अभिप्रेत है।
6. अनूदित पाठ की संप्रेषणीयता को सकारात्मक बनाने का प्रयास भी अनुवाद परीक्षण और मूल्यांकन का एक लक्ष्य है। अनूदित पाठ ने मूल पाठ का भाव ग्रहण कितनी मात्र में किया है और लक्ष्य भाषा में उस भाव को किस भाषिक संरचना में ढाल कर प्रस्तुत किया है, यह भी अनुवाद समीक्षा का एक प्रबल आधार बन चुका है।
7. एक ही पाठ के एकाधिक अनुवादों को केंद्र में रख कर उनकी बोधगम्यता, शुद्धता और निष्पादन का आकलन भी अनुवाद समीक्षा का महत्त्वपूर्ण धरातल है।

अनुवाद समीक्षा में निहित ये समस्त बिंदु अनुवाद के व्यावहारिक पक्ष को उपयोगी बना सकते हैं और यह सिद्ध कर सकते हैं कि अनुवाद समीक्षा संप्रेषण सिद्धांत का महत्त्वपूर्ण अंग है जिसमें वाक्य, अर्थ और संदर्भ आधार का कार्य करते हैं। इन बिंदुओं तथा इनकी पृष्ठभूमि में निहित प्रकार्यात्मकता को अब हम साहित्येतर पाठ (अंग्रेज़ी-हिंदी) के अनुवाद के परिप्रेक्ष्य में देखते हुए साहित्येतर अनुवाद और हिंदी भाषा पर विस्तृत चर्चा करेंगे तथा साहित्येतर अनूदित पाठ परीक्षण के कुछ मुद्दों पर बहस करेंगे।

(i) पारिभाषिक शब्दावली की अनुवाद समीक्षा :

भाषा नियोजन (लैंग्वेज प्लानिंग) के दोनों पक्षों अर्थात वैधानीकरण और आधुनिकीकरण में भारतीय भाषाओं के संदर्भ में पद नियोजन (स्टेटस प्लानिंग) और सामग्री नियोजन (कार्पस प्लानिंग) को साकार करने की हर संभव कोशिश की। पद नियोजन का कार्य संविधान सभा ने किया। सामग्री नियोजन का लक्ष्य कोश संपदा और तकनीकी शब्दावली के स्तर पर विषयानुकूल भाषा समृद्धि रहा। शब्दावली निर्माण के स्तर पर अनुवाद की प्रक्रिया ने नितांत सार्थक भूमिका निभाई। यह अनुवाद प्रयोगशील होने के साथ-साथ भाषाई रूढ़ियों से भी मुक्त था जिससे अनेक नए शब्द सामने आए शब्दों के नए संबंध बने और रूप रचना के स्तर पर भिन्न भाषाओं के तत्व एक दूसरे में सहयोजित हुए, विदेशी शब्दावली का हिंदीकरण हुआ। इस अनुवाद प्रक्रिया ने ही पहली बार यह सिद्ध किया कि भाषा अवमिश्रण भाषा विकास की एक सहज और अनिवार्य प्रक्रिया है। इसी व्यापक दृष्टिकोण को अपनाते हुए शब्दावली के स्तर पर अनुवाद की भूमिका ने भाषा (हिंदी) को प्रयोजनवती बनाने में, कहा जाय कि समर्थ बनाने में सहायता की। और यह अनुवाद प्रक्रिया अत्यंत सफल भी हुई। इसकी कुछ सीमाओं की ओर भी संकेत किया गया है। अनुवाद समीक्षा की पद्धति को अपनाकर इन कमियों को दूर किया जा सकता है तथा निराधार आरोपों को खारिज किया जा सकता है। सीमाएँ इस प्रकार हैं :

1. अनुवाद के माध्यम से गढ़ी गई अधिकांश पारिभाषिक शब्दावली भाषा प्रयोजन के लिए सहज नहीं है, कृत्रिम या अति संस्कृतनिष्ठ है।
2. साहित्येतर अनुवाद में सृजनात्मक प्रक्रिया की अवहेलना की गई है।
3. भारतीय भाषाओं की प्रकृति अथवा उनकी आत्मीयता को पहचाने बिना उन्हें अंग्रेज़ी भाषा की छाया से भर दिया गया है।
4. भाषा विकास की जिस स्वाभाविक प्रक्रिया से भारतीय भाषाएँ आगे बढ़ती रहती हैं, उसके विपरीत एक ऐसी प्रक्रिया अपनाई गई जिसमें मूलभाषा (स्रोत भाषा) की तुलना में लक्ष्यभाषा को कम महत्व दिया गया जबकि आज अनुवाद में लक्ष्यभाषा का महत्व प्रथम स्थिति में स्वीकृत है।

(ii) अभिव्यक्ति क्षमता की दृष्टि से अनुवाद समीक्षा :

आज के बदलते भाषाई परिवेश, भाषाई दायित्वों और विकसित होते व्यवहार क्षेत्रों को देखते हुए यह कहा जा सकता है कि किसी भी भाषा में साहित्य सृजन बड़ी मात्रा में क्यों न हो रहा हो, जीवन व्यवहार की भाषा बनकर ही वह अपना विकास पाती है, अर्थात जीवन के हर क्षेत्र में प्रयुक्त हो कर ही उसका विस्तार होता है। साठ साल से हिंदी राजभाषा है और भारतीय भाषाएँ अपने अपने राज्यों की राजभाषाएँ है, लेकिन आज तक इन्हें अपने ही प्रयोग क्षेत्र में गौरवपूर्ण स्थान नहीं

मिल सका है। हमें सोचना होगा कि इस कारण क्या है। दो कारण तो साफ दिखाई देते हैं। एक यह कि इनके प्रयोजन मूलक स्वरूप के विकास के प्रयत्न तो किए गए पर इनके प्रयोग की अवहेलना की गई और यह अवहेलना इसके संस्कृतिनिष्ठ होने, जटिल होने, अनुवाद की भाषा होने के आरोप लगाते हुए की गई और सरलीकरण की आवाज़ उठाई गई। दूसरे, भारतीय भाषा-भाषियों की डाँवाडोल मनःस्थिति भी इसका कारण है क्योंकि हम आज भी अपनी ही भाषाओं की अभिव्यक्ति क्षमता, प्रयोजनमूलकता और संप्रेषणीयता पर उंगली उठाने या आक्षेप करने में संकोच नहीं करते, वह भी अंग्रेज़ी के साथ इनकी तुलना करके। इन आक्षेपों के करारे जवाब दिए जा सकते हैं यदि हम अनुवाद, अनुवादनीयता और अनुवाद समीक्षा की सैद्धांतिक प्रणाली के अनुप्रयोग द्वारा विभिन्न प्रयोग क्षेत्रों की हिंदी का स्वरूपगत विश्लेषण करें और तार्किक निष्कर्ष दें।

(iii) अंग्रेज़ी प्रभाव की अनुवाद समीक्षा :

इसमें संदेह नहीं कि स्वतंत्रता के बाद एक निश्चित निर्धारित अवधि में हमें अपनी भाषाओं के आधुनिकीकरण की प्रक्रिया संपन्न करनी थी। अवधि की बाध्यता हमारे सामने थी अतः मूल भाषा अंग्रेज़ी के सहारे अनुवाद के माध्यम से हम अपनी भाषाओं के प्रयोजनमूलक विस्तार के कार्य में संलग्न हुए। इस अनुवाद आश्रित भाषा-आधुनिकीकरण की प्रक्रिया ने हमारी भाषाओं के वास्तविक प्रवाह, उनकी प्रकृति और आत्मीयता को कहीं न कहीं ज़रूर खंडित किया। इन तात्कालिक कमियों को भी अब अनुवाद की विकसित सैद्धांतिकता के सहारे, अर्थात अनुवाद समीक्षा और अनुवाद मूल्यांकन की प्रणाली का उपयोग करते हुए आसानी से पहचाना और दूर किया जा सकता है।

(iv) साहित्येतर अनुवाद की दो दिशाएँ और अनुवाद समीक्षा :

साहित्येतर अनुवाद की दो अलग-अलग धाराएँ आज हमारे सम्मुख हैं। एक ओर सरकारी स्तर पर किए गए कार्यालयीन, बैंकिंग, विधिक अनुवाद का स्वरूप जो आरोपों के घेरे में है। यह बात और है कि इस तरह के आरोप वे ही लोग लगाते हैं जो न तो भारतीय भाषाओं में कामकाज करना चाहते हैं और न ही जिनकी रुचि भारतीय भाषाओं के विकास और कार्यान्वयन में है। दूसरी धारा गैर-सरकारी संगठन से संबंधित है। अखबार, पत्रिकाएँ, टी.वी., उद्योग, व्यवसाय जैसे अनेक क्षेत्र भाषाई विविधता का सर्जनात्मक प्रयोग करते हुए भाषा विकास का कार्य कर रहे हैं। इनमें से अधिकांश जन-संपर्क के क्षेत्र हैं, इसलिए इनकी भाषा में अथवा इनके अनुवाद में भी तकनीकी और गैर-तकनीकी भाषिक तत्वों का सही अनुपात में मिश्रण और

संतुलन दिखाई देता है। प्रयोजनमूलक भाषा की तथ्यपरकता और सामान्य भाषा की सृजनात्मकता दोनों का इस्तेमाल करते हुए इन क्षेत्रों में हिंदी का विपुल विस्तार हमें दिखाई देता है। इन दोनों धाराओं के अनुवाद को अनुवाद समीक्षा के सहारे तुलनात्मक ढंग से देखते हुए तथा सरकारी स्तर पर किए गए अनुवादों में सृजनात्मकता की कमी को पहचानते हुए उन्हें संशोधित और परिवर्धित किया जा सकता है।

(v) साहित्येतर अनुवाद समीक्षा (पाठ परक)

अनुवाद पर विचार करने वाली दृष्टि जितनी उपयोगी साहित्यिक अनुवाद के लिए मानी गई है, उतना ही या उससे भी ज़्यादा साहित्येतर अनुवाद के क्षेत्र में इससे लाभ उठाया जा सकता है। यह दृष्टि पाठ-केंद्रित अनुवाद को देखने की कई गूढ़ दिशाएँ हमें प्रदान करती है जिनका सैद्धांतिक परिप्रेक्ष्य भी आधुनिक चिंतन में अपनी पूरी वैज्ञानिकता के साथ उपलब्ध है। इनका अनुप्रयोग (अनुवाद समीक्षा/मूल्यांकन) करते हुए यह देखा जा सकता है कि अपने संदेश, बनावट और बुनावट में अनूदित पाठ, मूल पाठ के कितने निकट या उससे कितनी दूर है। मूल पाठ के संदेश को अनूदित पाठ किस सीमा तक संप्रेषित कर पाने में सफल हो सका है। संरचनात्मक बनावट या शैलीगत बुनावट में अनुवाद मूल पाठ के शिल्प विधान (प्रोक्ति) के कितने निकट है। यही वे आधार हैं जो साहित्येतर अनूदित पाठ की कमियों और उसकी उत्कृष्टता दोनों पर प्रामाणिक ढंग से प्रकाश डाल सकते हैं।

(vi) साहित्येतर अनुवाद समीक्षा (प्रक्रिया परक)

प्रक्रिया परक अनुवाद की दृष्टि उन प्रसंगों पर केंद्रित होती है जिनका सामना अनुवाद करते समय अनुवादक को करना पड़ता है। यह माना गया है कि अनुवादक की भूमिका बहुआयामी होती है—पाठक की, भाषा विश्लेषक की, विषय विशेषज्ञ की और द्विभाषी की। इसीलिए अनुवादक की ये सारी क्षमताएँ या इनसे संबद्ध अक्षमताएँ अनुवाद की प्रक्रिया को प्रभावित करती हैं और अंततः इनका अच्छा या बुरा प्रभाव अनूदित पाठ में दिखाई देने लगता है। संभवतः इसीलिए अनुवाद को भाषा व्यापार की एक सृजनात्मक प्रक्रिया भी माना गया है। अतः हमारा यह मानते जाना भ्रमपूर्ण है कि अनुवाद की सृजनात्मक प्रकिया की आवश्यकता केवल साहित्यिक प्रकृति के पाठों तक ही सीमित है, साहित्येतर पाठों की अनुवाद प्रक्रिया में सृजनात्मकता का कोई दखल नहीं होता। इस भ्रम की वजह से ही साहित्येतर अनुवादों के जो पाठ हिंदी में हमें मिलते हैं, उनमें हिंदी भाषा की अपनी आत्मीयता, रंगत और प्रवाह का अभाव दिखाई देता है। अतः हमें अब यह मानकर चलना होगा कि अनुवाद प्रक्रिया मूल पाठ पर अनुवाद की प्रतिक्रिया से शुरू होती है और अनूदित

पाठ के शिल्प तक फैली होती है। अब हम इसीलिए अनूदित पाठ को मूल पाठ के समतुल्य एक स्वायत्त पाठ के रूप में भी देखने लगे हैं। अनुवाद समीक्षा में इस पक्ष को उभारते हुए हम कई प्रश्नों के उत्तर सहजता से पा और दे सकते हैं कि अगर अनुवाद मूल पाठ से भिन्न है तो क्यों तथा मूल और अनूदित पाठ की प्रकृति में जो भेद हैं, उनके निहित कारण क्या हैं—संदेश की बाह्यता, भाषा की संरचना, शैलीय अंतर या प्रोक्ति रचना की पद्धति। अनुवाद समीक्षा का यह पक्ष साहित्येतर विषयों में वैसे तो पाठ के सभी स्तरों पर उपादेय हो सकता है लेकिन इसका सर्वाधिक लाभ पारिभाषिक शब्दावली के संदर्भ में उठाया जा सकता है क्योंकि साहित्येतर हिंदी पर जितने भी आरोप जटिलता और क्लिष्टता को लेकर लगाए जाते रहे हैं वे अधिकतर शब्दावली पर ही केंद्रित हैं। इसमें दो राय नहीं है कि आधुनिक भाषा-चिंतन के संदर्भ में शब्द संपदा के विस्तार होते हैं, दो—नई भाषा शैली गठित होती है। इन दोनों के लिए हिंदी में सहज शब्द निर्माण की प्रक्रिया भी है, जिनकी ओर अनुवाद समीक्षा के माध्यम से भ्रमित लोगों का ध्यान आकृष्ट किया जा सकता है। संभवतः इसीलिए पारिभाषिक शब्दावली के अनेक प्रकारों की चर्चा भी विद्वानों ने की है। इन सबने प्रयोग और संदर्भ के आधार पर पूर्ण पारिभाषिक और अर्धपारिभाषिक शब्दावली पर विचार किया है, संकेतन व्यापार के आधार पर नामावली और संकल्पनात्मक शब्दों की चर्चा की है, अर्थ संप्रेषण के आधार पर पारदर्शी और विधा विशेष के आधार पर भिन्न स्रोतों, परंपरागत माध्यमों और जन बोलियों से लिए गए शब्दों की पारिभाषिकता पर विवेचनात्मक दृष्टि डाली है। इन सभी विद्वानों ने यह माना है कि हिंदी की पारिभाषिक शब्दावली एकात्मक नहीं है क्योंकि एक ही अर्थ को अभिव्यक्त करने के लिए यहाँ तत्सम, तद्भव और आगत शब्दों का स्वतंत्र या आवश्यकतानुसार संकरित प्रयोग हमें मिलता है। शब्दों के ये बहु-स्तरीय रूप अनुवाद समीक्षा और मूल्यांकन के लिए आधार बन सकते हैं। इतना ही नहीं, पारिभाषिक शब्दावलियों के प्रयोग अर्थात इनके संयोग से निर्मित वाक्यावली की भाषा कैसी है, और वाक्यों में इन शब्दों के प्रयोग से अर्थ संप्रेषण की कौन-सी दिशा अनुवादक ने चुनी है, जैसे प्रश्नों पर भी अनुवाद समीक्षा के माध्यम से डाटा बेस्ड निष्कर्ष दिए जा सकते हैं।

(vii) संप्रेषण और अनुवाद समीक्षा

अनुवाद संप्रेषण की द्विभाषिक क्रिया है जिसका लक्ष्य है—भाषा$_1$ में कही गई बात को भाषा$_2$ के माध्यम से सहज संप्रेषणीयता अभिव्यक्ति में रूपांतरित करना। इसीलिए आधुनिक अनुवाद चिंतन संदेश, संदेश के संप्रेषण और संदेश जिनके लिए है (उपभोक्ता), इन तीनों को सर्वाधिक महत्व देता है। अनुवाद समीक्षा में अनूदित पाठ की संप्रेषणीयता पर आधारित इस दृष्टि को भी आज उजागर करने की ज़रूरत है। इस आधार पर ही अनूदित पाठ की संप्रेषणीयता के अनुपात की जाँच की जा

सकती है।

साहित्येतर हिंदी पाठों की संप्रेषणीयता, स्वीकार्यता और विषयानुकूलता सर्वाधिक महत्त्वपूर्ण मुद्दे हैं। इन तीनों ही संदर्भों में हिंदी भाषा की अनुवाद आश्रितता की सीमा अनुवाद समीक्षा का अहं घटक बन सकती है। हिंदी भाषा की गतिमान और लचीली प्रकृति की तुलना अंग्रेज़ी भाषा की ठस और औपचारिक शैली से करते हुए हिंदी भाषा की शक्ति और सामर्थ्य को भी अनुवाद समीक्षा के माध्यम से प्रमाणित किया जा सकता है। संचार-माध्यमों में ही नहीं, बैंकों तथा पब्लिक सेक्टर के कई कार्यालयों और सरकारी, उपसरकारी तथा गैर सरकारी विज्ञापनों में हमें हिंदी भाषा का मौलिक प्रयोग भी अब बहुतायत से दिखाई देने लगा है। हिंदी के मौलिक पाठ और उसी क्षेत्र या संदर्भ में हिंदी के अनूदित पाठों की तुलनात्मक समीक्षा मौलिक भाषा तथा अनूदित भाषा के बीच की भाषिक सीमाओं-विशेषताओं और उनके कारणों पर भी व्यापक प्रकाश डाल सकती है। हिंदी के संदर्भ में साहित्येतर पाठ अनुवाद समीक्षा और मूल्यांकन का प्रमुख अध्ययन क्षेत्र बनना चाहिए। स्वतंत्रता के बाद अनुवाद के सहारे ढली-बनी साहित्येतर हिंदी का वैज्ञानिक ढंग से पुनरावलोकन करने की इससे बेहतर प्रविधि हमें नहीं मिल सकती। जितनी जल्दी हम इस ओर प्रवृत्त हों, उतना ही शुभ होगा, हिंदी ही नहीं, समस्त भारतीय भाषाओं के लिए भी।

अनुवाद व्यवसाय

अनुवाद एक क्रिया है। दो भाषाओं के तुलनात्मक और व्यतिरेकी विश्लेषण के माध्यम से यह क्रिया संपन्न होती है। दो भाषाओं, दो संस्कृतियों और विषयक्षेत्र की जानकारी के साथ ही अनुवादक से भाषावैज्ञानिक ज्ञान की अपेक्षा भी अब सर्वोपरि मानी जा रही है। आधुनिक युग में अनुवाद विशेषज्ञता और कौशल का पर्याय बनता जा रहा है। इसका कारण यह है कि अनुवाद सामाजिक संप्रेषण और प्रयोक्ता सापेक्ष बनता चला जा रहा है। जैसे-जैसे समाज का व्यापक वर्ग अनूदित पाठ का जाने-जनजाने उपभोक्ता बनता है, वैसे-वैसे अनुवाद की 'मंतव्य केंद्रित' दृष्टि अभिव्यक्ति की सटीकता, प्रभावशीलता और लक्ष्यभाषा की सृजनात्मक शक्ति पर केंद्रित होने लगती है।

एक ओर हमारे सामने अनुवाद क्रिया का परंपरागत रूप है जिसके ढाँचे में सिमटा हुआ साहित्यिक और साहित्येतर दोनों प्रकार का पाठ अनूदित हो रहा है। यह अनुवाद प्रक्रिया न तो अनुवादक से किसी प्रशिक्षण की अपेक्षा रखती है, न ही सूक्ष्म भाषाविज्ञान (माइक्रो लिंग्विस्टिक्स) के ज्ञान की और न ही अद्यतन अनुवाद सिद्धांतों के परिचय की। दो भाषाओं की जानकारी ही यहाँ अनुवादक के लिए पर्याप्त मानी जाती रही है। इस स्तर पर अनुवाद व्यक्तिगत कार्य के रूप में किया जाता रहा है और आज भी किया जाता है। साहित्यिक रचनाओं के अनुवाद में भी और

सरकारी स्तर पर राजभाषा के क्षेत्र से संबंधित (विशेष रूप से, प्रशासन, बैंक, विधि आदि में) अनुवाद की प्रक्रिया को समझे बिना स्रोतभाषा के पीछे चलते हुए, लक्ष्यभाषा में बनावटी पाठ रूपांतरित होते देखे जा सकते हैं जिनकी सीमाओं और समस्याओं पर सतही ढंग से बहस भी जारी है कि लक्ष्यभाषा में स्रोतभाषा के समतुल्य शब्द उपलब्ध हैं कि नहीं, या दोनों भाषाओं में कौन सी भाषिक इकाइयाँ अथवा व्याकरणिक संरचनाएँ समस्याएँ उत्पन्न करती हैं। यह उल्लेखनीय है कि अनुवाद-चिंतन से रहित इस अनुवाद कार्य में लक्ष्यभाषा के महत्व पर भी ध्यान नहीं दिया जाता। स्रोतभाषा पाठ की प्रमुखता ही यहाँ अनुकरणीय बनती है जबकि आधुनिक अनुवाद-चिंतन यह मानता है कि अनुवादक की दक्षता लक्ष्यभाषा में, उसके शैलीगत, प्रकार्यगत और अभिव्यंजनात्मक रूपों की समस्त विशेषताओं से युक्त होनी चाहिए। ऐसा न होने से अनूदित पाठ टूटा हुआ, उखड़ा हुआ और लक्ष्यभाषा की प्रकृति से दूर जाता हुआ दिखाई देने लगता है। हमें यह स्वीकारना होगा कि अनुवाद कार्य को सही प्रक्रिया में ढालकर ही संप्रेषणीय और स्वीकृत प्रारूप (अनूदित पाठ) में अंतरित किया जा सकता है। अनूदित पाठ का अपठनीय और कृत्रिम होना इसी बात को दर्शाता है कि कई क्षेत्रों में हम आज भी अनुवाद के सामाजिक दायित्वों को उतनी गंभीरता से नहीं ले पाए हैं, जितना कि हमें लेना चाहिए था।

अनुवाद एक सामाजिक कार्य है अतः उसके विस्तार को बाधित नहीं किया जा सकता। जो लोग अनुवाद के माध्यम से एक निश्चित लक्ष्य और लाभ प्राप्त करना चाहते हैं और प्रसार की दृष्टि से अनुवाद को उपकरण बनाना चाहते हैं वे इसकी शक्ति और सामर्थ्य के विषय में अधिक जागरूक हैं। प्रकाशन संस्थाएँ, जनसंचार के प्रिंट और इलेक्ट्रानिक माध्यम, बड़ी उत्पादक संस्थाएँ आदि अनुवाद की सामाजिक भूमिका को पहचान चुके हैं। वे यह जानते हैं कि राष्ट्रीय विकास देशी भाषाओं के विकास से ही संभव है और भाषा विकास की अधिकतम प्रणालियाँ अनुवाद शास्त्र के पास हैं। वे यह भी जानते हैं कि आर्थिक, औद्योगिक और व्यावसायिक विकास में जनसहभागिता आवश्यक है जिसका निर्माण जनभाषाओं (मातृभाषाओं) के माध्यम से ही संभव हो सकता है। वे इस बात के प्रति भी सचेत हैं कि जन संप्रेषण में जिस भाषारूप को आधार बनाया जाए, वह जन-प्रचलित भाषारूपों के सहारे ही बनना चाहिए और यदि इस भाषारूप को अनुवाद के द्वारा सिद्ध किया जा रहा हो तो अनुवाद प्रक्रिया को अधिक से अधिक सर्जनात्मक बनाने की जरूरत होगी, अर्थात स्वतंत्रता के बाद उपस्थित ऐसे कई क्षेत्र आज हमारे सामने हैं जो अनुवाद में लक्ष्यभाषा के महत्व, अनूदित पाठ के उपभोक्ता की भाषाई स्थिति तथा सर्जनात्मकता की विधियों को महत्व देते हुए अनुवाद को स्वाभाविक, स्वीकार्य, सुबोध और शक्तिशाली माध्यम के रूप में सामने लाने का प्रयत्न कर रहे हैं।

इनमें से अधिकांश क्षेत्र व्यावसायिक हैं अर्थात अनुवाद कार्य उनके लिए

व्यवसाय को विकसित करने का माध्यम होता है। इसमें वे सफलता तभी पाते हैं जब वे जनभाषाओं के निकट जाएँ। उनके लिए मातृभाषाओं के निकट जाना कोई संवैधानिक मजबूरी नहीं है और न ही वे राजभाषा नियमों के क्रियान्वयन के लिए बाध्य हैं। यह उनकी व्यावसायिक जरूरत है क्योंकि उनके व्यवसाय पर जनभाषाओं का दबाव बराबर बना रहता है। इसलिए अपनी अधिकांश व्यावसायिक गतिविधियों में वे अंग्रेज़ी के साथ हिंदी और भारतीय भाषाओं को उनके स्वाभाविक रूप में ले आते हैं और इस प्रकार उपभोक्ता से सीधा संपर्क साधते हैं। ऐसी स्थिति में अधिकांशतः अंग्रेज़ी मूलभाषा होती है और भारतीय भाषाएँ लक्ष्यभाषा। विज्ञापन, बाज़ार समाचार, शेयर बाज़ार की ख़बरें, नए उत्पादों की जानकारी और व्यवसाय जगत की हलचलों से संबंधित पाठ निश्चित ही पहले अंग्रेज़ी में तैयार किए जाते हैं और फिर उन्हें भारतीय भाषाओं में अनूदित करके बड़े उपभोक्ता समुदाय तक पहुँचाया जाता है। यह स्थिति एक सीमा तक पहले से चली आ रही है लेकिन पिछले कुछ वर्षों में व्यवसाय जगत में बहुराष्ट्रीय कंपनियों के आगमन से इसमें तेजी आई है। यहीं से अनुवाद भी एक व्यवसाय के रूप में उभरता दिखाई देने लगता है। व्यापक व्यवसाय क्षेत्र में और भारत की बहुभाषिक स्थिति में कोई एक व्यक्ति या कुछ लोगों का समूह व्यवसाय जगत की अपेक्षाओं और भाषा समुदायों की आकांक्षाओं के अनुरूप विभिन्न भारतीय भाषाओं में अनूदित पाठ तैयार नहीं कर सकता। इसके लिए पिछले कुछ ही वर्षों में व्यावसायिक (प्रोफेशनल) कंसल्टेंसीज़ सामने आई हैं जो इस कार्य को पूरी दक्षता के साथ कर रही हैं।

अनुवाद का व्यवसाय के रूप में प्रारंभिक विकास साहित्यिक अनुवाद से ही संबंधित है। यह प्रक्रिया अमेरिका और यूरोप में बहुत तेजी से विकसित हुई। इनका लोकप्रिय साहित्य (पॉपुलर सीरीज़) यदि मूल भाषा में लाखों लोगों तक पहुँचता अर्थात उसकी बिक्री बढ़ती तो उसका अनुवाद अन्य भाषाओं में तुरंत करके उसकी मार्केटिंग की जाती। इसी तरह अब हिंदी में भी लोकप्रिय साहित्य अनूदित होकर आने लगा है। तस्लीमा नसरीन, विक्रम सेठ, खुशवंत सिंह, शोभा डे, कमला दास, अरुंधती राय आदि अनेक लेखकों की लोकप्रिय कृतियाँ हिंदी में आईं और अच्छा व्यवसाय किया। प्रकाशन जगत में पत्र-पत्रिकाओं के द्विभाषी और बहुभाषी संस्करण निकालने की परंपरा के पीछे भी निहित कारण व्यावसायिक हैं। इंद्रजाल कॉमिक्स, स्टार कॉमिक्स, चंदामामा और इंडिया टुडे अंग्रेज़ी के साथ-साथ एकाधिक भारतीय भाषाओं में प्रकाशित किए जाते हैं। अंग्रेज़ी और हिंदी में समानांतर प्रकाशित होने वाली पत्र-पत्रिकाओं की संख्या बहुत बड़ी है—ब्लिट्ज़ (अंग्रेज़ी-हिंदी), रीडर्स डाइजेस्ट-सर्वोत्तम, टाइम्स ऑफ इंडिया-नवभारत टाइम्स, हिंदुस्तान टाइम्स-दैनिक हिंदुस्तान, इंडियन एक्सप्रेस-जनसत्ता (सभी अंग्रेज़ी-हिंदी)। ऐसी ही स्थिति अंग्रेज़ी और अन्य भारतीय भाषाओं की भी है जहाँ एक ही प्रकाशन समूह दोनों भाषाओं की

पत्रकारिता से जुड़ा है। हिंदी और भारतीय भाषाओं में भी संबद्ध राज्यों से अखबार प्रकाशित होते हैं, विशेष रूप से उन राज्यों से जिन्होंने हिंदी को अपने राज्य की सहराजभाषा के रूप में मान्यता दी है और जिनमें हिंदी पढ़ने-समझने वालों की संख्या अधिक है जैसे पंजाब, महाराष्ट्र, गुजरात, बंगाल आदि। प्रकाशन जगत की इस व्यावसायिकता को सरकारी प्रकाशन संस्थाएँ भी पर्याप्त ढंग से प्रोत्साहित कर रही हैं। नेशनल बुक ट्रस्ट, केंद्रीय साहित्य अकादमी और भारत सरकार का प्रकाशन विभाग जैसे संगठन भारतीय भाषाओं से हिंदी में अनुवाद करने का महत्त्वपूर्ण कार्य कर रहे हैं। हिंदी को अनुवाद की केंद्रीय भाषा के रूप में स्थापित करने और भारतीय भाषा साहित्य को उसकी क्षेत्रीय परिधि से निकालकर राष्ट्रीय स्तर पर अथवा अखिल भारतीय स्तर पर स्थापित करने में इनका योगदान उल्लेखनीय है।

प्रकाशन और पत्रकारिता के साथ ही अनुवाद की व्यावसायिकता को बढ़ावा देने वाला और उसे बहुआयामी बनाने वाला क्षेत्र इलेक्ट्रॉनिक मीडिया का है जिसने पिछले कुछ वर्षों में ही न केवल संपर्क भाषा के रूप में हिंदी की स्वीकार्यता और लोकप्रियता में वृद्धि की है, बल्कि अनुवाद के ऐसे विविध क्षेत्र और स्वरूप हमारे सामने रखे हैं जिनसे भारत की भाषाएँ तो एक दूसरे के निकट आई ही हैं विश्व की अनेक भाषाएँ भी अनुवाद की स्रोतभाषा के रूप में अपनी जगह बनाने लगी हैं। इस बात को टेलीविज़न के कार्यक्रमों के संदर्भ में रेखांकित किया जा सकता है। इसका सर्वाधिक विस्तृत क्षेत्र विज्ञापन का है। विज्ञापन की भाषा अनुवाद-आश्रित होते हुए भी सृजनात्मक स्तर पर सर्वश्रेष्ठ है। एक समय प्रसिद्ध भाषा-वैज्ञानिक लीच ने अंग्रेज़ी विज्ञापनों की भाषा पर एक पुस्तक लिखी थी। हिंदी विज्ञापनों की भाषा पर डॉ. सुरेशकुमार ने भी अंग्रेज़ी में एक पुस्तक लिखी (हिंदी इन एडवरटाइजिंग) जिसे देखने से यह स्पष्ट होता है कि हिंदी विज्ञापनों की भाषा विज्ञापित वस्तु की प्रकृति के अनुसार अपने को ढालती है। यह भी पता चलता है कि हिंदी भाषा के शैलीगत भेदों को विज्ञापन बड़े ही सटीक प्रयोगों में बाँधकर रखते हैं। यह भी देखा जा सकता है कि संकर शब्दरचना और वाक्यगत कोड मिश्रण के संतुलित विधान द्वारा विज्ञापन की हिंदी कैसे दर्शक-उपभोक्ता की जबान पर चढ़ जाती है और यह भी कि अंग्रेज़ी से अनूदित हिंदी विज्ञापनों की कितनी सर्जनात्मक कोटियाँ हैं तथा वे कितनी तरह से वाग्मितापरक उपकरणों (रेहटरिक डिवाइसेज़) का प्रयोग करती हैं। टेलीविज़न पर प्रसारित हिंदी विज्ञापन अब यह भी सिद्ध कर रहे हैं कि उपभोक्ता वर्ग का बड़ा प्रतिशत अपनी भाषा के प्रति आकर्षित होता है और यह भी कि अंग्रेज़ी विज्ञापनों के माध्यम से दैनंदिन उपयोग की सामान्य वस्तुओं का सामान्य उपभोक्ता तक पहुँचना संभव नहीं है। यह भी सिद्ध हुआ है कि मात्र अंग्रेज़ी में प्रसारित होने वाले विज्ञापन उन्हीं वस्तुओं तक सीमित कर दिए गए हैं जिनकी खपत अभिजात्य और धनाढ्य वर्ग के उपभोक्ताओं में होती है जैसे कार, आफ्टरशेव, परफ्यूम और

फैशनेबुल कपड़े आदि।

टेलीविज़न कार्यक्रमों की प्रकृति भी पिछले कुछ वर्षों में बहुभाषिक बनी है। कई कथा-शृंखलाएँ एकाधिक भारतीय भाषाओं में प्रदर्शित की जाती हैं। रामायण, महाभारत, जय हनुमान, द स्वोर्ड ऑफ टीपू सुल्तान, जुनून और शक्तिमान जैसी कई शृंखलाएँ हिंदी के साथ-साथ भारतीय भाषाओं में भी दिखाई जाती रही हैं। यह संभावना अनुवाद के ही एक महत्त्वपूर्ण स्वरूप 'डबिंग' से खुली है। यह अनुवाद व्यवसाय का भी बड़ा क्षेत्र है। अनेक ऐसे विदेशी भाषाओं में तैयार किए गए कार्यक्रम भी हिंदी और भारतीय भाषाओं में अनूदित होकर आने लगे हैं जिनका मूल उद्देश्य अपने उत्पादों को प्रचारित करना है जिनमें 'टेली ब्रांड' और 'एशियन स्काई शॉप' प्रमुख हैं। अब तो पूर्ण रूप से अंग्रेज़ी में दक्ष दर्शक के लिए निर्मित 'डिस्कवरी, नेशनल जियोग्राफिक और फॉक्स हिस्ट्री चैनल' भी हिंदी में प्रसारित किया जा रहा है। इसका तात्पर्य यह है कि इन कार्यक्रमों के निर्माता हिंदी भाषी दर्शक के महत्व को तो पहचान ही रहे हैं, यह भी समझ रहे हैं कि हर प्रकार के उच्चतम ज्ञान-विज्ञान को सरलतम ढंग से हिंदी के माध्यम से भी दर्शकों तक पहुँचाया जा सकता है। इस कार्यक्रम का हिंदी रूपांतरण हिंदी भाषा की शक्ति और सामर्थ्य का स्वतः एक प्रमाण बन चुका है। अन्य कार्यक्रमों में भी, तथा समाचार चैनलों पर भी, 'डबिंग' की प्रक्रिया अपनाई जा रही है। 'सब-टाइटलिंग' की प्रक्रिया भी समाचारों में तथा मनोरंजन-कार्यक्रमों में, विशेष रूप से विदेशी फिल्मों के साथ, अपनाई जा रही है। यह कार्य बड़े पैमाने पर हो रहा है और निरंतर किया जा रहा है। इस कार्य की स्तरीयता और संप्रेषणीयता ही उनके लोकप्रिय होने का मापदंड हैं इसलिए इन्हें भी अधिकतर प्राइवेट कंसल्टेंसीज़ के माध्यम से ही कराया जाता है। इस प्रकार का अनुवाद कार्य एक बड़े व्यवसाय का रूप धारण कर चुका है।

फिल्में पहले से ही व्यवसाय और जनसंचार का सशक्त माध्यम रही हैं। यह भी माना जाता है कि फिल्मों की हिंदी संपर्क भाषा हिंदी का आदर्श रूप है और फिल्मों ने ही संपर्क भाषा के रूप में अखिल भारतीय स्तर पर हिंदी को लोकप्रिय बनाने का कार्य किया है। भारत सरकार का फिल्म प्रभाग काफी पहले से न्यूज़रील और वृत्तचित्रों (डॉक्यूमेंटरीज़) को विभिन्न भारतीय भाषाओं में तैयार करता था। यहाँ भी 'डबिंग' का सहारा लिया जाता था। लेकिन आज यह प्रक्रिया विस्तृत हो गई है। अंग्रेज़ी की लोकप्रिय फिल्में आज किसी भी भारतीय भाषा में देखी जा सकती हैं। जेम्स बांड की कई फिल्में, जुरासिक पार्क, टाइटेनिक आदि कई भारतीय भाषाओं में भी पेश की गईं। भारतीय भाषाओं की फिल्में हिंदी में 'पुनर्निर्मित' की जाती थीं, आज ये फिल्में एक साथ दो-तीन भाषाओं में प्रदर्शित कर दी जाती हैं—रोजा, बांबे जैसी फिल्में मूलतः तमिल भाषा में बनीं और फिर लोकप्रियता के बाद उन्हें हिंदी और तेलुगु में भी प्रदर्शित किया गया। यह प्रक्रिया आज भी जारी है। वैश्वीकरण ने फिल्मों

के बाज़ार को विकसित किया है। फिल्म मेले, फिल्म फैस्टिवल विश्व के विभिन्न स्थलों पर आयोजित किए जाते हैं जिनमें विश्व की लगभग सभी भाषाओं की फिल्में प्रदर्शित की जाती हैं। इनमें 'सबटाइटलिंग' की प्रक्रिया अपनाई जाती है। इस स्तर पर विश्व की भिन्न भाषाओं के बीच अनुवाद की संभावनाएँ प्रबल हुई हैं। पिछले कुछ वर्षों में हिंदी फिल्मों का अंतरराष्ट्रीय बाज़ार भी व्यापक हुआ है। इस बाज़ार के कारण हिंदी फिल्मों की कहानी, निर्माण तकनीक, संगीत आदि सभी स्तरों पर परिवर्तन आया है। पूरी दुनिया में इनका प्रदर्शन भी 'सबटाइटल' लगाकर ही संभव होता है।

व्यवसाय के रूप में अनुवाद को अन्य कई गतिविधियों ने भी प्रोत्साहित किया है। व्यापार जगत में बहुराष्ट्रीय कंपनियों के आने से प्रतिस्पर्द्धा कई गुना बढ़ी है। इनके विपणन की रणनीति भी बहुत तेजी से बदली है। यही कारण है कि आज इनके उत्पादों की विज्ञापन सामग्री लंबे समय तक एक ही नहीं रहती और न ही इनके 'मॉडल'। कई उत्पाद कंपनियाँ प्रतियोगिता और संगीत के लाइव शो प्रायोजित करती हैं। इनकी प्रचार सामग्री प्रिंट और इलेक्ट्रॉनिक मीडिया के द्वारा अलग-अलग भाषाओं में तैयार की जाती है। ऐसे कार्यक्रमों का संचालन भी अब द्विभाषी होने लगा है। हिंदी को व्यवसाय की प्रमुख भाषा के रूप में मान्यता मिल चुकी है और हिंदी में अनुवाद की ये दिशाएँ ज़ोरदार ढंग से व्यावसायिक बनने की ओर अग्रसर हैं।

एक प्रकार से देखा जाए तो अनुवाद के साथ प्रोफेशनलिज़्म अनिवार्य बनता जा रहा है। वह दिन दूर नहीं जब अनुवाद संबंधी ये सारी गतिविधियाँ एक ही सूत्र से संचालित होंगी और तब अनुवाद एक स्वतंत्र उद्योग के रूप में भी अपनी पहचान निर्मित करेगा। अनुवाद के साथ संबद्ध व्यावसायिकता सरकारी स्तर पर भी एक भिन्न रूप में स्थित है। यह जरूर है कि सरकारी तंत्र होने के कारण इस अनुवाद कार्य को उस रूप में प्रचारित नहीं किया गया, या कहें कि इनकी मार्केटिंग नहीं की गई कि इन्हें विस्तृत बाज़ार मिल सकता। शब्दावली आयोग के अनेक द्विभाषी कोश, केंद्रीय हिंदी निदेशालय के त्रिभाषा कोश, संसदीय कार्य मंत्रालय की विपुल सामग्री और राजभाष विभाग के प्रकाशन अनुवाद के आधार पर ही तैयार हुए हैं और इनके निर्माण में विषय-विशेषज्ञों तथा भाषाविदों का योगदान रहा है। इस सामग्री का मूल्य भी सामान्य रखा गया है। आज जरूरत है कि भारत सरकार के इस सराहनीय प्रयत्न को 'वेबसाइट' पर लाया जाए और विभिन्न माध्यमों से इनका प्रचार किया जाए।

अनुवाद की व्यावसायिकता को बढ़ावा देने में तकनीकी विकास भी आज अपना योगदान दे सकता है। शिक्षा, सूचना, ज्ञान और मनोरंजन सभी के लिए कंप्यूटर सॉफ्टवेयर और इंटरनेट काफी उपादेय हो सकते हैं। हिंदी शिक्षण के लिए

राजभाषा विभाग और सी-डैक ने कुछ सामग्री तैयार की है। इसी तरह केंद्रीय हिंदी निदेशालय, एन.सी.ई.आर.टी. और इग्नू ने भी दृश्य-श्रव्य माध्यम से हिंदी शिक्षण की सामग्री तैयार की है। इनमें अंग्रेज़ी भाषा को माध्यम और स्रोतभाषा के रूप में रखा गया है। इन्हें कंप्यूटरसाधित शिक्षण सामग्री में बदलना बहुत कठिन नहीं होगा और इससे इस सामग्री की व्यावसायिकता भी बढ़ेगी। सूचना प्रौद्योगिकी का क्षेत्र भी अनुवाद के व्यावसायिक स्वरूप को विस्तार देगा। अंग्रेज़ी, हिंदी और भारतीय भाषाएँ इसमें परस्पर अनुवाद की भाषाओं के रूप में इस्तेमाल हो रही हैं लेकिन अभी भारत में इसकी गति बहुत धीमी है। यह भी पहचाना जा चुका है कि विभिन्न भाषाओं के अनुवाद-सॉफ्टवेयर विकसित किए जाएँ। प्राकृतिक भाषा संसाधन की पीठिका के साथ अंग्रेज़ी को मूल भाषा और भारत की छह भाषाओं को लक्ष्य भाषाओं के रूप में रखकर कुछ परियोजनाएँ भी सूचना प्रौद्योगिकी मंत्रालय की सहायता से चल रही हैं।

भारत जैसे बहुभाषी देश में और आधुनिक युग की विस्तृत होती औद्योगिक और तकनीकी दिशाओं में अनुवाद सदैव केंद्र में रहेगा। चुनाव की प्रचार सामग्री और संसदीय कार्यवाही का भाषिक रूपांतरण, आशु अनुवाद, अनुवाद संपादन, अनुवाद समीक्षा और मूल्यांकन जैसे कई क्षेत्र हमें आज दिखाई दे रहे हैं जिनका अस्तित्व अनुवाद के आधार पर ही टिका हुआ है। लेकिन अभी तक इन्हें एक व्यवसाय की तरह सही दिशा नहीं दी गई है। फिर भी अव्यवस्थित ढंग से ही सही, ये कार्य संपादित हो रहे हैं।

अनुवाद के इस विस्तृत होते और व्यावसायिक कार्य के रूप में बदलते स्वरूप को देखते हुए यह कहा जा सकता है कि आज अनुवाद किसी एक व्यक्ति (अनुवादक) की रुचि या उसके मूड का विषय नहीं है कि वह जैसी सामग्री का चाहे चयन करे, जिस पद्धति से चाहे अनुवाद करे और अनुवाद संबंधी अर्हताओं को अनदेखा करते हुए कच्चा-पक्का लक्ष्यभाषा पाठ तैयार करे। व्यवसाय के रूप में अनुवाद हमेशा एक कौशल के रूप में ही स्वीकार किया जाएगा। जो अनुवादक जितना ही अधिक कौशलयुक्त होगा, वह उतना ही सफल होगा। यहाँ मूलपाठ की प्रकृति के स्थान पर लक्ष्यपाठ की गुणवत्ता और संप्रेषणीयता अधिक महत्त्वपूर्ण होगी। किसी भी स्तर पर सीमाओं का अस्तित्व स्वीकार नहीं किया जाएगा। लक्ष्यभाषा की प्रकृति के अनुसार 'परफैक्शन' ही इसकी कसौटी होगा। भारत जिस तरह एक बहुभाषिक और बहुसांस्कृतिक राष्ट्र है, उसी तरह वह एक भाषाई-क्षेत्र (लिंग्विटिस्टक एरिया) भी है और अनुवाद-व्यवसाय अथवा अनुवाद-उद्योग उसे एक अनुवाद-क्षेत्र (ट्रांसलेशन एरिया) के आदर्श रूप में स्थापित करेगा। इसकी अनंत संभावनाओं के संकेत मिलने भी लगे हैं जिनके यथार्थ में रूपांतरित होने में अब ज़्यादा देर नहीं है।

संचार क्रांति में अनुवाद की भूमिका

अनुवाद आज सिर्फ भाषा के लिखित रूप तक ही सीमित नहीं रह गया है, भाषा के उच्चरित रूप तक भी उसका विस्तार हो चुका है। अतः आज हमें पाठ-केंद्रित अनुवाद (Text Oriented Translation) के साथ वाक् केंद्रित अनुवाद (Speech Oriented Translation) पर भी विचार करना चाहिए। लिखित और उच्चरित दोनों ही भाषा रूप संप्रेषण के महत्त्वपूर्ण माध्यम हैं। इसमें संदेह नहीं कि अधिकतर संप्रेक्षण बोलकर ही किया जाता है। कई आधुनिक भाषाविद्, विशेष रूप से समाज भाषाविद्, तो उच्चरित भाषा रूप को ही भाषा का मूल आधार स्वीकार करते हैं। संचार माध्यम में तीन वर्ग बनाए गए हैं—समाचार पत्र-पत्रिकाएँ, रेडियो और टेलिविजन। यहाँ यह ध्यान रखना होगा कि हिंदी भाषा के संदर्भ में ये तीनों ही माध्यम अनुवाद की अनिवार्यता से बँधे हुए हैं। पत्र-पत्रिकाएँ लिखित भाषारूप का उदाहरण मानी जाती हैं क्योंकि ये हमारे सामने छपे हुए रूप में उपस्थित होती हैं लेकिन पत्र-पत्रिकाओं की भाषा केवल लिखित भाषा के सीमित प्रारूप को लेकर नहीं चलती, उच्चरित भाषा के तत्व भी उसमें आवश्यकतानुसार समाहित किए जाते हैं—विशेषरूप से स्थानीय प्रकृति के समाचारों, साक्षात्कारों, विज्ञापनों आदि में बोलचाल की भाषा का जो प्रवाह या सर्जनात्मकता हमें दिखाई देती है, वह उच्चरित भाषा के भाषिक विधान को भाषा के लिखित रूप में समाहित या मिश्रित करने से ही आती है। रेडियो और टेलिविजन अधिकांशतः उच्चरित भाषा पर केंद्रित माध्यम हैं। कुछ संदर्भों में यहाँ भी व्याप्त भेद को समझना होगा। उदाहरण के लिए, रेडियो और दूरदर्शन के समाचार अपनी अभिव्यक्ति में तो उच्चरित होते हैं लेकिन उनका आधार लिखित पाठ होता है अर्थात लिखित सामग्री को मौखिक रूप से प्रस्तुत किया जाता है। इसके विपरीत रेडियो-टेलिविजन पर प्रसारित विज्ञापन पूरी तरह मौखिक भाषा की प्रवृत्तियों को ध्यान में रखकर बनाए जाते हैं जिनमें अंग-संचालन से लेकर शारीरिक प्रतिक्रियाओं तक और हावभावों से लेकर आवाज के संचालन तक का ध्यान रखा जाता है। इसका तात्पर्य यह है कि संचार माध्यमों की प्रकृति ही भिन्न नहीं है बल्कि लिखित और उच्चरित भाषा के समन्वय और संतुलन को साधने का कार्य भी ये माध्यम करते हैं अतः इन क्षेत्रें में अनुवाद लिखित भाषा के लिए निर्धारित अनुवाद सिद्धांतों या प्रक्रियाओं के आधार पर करना ठीक नहीं होगा। यहाँ अनुवादक को माध्यमगत विशिष्टता के साथ-साथ इन माध्यमों में प्रयुक्त भाषायी विशिष्टता को भी लिखित, मौखिक और लिखित-मौखिक के संयोजन के रूप में विश्लेषित करना होगा और संयोजन के समय होनेवाले मिश्रण के अनुपात को भी कि मौखिक प्रस्तुतीकरण में कितना अंश लिखित का है, या लिखित प्रस्तुतीकरण में कितना अंश मौखिक का है।

रेडियो, टेलिविजन, समाचार पत्र, होर्डिंग, बिल, पैंफलेट आदि जनसंचार के

सर्वसुलभ और लोकप्रिय माध्यम हैं। रेडियो का माध्यम आवाज को इस्तेमाल करता है। अतः यहाँ उच्चरित भाषा के अनुतान, लय, गति आदि का महत्व बढ़ जाता है। टेलिविजन में लिखित और उच्चरित भाषा के साथ दृश्य भी संप्रेषण में बहुत कुछ जोड़ते हैं अर्थात ऐसी स्थिति में अनुवादक को भाषिक अभिव्यक्ति के साथ दृश्य द्वारा व्यक्त संदेश को पकड़कर उन्हें संयोजित करना अनिवार्य होगा और यह भी जरूरी होगा कि मौखिक और लिखित दोनों ही संदर्भों में भाषा के शैलीय भेदों को पहचाना जाए।

सभी संचार माध्यम इस बात का पूरा ध्यान रखते हैं कि संप्रेषण अधिक से अधिक हो सके। इन माध्यमों के सामने इनके संप्रेषण प्रयोजन स्पष्ट होते हैं। संचार माध्यमों की इस प्रयोजनमूलकता के कारण ही इनकी भाषिक विविधता सिद्ध होती है। यहीं शैलीय चयन, विषय संदर्भ और पात्र से जुड़कर भी अनेक रूपों में दिखाई देता है और सूचना, बातचीत, आग्रह, दबाव की भाषा भी बनती दिखाई देती है। इस तरह संचार माध्यमों के अनुवादक के समक्ष अनुवाद प्रक्रिया से संबंधित एकाधिक चुनौतियाँ हैं जिनकी कल्पना भी मात्र लिखित पाठ का अनुवाद करने वाला नहीं कर सकता। यह भी कहा जा सकता है कि संचार माध्यम अर्थपूर्ण अभिव्यक्ति को उसकी अंतिम सीमा तक संभव बनाने में भाषिक संप्रेषण की समस्त संभावनाओं को टटोलने का प्रयत्न करते हैं। चाहे संदेश लिखित हो या मौखिक, मौखिक और आंगिक का सम्मिश्रण हो, या लिखित और मौखिक का, संचार माध्यम एक ऐसी प्रयोजनमूलक शैली की भी रचना करते हैं जिसका अपना व्याकरण होता है। भिन्न प्रयोजनों के लिए प्रयुक्त इन विशिष्ट व्याकरणों की पकड़ के बिना संचार माध्यमों के क्षेत्र में अनुवाद कर पाना असंभव नहीं, तो कठिन अवश्य है।

संचार माध्यमों में केंद्रीय भूमिका पाठक, दर्शक या श्रोता की होती है। इनका साधारणीकरण होता है अर्थात संचार माध्यम इनका एक स्तर निर्धारित करते हैं। इन स्तरों का रेंज विस्तृत होता है। सामान्य शिक्षित से लेकर उच्च शिक्षित तक, या भाषा के सामान्य प्रयोक्ता से लेकर आभिजात्य प्रयोक्ता तक। इसीलिए इन माध्यमों की भाषा सामान्य होती है। इन माध्यमों का एक मूल उद्देश्य या प्रयोजन मनोरंजन भी होता है जिसके लिए भाषा सिर्फ संदेश तक सीमित नहीं रहती, समस्त सामाजिक व्यवहार के भाषिक विकल्प इसमें निहित होते हैं अर्थात यहाँ अनुवादक को भाषा के समाज-सांस्कृतिक पक्षों से उसी तरह टकराना पड़ता है जिस तरह साहित्यिक पाठों का अनुवादक टकराता है लेकिन जनसंचार माध्यमों के अनुवादक को एक अतिरिक्त सजगता बरतनी पड़ती है कि उपभोक्ता के साथ संप्रेषणीयता सिद्ध होती रहे।

आज जनसंचार माध्यमों का व्यापक विस्तार हो चुका है। इंटरनेट, कंप्यूटर और ई-मेल भी इसमें आ जुड़े हैं। तरह-तरह की सूचनाएँ, यातायात संकेत आदि भी यहाँ सिमट रहे हैं और अभिव्यक्तिपरक रूपों का भी व्यापक विस्तार हो रहा है। इन

रूपों पर अनुवाद की दृष्टि से विचार होना चाहिए जो अभी तक बहुत कम हो पाया है। कम से कम दो बातों पर तो अवश्य ध्यान देना पड़ेगा। एक तो संप्रेषण का ढंग कि प्रोक्ति गंभीर है, सामान्य है, सूचनापरक है या व्यंग्यात्मक आदि और दूसरी ओर संप्रेषण का माध्यम क्या है–भाषिक है या भाषेतर, लिखित है या मौखिक, किसी विशेष उद्देश्य से बाधित है या तात्कालिक, उसका प्रभाव स्थाई है या क्षणिक, आदि। वास्तव में ये दोनों बिंदु 'कोड' के स्वरूप को ही नहीं बदलते बल्कि भाषा को एक नए ढंग का रचाव भी देते हैं। यदि संचार माध्यमों में अभिव्यक्त विज्ञापनों को देखा जाए तो यह बात बहुत स्पष्ट हो जाती है कि वहाँ कोडमिश्रण, भाषिक संयोजन और काव्यात्मकता के साथ ही हर उपलब्ध स्रोत को उकेरने का प्रयास दिखाई देता है और विज्ञापन की भाषा की कोटियाँ निर्मित होती हैं। इसी तरह बाज़ार समाचार, साक्षात्कार, चर्चा-परिचर्चा के भी भाषारूप जनसंचार माध्यमों में उभरकर सामने आए हैं। इनकी संरचना या इनके प्रयुक्तिगत लक्षणों को देखे बिना इनका अनुवाद नहीं किया जा सकता।

पिछले कुछ वर्षों में जनसंचार माध्यमों में कई नए क्षेत्र भी खुले हैं जिनमें भाषा की मौखिक गत्यात्मकता (डायनेमिज़्म) का व्यापक उभार दिखाई देता है। फिल्मों की डबिंग,सबटाइटलिंग तो है ही, समाचारों में भी अंग्रेज़ी वक्तव्यों को हिंदी में लिखकर देने या हिंदी वक्तव्यों को अंग्रेज़ी में लिखकर देने की समानांतर प्रक्रिया अब सामान्य हो गई है। मूलवक्ता की आवाज को धीमा करके लक्ष्यभाषा में दूसरे की आवाज (समस्वर) देने की प्रक्रिया भी चल रही है। निश्चित ही इन सबसे लक्ष्य भाषा, विशेष रूप से हिंदी, का प्रयुक्तिगत स्वरूप विस्तृत हो रहा है। भाषा के लिखित-उच्चरित रूप के बीच संतुलित संबंध बन रहे हैं। उच्चरित भाषा की विशिष्टता, हिंदी की बोलियों, उक्तियों, मुहावरों और अभिव्यक्तियों के साथ सामने आ रही है। निश्चित ही इन माध्यमों में जो अनुवाद करे, उसके लिए इन सूक्ष्म भाषिक संरचनाओं को पकड़ना आवश्यक होगा। इतना ही नहीं, भाषा के–विशेषकर लक्ष्य भाषा के–संप्रेषणपरक वैशिष्ट्र्य और विविधता पर भी कड़ी दृष्टि रखनी होगी। तीनों ही माध्यमों पर अंग्रेज़ी से हिंदी में अलग-अलग तरह की प्रोक्तियों में जो अनुवाद हो रहे हैं, उन्हें जाँचने परखने की भी आवश्यकता है। यह बात स्पष्ट है कि जनसंचार माध्यमों ने अनुवादकार्य की विस्तीर्ण संभावनाएँ आज उद्घाटित कर दी हैं और यह भी कि इन माध्यमों के बढ़ाव से हिंदी भाषा को निखरने का पर्याप्त अवसर मिला है।

5

हिंदी पत्रकारिता की भाषा और अनुवाद

आधुनिक विश्व में पत्रकारिता लोकमत की सबसे सशक्त और लोकप्रिय अभिव्यक्ति है। अभिव्यक्ति की चर्चा भाषा से स्वतः आ जुड़ती है। भाषा का संबंध बाह्य जगत के प्रत्यक्ष ज्ञान (वर्ल्ड नॉलेज) और भाषाई समाज की चिंतन प्रक्रिया से रहता है। इसलिए हर भाषा की अपनी विशेषता होती है, अपनी क्षमता होती है। पत्रकारिता के क्षेत्र में हिंदी भाषा बाह्य जगत के उस प्रत्यक्ष ज्ञान से वंचित रही जो विकसित देशों को सहज उपलब्ध थे। इसी बात को दूसरे शब्दों में भी कहा जा सकता है कि बाह्य जगत के अधिकांश प्रत्यक्ष ज्ञान आयातित हैं जिन्हें हिंदी भाषा के माध्यम से अभिव्यक्त करने का दायित्व हिंदी पत्रकारिता के ऊपर आ पड़ा। पत्रकारिता की विविध उप-प्रयुक्तियों में अपरिवर्तित आगत विदेशी शब्दों के बड़ी मात्र में प्रयोग के पीछे संभवतः यही कारण मुख्य है। अंग्रेज़ी भाषा की अनुगामिनी बनने का जो आरोप भारतीय भाषाओं की पत्रकारिता पर लगाया जाता है, उसके मूल में भी यही बात है। आधुनिक ज्ञान संदर्भों को साधते हुए भाषा के आधुनिकीकरण की प्रक्रिया में इसे स्वाभाविक मानना चाहिए। हिंदी पत्रकारिता बहुत पुरानी नहीं है। कुल उम्र पौने दो सौ साल, और आधुनिक हिंदी पत्रकारिता तो स्वतंत्रता के बाद ही अस्तित्व में आई। अभिव्यक्ति के सभी धरातलों पर विषम परिस्थितियों का सामना करते हुए पत्रकारिता की हिंदी का जो स्वरूप आज हमारे सामने हैं, वह काफ़ी संतोषजनक है।

अभी इतनी जल्दी किसी निष्कर्ष पर पहुँचने का प्रयास न करते हुए कुछ विचार और विवेचन करें। यह कहा जाता है कि पत्रकारिता सबको दृष्टि में रखती है, जबकि कहना यह चाहिए कि वह सबको दृष्टि देती है यदि नहीं देती, तो उसे देना चाहिए। लेकिन दृष्टि देने वाले की दृष्टि स्वयं बहुत साफ़ और पारदर्शी होनी चाहिए। निश्चित ही यह साफगोई और पारदर्शिता भाषा के स्पष्ट, सुलझे हुए, विवेक संगत और विषयानुकूल प्रयोग द्वारा ही लाई जा सकती है।

ऐसा भी नहीं है कि हिंदी पत्रकारिता में दृष्टि देने वालों या भाषा को मांजने-संवारने वालों का अभाव रहा हो। यह अवश्य है कि पत्रकारिता के उद्देश्य बड़ी

तेजी से बदले हैं। पुनर्जागरण, राष्ट्रीय अस्मिता, औद्योगीकरण, आधुनिक राष्ट्र का निर्माण जैसे बदलते लक्ष्यों उद्देश्यों को हिंदी पत्रकारिता अपना केंद्रीय विषय बनाती रही है। इस बदलाव को भाषाभिव्यक्ति के बदलाव के संदर्भ में देखने के प्रयास अभी नहीं के बराबर हुए हैं। हम यह जानते हैं कि आधुनिक हिंदी गद्य का जन्म हिंदी पत्रकारिता की कोख से ही हुआ था -तभी तो इस गद्य में ओज था, क्रांतिकारी तेवर थे और थी लोकहितकारी बदलाव की ललक और तड़प। तभी तो 'निराला' ने हिंदी गद्य को 'जीवन संग्राम की भाषा' कहा था।

लेकिन क्या आज की हिंदी पत्रकारिता की भाषा को हम जीवन, समाज, आधुनिकता और प्रयोजन की भाषा के रूप में 'संपूर्णता' या 'समग्रता' के साथ विश्लेषित करने का प्रयत्न कर रहे हैं। उसके वैशिष्ट्य अथवा सीमाओं का विवेचन कर रहे हैं। नव-प्रयोगों, नवीन सहसंबंधों और 'रचनात्मक टटकेपन' का जो भंडार हिंदी पत्रकारिता हमें दे रही है, उसे संजो रहे हैं। अफ़सोस, कि इन प्रश्नों के उत्तर नकारात्मक ही होंगे। अगर आज हम हिंदी पत्रकारिता के विभिन्न व्यवहार क्षेत्रों (डोमेंस), इनमें प्रयुक्त हिंदी भाषा के विविध रूपों और मानक हिंदी की लचीली प्रकृति (फ्लेक्सेबल नेचर) से परिचित नहीं हैं तो बिलाशक पत्रकारिता की भाषा पर हमारी चर्चा किसी निष्कर्ष तक नहीं पहुँच सकती।

वास्तव में व्यवहार क्षेत्र और भाषा का वैविध्य ही हिंदी पत्रकारिता का पूर्ण चौखटा हमारे सामने रख सकता है। पत्रकारिता के नए-नए क्षेत्र और आयाम जो आज हमारे सामने हैं, उनकी ओर दृष्टिपात करना जरूरी है। पत्रकारिता आज एक 'एकक' नहीं है, 'एकाकों' का समूह है। इनमें से प्रत्येक एकक पत्रकारिता की 'विशेषीकृत' शाखा के रूप में अपना रूपाकार ग्रहण करता जा रहा है। अतः हिंदी पत्रकारिता की भाषा या उससे जुड़ी समस्याओं पर चर्चा से पहले इन शाखाओं की ओर ध्यान देना होगा। तभी हम इस मुगालते से उभर सकेंगे कि पत्रकारिता की भाषा 'एक प्रयुक्ति' है और कोई भी पत्रकार इसका सभी व्यवहार क्षेत्रों में हरफनमौला की तरह इस्तेमाल कर सकता है। ज्ञान क्षेत्रों के विकास और औद्योगिक विस्तार के कारण हिंदी पत्रकारिता की भाषा की अनेक उप-प्रयुक्तियाँ उभरती जा रही हैं। उप-प्रयुक्तियाँ एक ओर हिंदी भाषा की लचीली प्रकृति का बोध कराती हैं तो दूसरी ओर यह अपेक्षा करती हैं कि हम इनकी विशिष्टताओं और इनके बीच प्रवाहित अंतर्धाराओं को पहचानें। यानी भाषा के धरातल पर गहराई से दीख सकें कि रपट और समाचार, स्टोरी और फ़ीचर, रूपक और साक्षात्कार, टिप्पणी और संपादकीय अग्रलेख में कितना अंतर है। इनमें से प्रत्येक का भाषाई स्वरूप और चरित्र भी अलगाना होगा। इसके साथ ही पत्रकारिता के उन विविध स्वरूपों को भी शैलीगत भेद तथा वस्तुनिष्ठता की दृष्टि से विवेचित करने की आवश्यकता है जो आधुनिक हिंदी पत्रकारिता में उभर कर अपने अस्तित्व का बोध कराने लगे हैं जैसे, खेल

पत्रकारिता, कृषि एवं ग्रामीण पत्रकारिता, विज्ञान पत्रकारिता, आर्थिक पत्रकारिता, राजनैतिक रिपोर्टिंग, संसदीय रिपोर्टिंग, सांस्कृतिक रिपोर्टिंग, अपराध रिपोर्टिंग, खोजी पत्रकारिता, पीत एवं सनसनीखेज आदि। इन सभी के भाषाई वैशिष्ट्य एवं भाषा-भेद की पहचान ही पत्रकारिता की हिंदी को संपूर्णता में आकलित, विवेचित एवं विश्लेषित करने की दृष्टि हमें प्रदान कर सकती है।

विज्ञापन, समाचार-समीक्षा, अभियान चलाने अथवा जनमत सर्वेक्षण करने की भाषा का भी व्यापक संसार अब हमारे सामने हैं। इन सभी प्रयोग-क्षेत्रों में पारिभाषिक शब्दावली की विविधता और प्रस्तुतीकरण का वैविध्य स्पष्ट झलकता है। अतः पत्रकारिता की भाषा के अधिकांश को हमें उन्हीं 'साहित्येतर' प्रयुक्तियों की भाँति विवेचित करना चाहिए। अंग्रेजी आगत शब्द की स्वीकार्यता जैसे—गेम, टीम, सर्विस रिटर्न, फील्डिंग, कैरीयर, स्क्रीन टेस्ट, परमिट, कोटा, कर्फ्यू आदि। हिंदीकरण भी हो रहा है—एकल मुकाबला, स्वप्न-दृश्य, स्पर्धा, खिताब आदि। हिंदी के अपने शब्द स्थान बना रहे हैं—कीर्तिमान, सलामी-बल्लेबाज, खब्बू गेंदबाज, टिकट-खिड़की आदि। रूप-परिवर्तन के स्वीकृत नियम अपनाए जा रहे हैं—गेमों, अंपायरी, कप्तानी, हाईकमान, दंगाई आदि। संकर रचना को प्रोत्साहित किया जा रहा है—विश्व-चैंपियन, त्रिआयामी-फिल्म, राजनैतिक पार्टी आदि। शाब्दिक अनुवाद की सहायता ली जा रही है—एकदिवसीय, एकाग्रता, शृंखला आदि। हिंदी का अपना मुहावरा बन रहा है—तूफानी बल्लेबाज़ी, कड़ा मुकाबला, पकड़ मज़बूत होना, निराशाजनक प्रदर्शन और उर्दू और देशज शब्द अपना स्थान बना रहे हैं—बरामद, हथकंडे, वारदात, घपला, गिरोह, भिड़ंत, घोटाला, फरार, घुसपैठ आदि।

पत्रकारिता की भाषा के संबंध में एक प्रचलित धारणा है कि यह लिखित, सुविचारित और संपादित होती है। साथ ही इसे तकनीकी और गैर-तकनीकी स्तरों पर देखना होगा। भाषा का तकनीकी या आधुनिक बनना प्रयोजनमूलक किसी भी वर्ग के लिए अपरिहार्य है। पत्रकारिता को अन्य कई कारणों से 'सर्जनात्मक साहित्य' के साथ भी जोड़ा जाता है। इस प्रकार पत्रकारिता की भाषा एक साथ पारिभाषिकता और सृजनात्मकता दोनों को साधती चलती है। हिंदी पत्रकारिता में इन दोनों प्रवृत्तियों के संधि-स्थल की पड़ताल भी ज़रूरी है। अर्थात यह देखना कि तकनीकी और गैर तकनीकी भाषा का स्वरूप 'प्रयोग-क्षेत्र' के अनुरूप कैसे निर्धारित हो रहा है और इनके बीच अवमिश्रण की कौन—सी पद्धतियाँ काम में लाई जा रही हैं। इसमें तो कोई संदेह ही नहीं कि पत्रकारिता के प्रयोग-क्षेत्र की व्यापकता ही उसकी भाषा में भी विस्तार, प्रयोग-धर्मिता, लचीलापन और बोधगम्यता ले आती है। यही लक्षण पत्रकारिता की भाषा को एक विशिष्ट प्रयोग-क्षेत्र की भाषा सिद्ध करते हैं।

आधुनिक भाषाशास्त्री यह मानते हैं कि भाषा से हमारी जो मांग होती है, उसी के अनुरूप वह अपने प्रकार्यात्मक स्वरूप को ढाल लेती है। लेकिन इन मांगों की

पूर्ति की प्रक्रिया में पत्रकारिता की भाषा अन्य प्रयुक्तियों की तरह 'अति विशिष्ट' नहीं बन जाती क्योंकि एक तो इसका व्यवहार-क्षेत्र अन्य प्रयुक्तियों की तुलना में व्यापक है और दूसरे कि इसका पाठक समुदाय विविधताओं से युक्त होता है। इसीलिए पत्रकारिता की भाषा को केवल विषयानुरूप ही नहीं, अपने पाठक वर्ग की बौद्धिकता एवं ग्रहणशीलता की क्षमता (रिसेप्टिव कांपिटेंस) के अनुरूप भी ढलना होता है। शैली-भेद इसीलिए पत्रकारिता की हिंदी के एक प्राकृतिक लक्षण की तरह अपनाया जाता है। हिंदी-उर्दू की एकता को हिंदी पत्रकारिता हिंदी जाति की एकता मानती है और इसे निरंतर विस्तार देती है। रेडियो, टी.वी., सिनेमा, अखबार की भाषा में कहाँ हिंदी खत्म होती है और कहाँ उर्दू शुरू, यह बता पाना क्या सहज है? सामान्य जनता का, वह चाहे किसी धर्म, संप्रदाय, परिवेश से संबद्ध हो, एक ही वर्ग होता है और उसका भाषाई स्तर भी कमोबेश समान रहता है। इस वर्ग को भाषा के भेद के आधार पर विभाजित नहीं किया जा सकता, यह बात भारतेंदु युग से ही हिंदी पत्रकारिता छाती ठोंक कर उठाती रही है। वह आभिजात्य (एलीट) वर्ग की उस भाषाई-चेतना को भी ललकारती रही है जो भाषा को सामाजिक विघटन का हथियार बना कर इस्तेमाल करती है। हिंदी उर्दू शैली के एकाकार प्रयोग की बानगी देखें (इंडिया टुडे -15 फरवरी, 1996) :

- महज, जायज, फिलहाल, आखिरकार, बेशक, पुरजोर, मकसद, मसलन, लिहाजा, आतिशी।
- सख्त उपाय, खर्च सीमा, मूल रकम, कानूनी समीकरण, मौजूदा अभियान, क्रिकेटिया खुमार, मेज़बान देश।
- सख्ती से निबटा जाना चाहिए, यह कार्रवाई एक शानदार मिसाल बन सकती है, खास लोगों को अपना निशाना बनाया है, कमीशन के बतौर मिला धन, यही वजह है कि कानूनन चंदा जायज होने के बावजूद, रकम चेक के जरिए ही जमा की जानी चाहिए, सबका पर्दाफाश करने की ज़रूरत है, जायज़ खर्चों की सख्त जांच का पुख्ता इंतजाम होना चाहिए।

पत्रकारिता का संपर्क जनता से है। उनकी सोच, उनकी भाषा से संपर्क। नकली संपर्क भाषा में ताकत नहीं ला सकता। हिंदी, उर्दू, क्षेत्रीय बोलियों की समग्रताबद्ध ताकत की पहचान ही हिंदी पत्रकारिता की भाषाई चेतना का केंद्रबिंदु है। आमफहम भाषा के निकट आती, परंपरागत प्रयोगों को नए संदर्भ देती, नवीन रचनाएँ करती पत्रकारिता की हिंदी लोक-मानस के अनुकूल बनी है। अगड़ा, पिछड़ा, जत्था, विदेशी, निवेशक, नैतिक जिम्मेदारी जैसे अनेक नए प्रयोग देखते-देखते पत्रकारिता की हिंदी में स्थान पाते हैं और पाठकों में लोकप्रिय भी हो जाते हैं। भाषा का विकास परिवर्तनों के बीच ही होता है। नई घटनाओं, नई खोजों, सामाजिक-राजनैतिक फेरबदल आदि से पत्रकारिता सीधे संबद्ध होती है और इन्हें व्यक्त करने के लिए

वह भाषा के तमाम स्रोतों का एक पैटर्न बनाती दिखाई देती हैं उन्हें खंगालती है, शब्दों–अभिव्यक्तियों को नए संदर्भ देती है। कुछ अभिव्यक्तियाँ और कुछ शीर्ष पंक्तियाँ देखें :-

अभिव्यक्तियाँ : चुस्त क्षेत्ररक्षण, दमदार टीम, गेंदबाज़ी का विश्लेषण, सधा हुआ खेल, फिरकी गेंदबाज, शुरुआती ओवरों में, कमान संभाली है, टीम के सुर सध गए हैं, जीत का स्वाद चखना है, विकेट झटक सकते हैं, अंकुश लगाए रखते हैं धमाका कर दिया, पैसा डकार गए, लहर चल रही है, नकेल डाल दी, व्यवस्था की कलई खोलता है, सरकार ने रोड़ा लगा दिया, टीम बिखर चुकी है, अगली चाल को तौल रहे थे, सितारे बुलंद हैं।

शीर्ष पंक्तियाँ : पते का पता, एक सीट का सवाल, समय से पहले चेते, आखिर ऊंट आया पहाड़ के नीचे, खरी सुनाकर खोट बने, रोजा गले पड़ा, डोर तनी पर टूटी नहीं, ओटन लगे कपास।

पत्रकारिता में ये मुहावरेदार और काव्यात्मक प्रयोग आम-जीवन के सहज संदर्भों से संबद्ध हैं। पत्रकारिता इस भावपरक शब्दावली और अनुभवों से संयुक्त कथनों द्वारा एक ऐसा संप्रेषणीय और प्रवाहमय भाषारूप रचती है कि पारिभाषिकता भी बोधगम्य बन जाती है। पत्रकारिता की भाषा पर विचार करने वाले भाषाविज्ञानी यह मानते हैं कि पत्रकारिता के पाठ क्रियापरक (ऐक्टिव टेक्स्ट) होते हैं और इनकी प्रकृति कथागत प्रोक्ति (थिमेटिक डिसकोर्स) जैसी होती है। अतः यहाँ भाषा-प्रयोग शैली की समस्त संभावनाओं को कुरेदते हुए ही सामने आता है। अतः शैलीय चयन यहाँ सर्वाधिक महत्त्वपूर्ण है। भाषा-प्रयोग के विभिन्न संदर्भों और विषय की प्रकृति के मद्देनज़र शैलीय रूप या संरचनात्मक विकल्प यहाँ रचे और चुने जाते हैं। सामान्य और विशिष्ट भाषा-प्रयोग का यह समन्वय पत्रकारिता की हिंदी का एक विशिष्ट 'कोड मैट्रिक्स' निर्मित करता है जिसमें संप्रेषणपरक तत्वों की विविध इकाइयाँ मिल कर विवरणात्मक (डिसक्रिप्टिव) या मूल्यांकनपरक (इवैल्यूएटिव) पाठ की रचना करती हैं। यहाँ 'अच्छी शैली का अर्थ होता है–उपयुक्त शैली (एप्रोप्रिएट स्टाइल)। पत्रकारिता के विभिन्न विषय क्षेत्र उसे उपयुक्तता के प्रति सजग बनाए रखते हैं। यह सजगता ही भाषा की विविधरूपता (हेट्रोजेनिटी) और एकरूपता (होमोजेनिटी) को संतुलित ढंग से साधने का कारण बनती है। इससे एक ओर हमें पाठ-विशेष की भाषा संरचना दिखाई देती है तो दूसरी ओर स्थिति-संदर्भ से नियंत्रित प्रयुक्तियाँ भी निर्मित होती दिखाई देती हैं। हिंदी पत्रकारिता में शैली अपनी समस्त संभावनाओं के साथ प्रतिफलित होती है। चयन के स्तर पर प्रत्येक भाषिक शैलीय विकल्प में से उपयुक्ततम का चुनाव किया जाता है। विचलन (डीविएशन) यहाँ शब्द-स्तर पर अति व्यापक है तो शैली का अलंकरण की तरह प्रयोग होते हुए भी सहज शैली का प्राधान्य रखा जाता है।

भाषा-शैली की सहजता के कारण ही हिंदी पत्रकारिता की भाषा पर यह आरोप भी लगाया जाता रहा है कि वह 'मानक भाषा' अथवा व्याकरणिक नियमों का अतिक्रमण करती हैं। और दुहाई द्विवेदी युग की दी जाती है। हमें यह ध्यान रखना होगा कि द्विवेदी युग में 'अस्थिरता' से जूझती पत्रकारिता की हिंदी को 'स्थिर' करने का प्रयत्न एक भिन्न संदर्भ मानकीकरण के संदर्भ से जुड़ा हुआ था। अतः स्थिरता और एकरूपता का प्रश्न तब मूल प्रश्न बना था। पर आज उस संदर्भ मे 'स्थिरता' की चर्चा भाषाई विकास-चक्र को पीछे ढकेलने का प्रयास ही माना जाएगा। आज का प्रश्न भाषा के आधुनिकीकरण पर केंद्रित है। संकरता, नए सहप्रयोग, लोक उन्मुखता, कोडमिश्रण को अब एक समस्या के रूप में देखने की ज़रूरत नहीं। ये तो विषय-संदर्भ से जुड़ी स्वाभाविक प्रक्रियाएँ हैं। जहाँ तक लिप्यंतरण और दो पर्यायों के समानांतर प्रयोग की 'समस्या' की बात है तो हमें यह देखना होगा कि भंडारनायक-भंडारनायके, किसिंजर-किसिंगर, फर्नांडिस-फर्नेण्डीस-फर्नाण्डीज़ अथवा गृहमंत्री/स्वराष्ट्र मंत्री, विदेश मंत्री/परराष्ट्र मंत्री, नागरिक उड्डयन मंत्री/नागर विमानन मंत्री के भेद से क्या संप्रेषणीयता 'खंडित' हो रही है। इन भेदों को राष्ट्रीय, क्षेत्रीय और स्थानीय पत्रकारिता की आवश्यकताओं पर गहरी नज़र रखते हुए पहचानें तभी हम भाषा वैविध्य के यथार्थ को स्वीकारते हुए इस धारणा को गलत कहने का साहस कर सकेंगे कि ये प्रक्रियाओं की ज़रूरत है अंग्रेज़ी अनुवाद के दुष्परिणाम स्वरूप पत्रकारिता की हिंदी की 'आत्मीयता' को क्षति पहुँचा रही हैं।

प्रयुक्ति और उपप्रयुक्ति दोनों ही स्तरों पर पत्रकारिता की हिंदी के जो विश्लेषण मिलते हैं उनमें सभी भाषाविद् इसे 'आदर्श' भाषा रूप मानते हैं और यह अपेक्षा भी करते हैं कि हिंदी की अन्य प्रयुक्तियाँ भी यदि इसी तरह का सहज आकार ले सकें तो उनके प्रचलन और लोकप्रियता में आशातीत वृद्धि हो सकती है। सामान्य जन को संबोधित और प्रचलित भाषा प्रयोग की ओर झुकी यह हिंदी 'हिंदुस्तानी' की संकल्पना को साकार करने वाली है। इस हिंदी को 'एकरूपता' की उस सीमा में बांधना घातक हो सकता है जिसमें हम सीमित व्यवहार-क्षेत्र वाली अनेक प्रयुक्तियों को बांध कर देख चुके हैं कि उनकी स्वाभाविकता और बोधगम्यता पर प्रतिकूल प्रभाव पड़ा है। एक व्यापक भौगोलिक क्षेत्र में जनसंपर्क की भाषा के रूप में अलिख भारतीय स्तर पर प्रयुक्त पत्रकारिता की हिंदी में सर्वत्र एकरूपता की स्थिति बन ही नहीं सकती। इसका मूल कारण हिंदी का भाषाई यथार्थ है। हिंदी भाषा क्षेत्र अपने में दुविभाषिक है, हिंदी और बोलियों से बंधा हुआ। फिर हिंदी भाषा की अपनी स्थिर शैलियाँ हैं जिनसे हिंदी की कोई भी प्रयुक्ति पूर्णतः मुक्त नहीं है। फिर पत्रकारिता की राष्ट्रीय, क्षेत्रीय और स्थानीय आवश्यकताएँ है, संपर्क में आनेवाली भाषाओं का प्रभाव है। इस प्रकार के विशिष्ट भाषाई यथार्थ का समाधान हिंदी पत्रकारिता समन्वित भाषा-प्रयोग द्वारा करती है। अतः अगर धर्मनिरपेक्ष-सेक्यूलर,

खिलाफत-विरोध, बागडोर-कमान, अग्निशामक-फॉयर ब्रिगेड, माहौल-वातावरण, बढ़ावा-उकसावा, आतंकवाद-उग्रवाद साथ-साथ चल रहे हैं और स्वीकार्य हैं तो मात्र 'एकरूपता' के उथले नारे को उछाल कर हम पत्रकारिता की हिंदी के स्वाभाविक विकास को नुकसान ही पहुँचाएँगे।

आधुनिक भाषाविज्ञान भी संप्रेषणीयता और परिवर्तनशीलता को भाषा की जीवंतता का मूलाधार मानता है। इन्हें वह 'लचीली स्थिरता' के रूप में देखता है। अर्थात परिवर्तनों के सहारे भाषा का विकास करते हुए उसकी मूल आत्मा को स्थिर रखना। अगर पत्रकारिता की हिंदी पाठक वर्ग की अवधारणा शक्ति को झुठलाती है तब तो हमें जरूर उसके संशोधन-परिवर्धन की दिशाओं पर विचार करना चाहिए। पर ऐसा नहीं है। एक भाषावैज्ञानिक के रूप में हमें इस बात को प्रशंसा की दृष्टि से देखना और विवेचित करना चाहिए कि पत्रकारिता की हिंदी भावपरक भाषा (इमोटिव लैंग्वेज़) के निकट पहुँचने का प्रयत्न करते हुए भी सामान्य पाठक के भाषा बोध से दूर नहीं जाती।

हिंदी पत्रकारिता में भाषा संबंधी इस प्रयोगधर्मिता का स्वागत होना चाहिए। इस प्रकार के प्रयोग भाषा के स्वर में उतार-चढ़ाव ले आते हैं, तथा शैलीय-सौंदर्य का उद्घाटन करते हैं। ये प्रयोग संपादकीय रिपोर्टिंग और समाचार-समीक्षा को एक नई धार दे रहे हैं जिनका भाषिक अध्ययन अब होना चाहिए। यह भी एक तथ्य है कि पत्रकारिता ने राजनैतिक घटनाओं, प्रगति, अनुसंधान, उद्योग, आंदोलन, अपराध जैसे विषयों से संबंधित एक पूरा भाषा-संसार हिंदी भाषा को दिया है। कृषि, ग्रामीण विकास, फिल्म, खेलकूद, व्यवसाय आदि क्षेत्रों में हिंदी पत्रकारिता की भाषा देखते-देखते उल्लेखनीय स्तर पर पहुँच गई है। व्यावसायिक जगत के उदाहरण द्वारा इसे समझने की कोशिश करें।

आज व्यावसायिक जगत में जो चहल-पहल है उसे भी हिंदी पत्रकारिता ने अपनी इसी सहज भाषा प्रयोग की प्रक्रिया द्वारा साध लिया है। इसमें एक ओर सूचीबद्ध, निर्गम, आबंटन, आवेदन राशि, आंशिक, कोष विस्तारीकरण, उत्पाद क्षमता, भू-संपत्ति, लाभांश, सममूल्य जैसे संस्कृत शब्द अपनी संकल्पनात्मक अर्थवत्ता के साथ लोकप्रिय हुए हैं। तो दूसरी ओर प्रमोटर, ब्रोकर, ब्रांड, डिलीवरी जैसे अंग्रेज़ी शब्द तथा महाजनी व्यवस्था के क़र्ज, साहूकार, सौदे, पखवाड़ा, कारोबार, गिरावट, हर्जाना, बेनामी आदि शब्द। इस प्रयोग क्षेत्र की वाक्य रचना, तकनीकी क्षेत्र को सामान्य हिंदी वाक्य रचना में पिरोकर और भी संप्रेषणीय बनाती है : खुलने/बंद होने की तारीख नज़दीक है, कंपनी आवास-क्षेत्र में उतरने जा रही है, तीन साल से कारोबार में हैं, पैसा उगाहने बाज़ार में उतरी है, किस मद में जाएगा, सूचकांक शुरुआती चरण में है, तालमेल का दौर चल रहा है, परियोजना भारी भरकम है, मांगा गया प्रीमियम वाजिब नहीं है, आदि। तेल शोधन, औसत हिस्सा, स्थापित ब्रांड, प्रति शेयर जैसे

संकर प्रयोग इसे सार्थक बनाने और इस क्षेत्र में हिंदी भाषा की क्षमता बढ़ाने में अपनी महती भूमिका निभा रहे हैं।

अब यह आवश्यक हो गया है कि हिंदी पत्रकारिता की भाषा को उसके विषय वैविध्य और संप्रेषणीयता की कसौटी पर कस कर देखा जाए। इसके लिए हमें अपने दृष्टिकोण को व्यापक बनाते हुए यह स्वीकार करना होगा कि पत्रकार मात्र सूचक नहीं, अन्वेषक, आलोचक, व्याख्याकार, परामर्शदाता आदि भी है। विषय-विशेषज्ञ तो वह है ही। उसकी ये भूमिकाएँ ही पत्रकारिता की हिंदी को गतिशील और विविधरूपी बनाती हैं। इससे पत्रकारिता की भाषा मुक्त हो ही नहीं सकती बल्कि संभावना इस बात की बढ़ेगी कि यह गतिशीलता और वैविध्य भविष्य में और भी बहुआयामी बने। मैं व्यक्तिगत स्तर पर पत्रकारिता की हिंदी को 'राष्ट्रभाषा' या 'संपर्क भाषा' का आदर्श रूप मानता हूँ। जो लोग अखबार का 'नशा करते' हैं वे अखबार की शब्दावली और अभिव्यक्ति को अपने दैनंदिन मौखिक व्यवहार में भी स्थान देने लगते हैं। इस प्रभाव के कारण ही शायद पत्रकारिता को 'लोकतंत्र का चौथा स्तंभ' कहा गया है। सक्षम भाषा के बिना पत्रकारिता को यइ आदर मिल पाना संभव ही नहीं था। पत्रकारिता की भाषा में अनेकरूपता, कोडमिश्रण और शैलीय भेद, 'भाषाई-अराजकता' नहीं, उसकी प्रकृतिगत विशिष्टता है। ऐसी विशेषता जिसे वरिष्ठ अंग्रेज़ी पत्रकार लेविस जॉर्डन ने इस प्रकार व्यक्त किया है–'स्टाइल, रूल्स शुड बी एक्संटेंसिव एनफ़ टु एस्टेबलिश द डिज़ायर्ड सिस्टम ऑफ स्टाइल, बट नाट सो एक्सटेंसिव ऐज टु इन्हिविट द राइटर ऑर एडिटर। द रूल्स शुड एनकरेज थिंकिंग, नॉट डिस्करेज इट। ए सिंगिल रूल माइट सफ़िस द रूल ऑफ कॉमनसेंस विल प्रिवेल ऐट ऑल टाइम्स' (फोरवर्ड : द न्यूयॉर्क टाइम्स मैनुअल ऑफ स्टाइल एंड यूसेज़, 1976)। मानक हिंदी को नियमबद्ध व्यवस्था स्वीकारते हुए पत्रकारिता की हिंदी की विविध प्रयुक्तियों की ओर प्रवृत्त होना समय की मांग है।

6

भारतीय बहुभाषिक स्थिति में अनुवाद का स्वरूप

भारत एक बहुभाषिक और बहुसांस्कृतिक राष्ट्र है, यह तथ्य बार-बार अनेक विद्वान अनेक संदर्भों में विवेचित कर चुके हैं। इतना ही नहीं भारतीय भाषा समुदायों को दृष्टि में रखकर भारतीय बहुभाषिकता को एक शक्ति, एक सहज प्रयोग की प्रकृति के रूप में भी अब पहचाना जाने लगा है।

भारतीय बहुभाषिकता एक विशिष्ट प्रकृति से बंधी हुई है। इस विशिष्ट प्रकृति में यह तथ्य उल्लेखनीय है कि बहुभाषिक बहुसांस्कृतिक प्रकृति में भी इनका प्रवाह एक अंतःसलिला के रूप में सर्वमान्य रहा है। यही कारण है कि इस बहुभाषी राष्ट्र में अनुवाद की भूमिका सदैव से महत्त्वपूर्ण मानी जाती रही है। निःसंदेह परंपरागत अनुवाद की भूमिका एक सीमित संदर्भ को ही साधती रही है अर्थात अनुवाद का विषय साहित्य या महत्त्वपूर्ण पौराणिक-धार्मिक साहित्य ही बनता रहा और यही सामग्री एक भाषा से दूसरी भाषा में अनूदित की जाती रही। यहाँ हिंदी को स्रोत एवं लक्ष्य भाषा के रूप में केंद्र में रखकर ही आगे चर्चा की जाएगी।

इस तथ्य से हम सभी भलीभांति परिचित हैं कि भारतेंदु ने भारत की सांस्कृतिक एक धारा को प्रमाणित करने के लिए ही कुरानशरीफ का अनुवाद प्रस्तुत किया। भारत की सभी भाषाओं में साहित्यिक धरातल पर श्रेष्ठ साहित्य उपलब्ध है जैसे तमिल का संगम साहित्य, तेलुगु का अवधान साहित्य, मराठी का पवाड़ा, गुजराती का फमा, उर्दू की गज़ल इत्यादि। यह सारे साहित्य भारत की महादेशीयता के सक्षम प्रमाण हैं। इन्हें हिंदी के माध्यम से अधिक से अधिक पाठकों तक पहुँचाना भारतीय बहुभाषिक स्थिति में अनुवाद की आकांक्षा और भूमिका रही है जिसका विस्तार और भी व्यापक धरातल पर अब अनिवार्य हो गया है। यदि हम बंगला से अनूदित ताराशंकर बंदोपाध्याय की कृति 'गणदेवता' को देखें, उड़िया से अनूदित गोपीनाथ महंती की रचना 'अमृत संतान' को देखें, कन्नड़ से अनूदित शिवराम कारंत की कृति 'मुकज्जी' को देखें, तमिल से अनूदित अखिलन की कृति 'चित्रप्रिया' को देखें, असमी से अनूदित वीरेंद्र भट्टाचार्य की कृति 'मृत्युंजय' को देखें और मलयालम

से अनूदित एस.के.पोट्टेकाट की रचना 'कथा एक प्रांतर की' को देखें तो इस धरातल या अनुवाद की भूमिका बहुत निराशाजनक नहीं है।

यहाँ हम साहित्यिक अनुवाद के इस पक्ष पर अधिक बल नहीं देंगे। क्योंकि हिंदी-भारतीय भाषाओं तथा भारतीय भाषाओं-हिंदी के साहित्यिक अनुवादों का व्यापक सर्वेक्षण समय-समय पर हमारे समक्ष प्रस्तुत होता रहा है। यहाँ बल हम अनुवाद की उस भूमिका पर देंगे जो व्यावहारिक कही जा सकती है। इसीलिए संप्रेषण-प्रक्रिया के एक उपयोगी माध्यम के रूप में अब अनुवाद को स्वीकारा जा रहा है। इस धरातल पर अनुवाद एक 'उपयोगी व्यावहारिक कला-कौशल' के रूप में हमारे समक्ष है। अपने इस रूप में और खासकर भारतीय संदर्भ में अनुवाद की भूमिका एक दूसरा ही रुख अखित्यार करती है।

भाषा के विषय में इधर यह माना जाने लगा है कि भाषा की प्रौढ़ता का विकास ललित साहित्य के रूप में होता है जबकि उसकी अभिव्यक्ति की क्षमता का विकास ज्ञानात्मक साहित्य के रूप में होता है। इस ज्ञानात्मक साहित्य के संदर्भ में ही आज अनुवाद की भूमिका को विवेचित करना अधिक सार्थक भी है और सामयिक भी। ज्ञानात्मक साहित्य से यहाँ तात्पर्य उन विविध विषयों से संबद्ध व्यावहारिक साहित्य से है जिन्हें हम भाषावैज्ञानिक शब्दावली में प्रयुक्तियाँ कहते हैं। इस प्रकार भारतीय बहुभाषिक संदर्भ में ज्ञानात्मक साहित्य के इस महत्व को स्वीकारते ही अनुवाद की भूमिका का विस्तार हो जाता है कि भिन्न भाषा-भाषी समुदायों का व्यावहारिक तथा उपयोगी साहित्य भी अनुवाद के माध्यम से हमारे सामने आ सके। अनुवाद की यह भूमिका स्वतंत्रता प्राप्ति के बाद भारतीय संदर्भ में बहुत तेजी के साथ उभरी है। एक बहुभाषी राष्ट्र होने के नाते ही भारतीय संविधान की अष्टम अनुसूची के अंतर्गत 22 भाषाओं को राजभाषा का स्थान दिया गया है। इस संवैधानिक मान्यता का एकमात्र कारण यही था कि हिंदी तथा अन्य प्रादेशिक भाषाएँ भारत की सामाजिक आवश्यकता, सांस्कृतिक अस्मिता व भावात्मक एकता के माध्यम के रूप में अपनी-अपनी भूमिकाएँ निभाती रही हैं।

बहुभाषिक स्थिति में हिंदी व प्रादेशिक भाषाओं की भूमिका ने ही अनुवाद की भूमिका को भी बहुमुखी व बहुआयामी बनने को बाध्य कर दिया है। यहाँ यह तथ्य भी उल्लेखनीय है कि स्वतंत्रता प्राप्ति के पहले की व्यावहारिक कामकाज की भाषा अंग्रेज़ी ने स्वतंत्रता प्राप्ति के बाद 1967 के राजभाषा संशोधित अधिनियम के तहत सहराजभाषा के रूप में स्थान प्राप्त किया और इच्छुक सरकारी कर्मचारी अंग्रेज़ी में काम करने के लिए स्वतंत्र हुए। परंतु जिन क्षेत्रों में अंग्रेज़ी तथा हिंदी दोनों के प्रयोग को अनिवार्य माना गया है, अर्थात दिल्ली सहित उत्तर प्रदेश, बिहार, मध्य प्रदेश, राजस्थान, हरियाणा, हिमाचल प्रदेश आदि। इनमें संकल्प, सामान्य आदेश, नियम अधि-सूचना, प्रेसविज्ञप्ति, संसदीय रिपोर्ट तथा सरकारी कागज-पत्र और संविदा,

करारनामा, लाइसेंस, टेंडर नोटिस, परमिट और सरकारी फार्म दोनों भाषाओं में प्रस्तुत होना अनिवार्य कर दिए गए।

इस प्रकार केंद्रीय धरातल पर हिंदी पत्राचार का अंग्रेज़ी अनुवाद प्रेषित किया जाना अनिवार्य है। एक राज्य दूसरे राज्य से, तथा राज्य और केंद्र के बीच के संप्रेषण में भी ऐच्छिकता की स्थिति ने अनुवाद की भूमिका को अनिवार्य सा बना दिया है।

भारतीय संदर्भ में उपरोक्त चर्चा प्रशासनिक धरातल पर अनुवाद की भूमिका को रेखांकित करती है। केंद्र और राज्य सरकारों में हिंदी-अंग्रेज़ी, हिंदी-भारतीय भाषा, अंग्रेज़ी-भारतीय भाषा और इसके विपरीत स्थितियों में अनुवाद कार्य की अनिवार्यता ने ही राजभाषा अधिकारियों व अनुवादकों की आवश्यकता को महसूस किया। इनके प्रशिक्षण आदि की व्यवस्था भी केंद्र व राज्य सरकारें करती हैं।

स्वतंत्रता प्राप्ति के बाद ही औद्योगीकरण की दिशा में भी भारत ने अपार प्रगति की, तब हिंदी व अन्य भारतीय भाषाओं में औद्योगिक प्रयुक्ति के विकास में अनुवाद ने अपनी भूमिका निभाई पर इस क्षेत्र में आत्मनिर्भरता की दृष्टि से स्वदेशी भाषाओं को मात्र अनुवाद आश्रित न बनाकर मौलिक सृजन व चिंतन करके अपने को सक्षम बनाना भी अनिवार्य है।

आज अनेक हिंदी-भाषी प्रदेश (जिन्होंने हिंदी को संघ की राजभाषा का स्थान देते ही उसे अपने राज्यों की राजभाषा के रूप में स्वीकार कर लिया था) शैक्षिक धरातल पर विज्ञान, तकनालाजी, वाणिज्य, व्यवसाय-प्रबंध जैसे विषयों की शिक्षा का माध्यम हिंदी को बनाने की पहल कर चुके हैं। इस उद्देश्य की पूर्ति में मौलिक साहित्य सृजन के साथ-साथ अनूदित साहित्य भी सुदृढ़ आधार बन सकेंगे इसमें संदेह नहीं।

विभिन्न स्तरों पर विभिन्न विषय-क्षेत्रों में अनुवाद की भूमिका भी बदलती रहती है जिसके प्रति आज अनुवादक व अनुवाद के छात्रों की जागरूकता एक अनिवार्यता बन चुकी है। यदि वैज्ञानिक संदर्भों में अनुवाद की चर्चा की जाय तो उसकी प्रक्रिया प्रकृति भिन्न होगी, प्रशासनिक, व्यावसायिक, साहित्यिक अनुवाद में भी यह प्रक्रिया और अनुवाद की प्रकृति एक दूसरे से भिन्न हो जाती है। इसका सर्वाधिक महत्त्वपूर्ण उदाहरण पत्रकारिता के क्षेत्र में देखा जा सकता है जहाँ एक साथ भिन्न-भिन्न प्रयुक्तियाँ पत्रकारिता की उप-प्रयुक्तियों के रूप में हमारे सामने आती हैं और उनमें अधिकांश अंश अनूदित होते हैं। अंतर्राष्ट्रीय महत्व के समाचार, खेलकूद संबंधी समाचार जैसे क्षेत्र लगभग अनूदित होते हैं। भारत की सभी भाषाएँ अपनी इन प्रयुक्तियों को अनुवाद के माध्यम से व मौलिक शब्द-निर्माण के माध्यम से उभार रही हैं।

जब हम व्यावहारिक या ज्ञानात्मक साहित्य की बात करते हैं तो शब्दावली सबसे पहले हमारे सामने आती है। सभी भारतीय भाषाएँ इस बात का प्रयत्न करती

हैं कि वे विभिन्न विषय क्षेत्रों से जुड़ी हुई पारिभाषिक शब्दावली का निर्माण करें। इस आवश्यकता की पूर्ति में अनुवाद की भूमिका सबसे अधिक उभर कर आती है। शब्द के स्तर पर दो प्रक्रियाएँ महत्त्वपूर्ण हैं—मानकीकरण-विशिष्टीकरण। मानकीकरण के धरातल पर हमारे पास दिवस, आयाम, लपकना, मान जैसे शब्द हैं पर जब हम इनका प्रयोग अंग्रेज़ी की अनूदित अभिव्यक्ति वन डे के संदर्भ में 'एकदिवसीय' के रूप में करते हैं, या थ्री-डायमेंशनल के संदर्भ में 'त्रिआयामी' के रूप में करते हैं, या कैच के संदर्भ में 'लपकना' करते हैं तो विशिष्टीकरण का धरातल हमें दिखाई देने लगता है। इसी प्रकार जब हम ताप, द्रव्य, मान, बल, गति, वेग, अनुक्रिया को एक विशिष्ट विषय के संदर्भ में सामान्य अर्थ से भिन्न स्रोत भाषा की संकल्पता के अनुसार एक विशिष्ट अर्थ देते हैं तो शब्दों का विशिष्टीकरण होता है। इस विशिष्टीकरण की प्रक्रिया में यह ध्यान देना होगा कि हिंदी ने कई प्रादेशिक भाषाओं के शब्दों को भी विशिष्ट बनाकर प्रयोग किया है और उन्हें अंग्रेज़ी की संकल्पना के अधिक निकट मानकर प्रयुक्त किया है जिससे हिंदी संविधान की धारा 351 के अनुसार अपने को सामासिक-संस्कृति की अभिव्यक्ति की माध्यम भाषा के रूप में स्थापित करने में समर्थ बन सकी है। इस संदर्भ में यह भी ध्यान देना होगा कि पारिभाषिक शब्दावली के धरातल पर सभी भारतीय भाषाओं ने किसी भी भाषा या स्रोत से शब्द लेकर उसे विशिष्टीकरण की प्रक्रिया द्वारा अंग्रेज़ी की मूल अभिव्यक्ति के समकक्ष रखने में कोई संकोच नहीं किया है। यह एक शुभ लक्षण है। आवश्यकता है सभी भाषाओं में प्रयुक्त शब्दावलियों के आकलन की जिससे यह स्थापित किया जा सके कि कौन सी भारतीय भाषा में किस संधारणा के लिए ऐसा शब्द है जो अन्य भाषाओं में उसी संकल्पना के लिए प्रयुक्त शब्दों में सर्वाधिक सटीक है, फिर उसे पारिभाषिक मानक के रूप में सभी भाषाओं में प्रयोग करने के प्रयत्न किए जा सकते हैं।

जहाँ तक हिंदी की पारिभाषिक शब्दावली का और उसमें भी अनूदित पारिभाषिक शब्दावली का प्रश्न है तीन मुख्य बातों को ध्यान में रखा गया है : अभिव्यक्ति की सरलता, बोधगम्यता व तथ्यपरकता। यहाँ यह प्रश्न उठाया जा सकता है कि हिंदी की संस्कृतनिष्ठ अनूदित शब्दावली में पहले दो गुणों का अभाव है तो यहाँ यह निवेदन कर देना होगा कि भारतीय संदर्भ में कई प्रादेशिक भाषाओं की दृष्टि से संस्कृत शब्दावली अधिक बोधगम्य व सरल है तथा तथ्यपरकता और शब्द-रचना की अनंत संभावनाओं की दृष्टि से भी संस्कृत-आधारित शब्दावली को आसानी से नकारा नहीं जा सकता। फिर हिंदी की पारिभाषिक शब्दावली में एक संकल्पना के लिए पारिभाषिक युग्मों का विकल्प अधिकांश अभिव्यक्तियों के साथ हमारे पास है—विधि-कानून, अनशन-भूख हड़ताल (हंगर स्ट्राइक), त्यागपत्र-इस्तीफा (रेजीगनेश) आदि। इसके साथ ही विदेशी शब्दों की स्वीकृति, संकर शब्दावली के प्रयोग जैसी प्रक्रियाओं ने व्यावहारिक क्षेत्र में हिंदी शब्दावली को इस प्रकार अनूदित

करने का प्रयास किया है जिससे वह औसत शिक्षित पाठक के लिए बोधगम्य हो सके और अखिल भारतीय स्तर पर उसे स्वीकृति मिल सके।

यह सही है कि हिंदी की पारिभाषिक शब्दावली की जटिलता के प्रश्न को लेकर कई अटकलें लगाई जाती हैं और उसकी कठिनता पर कितने ही कटाक्ष किए गए हैं, परंतु इन प्रश्नों को उठाने से पहले हमें यह नहीं भूलना चाहिए कि जब भी कोई भाषा एक लंबी अवधि तक उपेक्षित रहती है और बाद में जब उसके ऊपर नवीन संदर्भों और भूमिकाओं को निभाने का दायित्व आ जाता है तब वह भाषा अनुवाद के माध्यम से या उधार लेकर या लोक शब्दों को पारिभाषिक बना कर या विदेशी प्रचलित शब्दों को अपनी शब्दावली का अंग बनाकर अपना विकास करती है। और यह विकास अधिकतर एक प्रयोग होता है। जटिलता या काठिन्य की समस्या क्रमशः प्रयोग द्वारा ही हल होती है या की जा सकती है। जब हम किसी भाषा की क्षमता पर प्रश्न चिह्न लगाते हैं तो वास्तव में हम उसके प्रयोक्ता की अक्षमता को अनदेखा करने की मीठी भूल करते हैं। आज सभी भाषाविद यह मानते हैं कि किसी भी भाषा को उसके प्रयोग के चाहे कितने भी संदर्भ दिए जाएँ, वह कभी भी अपने दायित्व को पूरा करने में असक्षम नहीं होती।

अनुवाद के संदर्भ में शब्दावली के प्रश्न को बहुत आगे तक खींचा जा सकता है लेकिन यहाँ विशेष संदर्भ यह है कि भारतीय बहुभाषिक स्थिति में अनुवाद की भूमिका क्या हो और विशेष रूप से आधुनिक संदर्भों में उसकी भूमिका क्या हो।

यहाँ अनुवाद की भूमिका में विषयगतता के प्रश्न पर भी ध्यान देना होगा। अनुवाद को व्यावहारिक संदर्भ विषय वस्तु की विविधता ने ही दिया है। यहाँ आदर्श स्थिति उसे माना गया है कि जिस विषय से मूल पाठ का संबंध हो उसमें अनुवाद के पाठक और अनुवादक को एक सीमा तक विशेषज्ञ होनी चाहिए अर्थात विधि के पाठक अनुवादक को विधि की, रसायन या भौतिकी के पाठक अनुवादक को रसायनशास्त्र या भौतिकी की, न्यूनतम जानकारी अवश्य होनी चाहिए। इसके साथ ही यह तथ्य भी महत्त्वपूर्ण है कि विषय के अनुरूप ही भाषा का अर्थतंत्र भी विशिष्ट होता है। यही कारण है कि विज्ञान की भाषा सीमित और निश्चित अर्थतंत्र लिए होती है जबकि सामान्य भाषा का अर्थतंत्र व्यापक और असीम होता है।

विषयगतता के साथ-साथ अनुवाद की प्रकृति भी पहचानी जानी चाहिए। यह प्रकृति दो धरातलों पर आधारित होती है भाषा के स्तर पर और विषयवस्तु के स्तर पर। यहाँ जब हम अनुवाद की भूमिका को देखते है तो हमें अनुवाद के कुछ ऐसे स्तर दिखाई देते हैं जिन्हें हम पूर्ण अनुवाद कहते हैं। यह अनुवाद स्रोत भाषा की सामग्री के प्रत्येक अंश को लक्ष्य भाषा में परिवर्तित करता है। इस स्तर पर वैज्ञानिक, तकनीकी या अन्य तथ्यपरक विषयों के अनुवाद को रखा जा सकता है। जबकि दूसरा आंशिक अनुवाद का स्तर वह है जहाँ मूलपाठ के कुछ अंशों को छोड़ दिया

जाता है। इस स्तर पर सर्जनात्मक साहित्य के अनुवाद को रखा जा सकता है जिसमें आंचलिक, स्थानीय तत्व (बरक्कत, पसेरी, कौड़ी भर, कौर नहीं धंसता, खूब तन कर खाया) जैसे शब्दों अभिव्यक्तियों का पूर्ण अनुवाद नहीं हो पाता और सांस्कृतिक आधार पर साधु, अहीर, चैत का महीना जैसे पक्षों का आंशिक अनुवाद ही संभव हो पाता है। व्यावहारिक अनुवाद के अधिकांश क्षेत्र तथ्यपरक विषयों से जुड़े हैं इसलिए उनमें पूर्ण अनुवाद की संभावना अपेक्षाकृत अधिक है।

भारतीय बहुभाषिक संदर्भ में भाषा-शिक्षण की प्रक्रिया में भी एक क्रांतिकारी परिवर्तन आया है। जहाँ शिक्षण की प्रविधियों में अनुवाद की भूमिका का अपना महत्व है। जबकि काफ़ी समय से भाषा शिक्षण में अनुवाद विधि की उपेक्षा की जा रही है और उसकी सीमाओं को भी नए धरातल पर दिखाने का प्रयत्न किया गया है, लेकिन प्रत्यक्ष रूप से जब हम अन्य भाषा के रूप में किसी भाषा का शिक्षण करते हैं तो अनुवाद, उसकी उपयोगिता और उसके प्रयोग से बचा नहीं जा सकता। यह ठीक है कि एक सीमा में बँध कर भाषा के जड़ीभूत रूप का अनुवाद-विधि से शिक्षण एक पुरानी बात हो चुकी है लेकिन आधुनिक संदर्भों में जिस व्यतिरेकी विश्लेषण की चर्चा हम करते हैं और शिक्षण विधि में हम जिस प्रकार मातृभाषा और अन्य भाषा के विभिन्न भाषाई अंगों को प्रत्यक्ष या परोक्ष रूप से भाषा अध्येता के सामने रखते हैं उसमें अनुवाद की भूमिका निः संदेह कहीं न कहीं अपनी महत्व स्थापित करती है। इतना ही नहीं शिक्षण के सहायक उपकरण के रूप में भी अनुवाद की भूमिका असंदिग्ध रूप से बनी रहती है। भारतीय बहुभाषिक संदर्भ में द्वितीय भाषा के रूप में हिंदी शिक्षण या अन्य भारतीय भाषाओं के शिक्षण में अनुवाद एक महत्त्वपूर्ण भूमिका निभा सकता है–निभा रहा है। इसीलिए आज इस बात पर बल दिया जाता है कि जब हम हिंदीतर प्रदेशों में हिंदी का शिक्षण करते हैं तो उस प्रदेश की भाषा में सृजित साहित्य के हिंदी अनुवादों को भी पाठ्यक्रम में स्थान देना चाहिए।

दूसरी ओर भारतीय धरातल पर अनुवाद की भूमिका इसलिए महत्त्वपूर्ण बन गई है कि आज विभिन्न क्षेत्रों में अनुवादकों और दुभाषियों की नितांत आवश्यकता है। इसके लिए सही अनुवादक और सही दुभाषियों को तैयार करने के लिए उचित प्रशिक्षण की व्यवस्था सरकारी स्तर पर की गई है। यह माना गया है कि अनुवादक का कार्य बहुत सहज नहीं होता और जब ऐसे विषय क्षेत्रों का अनुवाद करना हो जिनमें निश्चित और एकार्थी कथन महत्त्वपूर्ण हो जैसे प्रशासनिक, विधिक और वैज्ञानिक, तब कठिनाई और बढ़ जाती है। लेकिन भारतीय संघ की भाषानीति के परिप्रेक्ष्य में आनेवाले सालों में योग्य अनुवादकों की आवश्यकता और उनकी बढ़ती हुई जरूरत को देखते हुए दिल्ली विश्वविद्यालय द्वारा अनुवादकला और अनुवादविज्ञान का एक वर्षीय पाठ्यक्रम 1961-62 से प्रारंभ किया गया। बाद में अनुवाद के क्षेत्र से संबंधित पाठ्यक्रम उस्मानिया विश्वविद्यालय, पंजाब विश्वविद्यालय, केंद्रीय

हिंदी संस्थान (दिल्ली) और दक्षिण भारत हिंदी प्रचार सभा के माध्यम से दक्षिण भारत के चारों राज्यों में तेरह अनुवाद डिप्लोमा पाठ्यक्रम केंद्र भी चलाए गए। आज अनुवाद अध्ययन के कई विभाग और केंद्र पूरे भारत में चल रहे हैं, ये पाठ्यक्रम अनुवाद-सामग्री के रूप में केवल ललित साहित्य ही नहीं अपितु ज्ञान-विज्ञान के विविध क्षेत्रों को अनुवाद से जोड़ने से संबंधित हैं। यह एक ऐतिहासिक और कड़वा सच है कि ब्रिटिश शासन ने भारतीय भाषाओं के विकास को इन साहित्येतर क्षेत्रों में बिल्कुल अवरुद्ध कर दिया था, यह विकास कालांतर में अनवुाद के माध्यम से ही संभव हो सका। भारत की सभी भाषाओं के आपसी आदान-प्रदान में और सभी भारतीय भाषाओं को आधुनिक ज्ञान-विज्ञान से संपन्न करने में भी अनुवाद की भूमिका महत्त्वपूर्ण रूप में उभरी है। भारतीय बहुभाषिक स्थिति में अंग्रेज़ी और अन्य भारतीय भाषाओं की सामग्री को परस्पर अनूदित व पुनर्लिखित करना एक ओर भारतीय भाषाओं के आधुनिकीकरण की दृष्टि से महत्त्वपूर्ण है और दूसरी ओर भारतीय भाषाओं और एकाधिक संस्कृतियों के बीच भावात्मक एकता की दृष्टि से भी। यही कारण है कि भारत में अनुवाद का कार्य दोहरे स्तर पर भाषाओं को समृद्ध करता है। विदेशी भाषाओं से भारतीय भाषाओं में अनुवाद भारतीय भाषाओं को 'ज्ञान' में समृद्ध करते हैं तथा हिंदी से क्षेत्रीय भाषाओं में, क्षेत्रीय भाषाओं से हिंदी में और एक क्षेत्रीय भाषा से दूसरी क्षेत्रीय भाषा में होनेवाले अनुवाद भारतीय चिंतन, संस्कृति, जीवन-विधि में 'भारतीयता के तत्व' को प्रमाणित करते हैं।

इसके अतिरिक्त कामकाज के विभिन्न क्षेत्रों में संदर्भ ग्रंथों, कोश-निर्माण, वार्षिक रपट लेखन आदि में अनुवाद के महत्व को भारतीय बहु-भाषिक संदर्भ में स्पष्ट पहचान लिया गया है जिसके लिए एक ओर केंद्रीय हिंदी निदेशालय, केंद्रीय अनुवाद ब्यूरो जैसे संगठन प्रयत्नशील है और एक दूसरे स्तर पर नेशनल बुक ट्रस्ट और साहित्य अकादमी भी अनुवाद के माध्यम से भारतीय संदर्भ में विविध साहित्य-सामग्री प्रस्तुत कर रहे हैं।

भारत की बहुभाषिक और बहुसांस्कृतिक प्रकृति को देखते हुए एवं उसके व्यापक भौगोलिक क्षेत्र को देखते हुए यह कहा जा सकता है कि स्वतंत्रता प्राप्ति के बाद भारतीय भाषाओं के बहुमुखी विकास में अनुवाद की भूमिका को पहचानते हुए अनेक कार्य किए गए। पर यह दायित्व दिन-प्रति-दिन बढ़ते जाएँगे क्योंकि भारतीय भाषाएँ नित नए राष्ट्रीय-अंतर्राष्ट्रीय क्षितिजों को अब छूना चाहेंगी, अनुवाद ही तब भी उनकी आकांक्षाओं को मूर्त रूप देगा।

7

अनुवाद चिंतन-सार

(1)

अनुप्रयुक्त भाषाविज्ञान के सर्वाधिक महत्त्वपूर्ण अंग के रूप में आज अनुवाद की चर्चा की जाती है। जब हम भाषाविज्ञान द्वारा प्रतिपादित भाषाविश्लेषण के वैज्ञानिक सिद्धांतों का अनुप्रयोग अन्य विषयों पर करते हैं तब अनुप्रयुक्त भाषाविज्ञान की शाखाएँ विकसित होती हैं। भाषा$_1$ से भाषा$_2$ में रूपांतरण के लिए भाषाविज्ञान के सिद्धांत दो भाषाओं के संदर्भ में प्रयोग में लाए जाते हैं, यही अनुवाद है।

अनुवाद की परिभाषाओं की एक लंबी शृंखला हमें दिखाई देती है जो इस बात का प्रमाण है कि अनुवाद बहुत पहले से लोकप्रिय तथा दो भाषाओं के बीच एक सांस्कृतिक-सेतु के रूप में प्रचलित रहा है। अनुवाद का विषय आधुनिक युग में अत्यंत व्यापक और बहुमुखी बन गया है और उसी के अनुरूप उसकी अधूरी-अपूर्ण परिभाषाओं का स्थान वैज्ञानिक और ठोस परिभाषाओं ने ले लिया है। अनुवाद की सार्थकता, उसके स्वरूप-प्रकार्य एवं उसकी व्यावहारिकता को उभारने वाली दो परिभाषाएँ इस प्रकार हैं : 'अनुवाद एक भाषा के पाठपरक उपादानों का दूसरी भाषा के पाठपरक उपादानों के रूप में समतुल्यता के सिद्धांत के आधार पर प्रतिस्थापन है।'

'अनुवाद का संबंध स्रोत भाषा के संदेश का पहले अर्थ और फिर शैली के धरातल पर लक्ष्य-भाषा में निकटतम, स्वाभाविक तथा तुल्यार्थक उपादान प्रस्तुत करने से होता है।'

ये दोनों परिभाषाएँ अनुवाद को एक सैद्धांतिक ढांचे में भी बांधती हैं और व्यावहारिक स्तर पर अनुवाद के संभावित स्वरूप की ओर भी इंगित करती हैं। इन परिभाषाओं के परिप्रेक्ष्य में ही अनुवाद की प्रक्रिया को वैज्ञानिक बनाने से संबंधित विचार भी सामने आए। प्रक्रिया पर विस्तार से चर्चा इसलिए हुई कि एक सामाजिक आवश्यकता के रूप में अनुवाद का क्षेत्र विस्तृत ही नहीं हुआ है अपितु आज पूरे विश्व में संप्रेषण माध्यम के रूप में अनुवाद का योगदान अभूतपूर्व है। अनुवाद-प्रक्रिया के निम्नलिखित सोपान हैं :

मूल पाठ

1. विश्लेषण (मूल पाठ के संदेश का सरल-स्पष्ट विश्लेषण)
2. अंतरण (मूल पाठ के संदेश का अर्थ ग्रहण और अंतरण)
3. पुनर्गठन (लक्ष्य भाषा की प्रकृति के अनुसार संदेश का पुनर्गठन)

अनूदित पाठ

उपरोक्त तीनों सोपान अनुवाद-प्रक्रिया के अनिवार्य तत्व हैं।

1. विश्लेषण के दो संदर्भ होते हैं, भाषास्तर पर विश्लेषण और विषयवस्तु के स्तर पर विश्लेषण। इस स्तर पर अनुवादक, पाठक की भूमिका निभाता है।
2. अंतरण की चार स्थितियाँ होती हैं। पूर्ण अंतरण, विश्लेषणात्मक अंतरण, संश्लेषणात्मक अंतरण और संरचनात्मक अंतरण।
3. पुनर्गठन के समय अनुवादक लेखक की भूमिका निभाता है। पुनर्गठित रूप में ही मूलपाठ लक्ष्यभाषा में 'सहपाठ' के रूप में आता है। क्योंकि पुनर्गठन के समय भाषाशैली और विधा जैसे दो पक्ष अनुवाद में महत्त्वपूर्ण बन जाते हैं इसीलिए अनुवादक को अनूदित पाठ की संप्रेषणीयता पर सबसे अधिक ध्यान देना पड़ता है।

ये प्रक्रियाएँ और अनुवाद के भीतर सिमटे विभिन्न विषय क्षेत्र अनुवाद के प्रकारों को भी बहुमुखी बना देते हैं। अनुवाद के प्रकारों का विभाजन तीन आधारों पर किया गया है : माध्यम, प्रक्रिया और पाठ। माध्यम के आधार पर अन्वयांतर, भाषांतर, प्रतीकांतर—तीन अनुवाद प्रकार हमारे सामने आते हैं। प्रक्रिया के आधार पर पूर्ण पाठधर्मी अनुवाद और प्रभावधर्मी अनुवाद देखे जा सकते हैं। पाठ के आधार पर पूर्ण तथा आंशिक अनुवाद (रचना के स्तर पर) और शब्द प्रति शब्द अनुवाद, शाब्दिक अनुवाद, भावानुवाद और छायानुवाद (अर्थ के स्तर पर) दिखाई देते हैं।

अपनी परिभाषा में अनुवाद आज अधिक वैज्ञानिक, अपनी प्रक्रिया में अधिक सूक्ष्म और अपने प्रकारों में बहुमुखी बन चुका है। पहले अनुवाद का क्षेत्र संकुचित था और उसकी परिधि में धार्मिक और रंजक साहित्य ही आते थे, जबकि आज ज्ञानविज्ञान का प्रत्येक क्षेत्र अनुवाद की परिधि में आ गया है। व्यावहारिक तथा उपयोगी साहित्य (कार्यालय, बैंक, पत्रकारिता आदि से संबंधित) के अध्ययन की आवश्यकता ने अनुवाद को विभिन्न भाषाभाषी समुदायों के लिए अनिवार्य बना दिया है। अनुवाद के इस व्यापक पक्ष ने अनुवादक से जुड़ी इस रूढ़ धारणा को भी तोड़ा है कि द्विभाषिकता की स्थिति अनुवादक के लिए पर्याप्त है। आज यह माना जाता है कि दो भाषाओं पर पूर्ण दक्षता के साथ अनुवादक को विषय का, भाषा संबंधी नियमों का, दोनों भाषाओं की सामाजिक सांस्कृतिक और प्रकार्यगत भूमिकाओं का

ज्ञान भी होना चाहिए। अतः कोई भी द्विभाषिक अनुवादक नहीं बन सकता, अनुवादक बनने के लिए भाषा व्यवहार संबंधी एक कौशल के रूप में अनुवादक को इसे सीखना-साधना पड़ता है। अतः अनुवाद अब अभ्यास पर आधारित एक 'कौशल' के रूप में पारिभाषित है। संभवतः इसीलिए इसे आज 'उपयोगी कला' के रूप में भी देखा जा रहा है।

(2)

व्यक्ति के वास्तविक एवं मौलिक विकास में तथा उसकी बौद्धिक एवं शैक्षिक उपलब्धियों की प्राप्ति में जितनी प्रखर एवं प्रभावशाली भूमिका मातृभाषा निभाती है या निभा सकती है, उतनी कोई अन्य दूसरी भाषा नहीं, चाहे हम उस अन्य भाषा को अपनी मातृभाषा की तुलना में कितना ही श्रेष्ठ, संपन्न और उपयोगी सिद्ध करने का प्रयास क्यों न कर रहे हों। यह तथ्य विश्व के छोटे-बड़े अनेक देश अच्छी तरह समझ चुके हैं और इन सभी ने अपनी भाषाओं के माध्यम से ही प्रगति-पथ के अनेक पड़ाव पार किए हैं। ऐसा करने से शिक्षा के व्यापक अवसर भी उनकी जनसंख्या को प्राप्त हुए हैं और बुद्धि और मेधा भी उनमें किसी से कम नहीं है।

यह तो सिद्ध ही हो चुका है कि कोई भी भाषा किसी दूसरी भाषा की तुलना में श्रेष्ठ या महान नहीं होती, और न ही हीन या कमजोर। फिर भी भारत में हम स्वाधीन होने के बाद से क्रमशः अपनी भाषाओं के महत्व को भूलते और उनकी उपादेयता को नकारते चले आ रहे हैं। फलस्वरूप, हमें राजनैतिक स्वतंत्रता तो मिली पर मानसिक गुलामी हमें जकड़े ही रही। अंग्रेज़ी भाषा की जंजीरों में हमने अपनी शिक्षा-व्यवस्था, अपने आचार-विचार यहाँ तक कि अपने दैनंदिन व्यवहार को भी बांध-जकड़ लिया है।

इस बीमार मानसिकता के पक्ष में कुतर्क करते हुए भी हमें शर्म महसूस नहीं होती। कोई कहता है कि अंग्रेज़ी के बिना तो हमें आधुनिक ज्ञान-विज्ञान का परिचय ही नहीं हो सकता, किसी का मानना है कि आज अंग्रेज़ी ही प्रमुख संपर्क भाषा के रूप में सारे भारत को जोड़े हुए है तो कुछ लोग अंग्रेज़ी को अपनी मातृभाषा घोषित करके गौरवान्वित महसूस करने में संकोच नहीं कर रहे हैं।

ऐसा नहीं है कि हमें अपनी मातृभाषाओं के माध्यम से शिक्षा के अवसर नहीं दिए जा रहे हैं पर इस शिक्षा को अंग्रेज़ी माध्यम से प्राप्त शिक्षा की तुलना में अतिहीन व असफल मान और बना दिया गया है। अंग्रेज़ी माध्यम की शिक्षा और अंग्रेज़ी परस्त मानसिकता हमें न तो पूरी तरह अंग्रेज़ी में दक्ष बना पा रही है और न ही हम अपनी मातृभाषा और उसकी विरासत से अपने को जोड़ पा रहे हैं। ऐसे में पीढ़ी-दर-पीढ़ी हम ऐसा शिक्षित समुदाय उत्पन्न एवं निर्मित करते जा रहे हैं जो अपनी संस्कृति, अपने साहित्य, अपनी कलाओं और अपनी भाषा की अत्यल्प जानकारी रखता है।

एक वर्ग विशेष तो इनसे अनभिज्ञ बने रहने को ही अपनी आधुनिकता एवं अपने आभिजात्य की कसौटी और प्रमाण माने बैठा है। ऐसी मानसिकता के साथ जीनेवालों से निर्मित समुदायों से क्या हम अतीव राष्ट्रीयता, आत्म समर्पण और आत्म बलिदान जैसी उच्चतर भावनाओं की आशा कर सकते हैं ? शायद नहीं। इसके लिए जितनी जिम्मेदार हमारी मानसिकता है उतनी ही हमारी पूरी शिक्षा-नीति भी, जिसने मैकॉले की काले बाबू बनाने के उद्देश्य को लेकर निर्मित शिक्षा-नीति में अभी तक कोई उल्लेखनीय परिवर्तन नहीं किया है।

यदि यह मान भी लें कि जीवन के कुछ संदर्भों में हमें अंग्रेज़ी भाषा का सहारा चाहिए तो हमें इस बात की भी अनदेखी नहीं करनी चाहिए कि हमारी मातृभाषाएँ भी जीवन के अनेक संदर्भों में हमारे लिए अनिवार्य हैं। हम तो उल्टे अंग्रेज़ी को अपनी मातृभाषा का भी स्थानापन्न बनाते जा रहे हैं। भारत के प्रथम राष्ट्रपति डॉ. राजेंद्र प्रसाद ने ठीक ही कहा था कि अगर हम हिंदी को आज़ादी के बाद भी राष्ट्रभाषा और राजभाषा के रूप में फैला नहीं सकते तो हमें आज़ादी प्राप्त करने की इतनी जल्दी क्या थी ?

आज पुनः इस बात पर विचार होना चाहिए कि मातृभाषाओं को, जो कि वास्तव में भारत की राष्ट्रीय भाषाएँ हैं; क्या हम मात्र 'अनुवाद की भाषा' के रूप में देखते और मान्यता देते रहेंगे या इनकी क्षमता एवं उपादेयता को पहचान कर इनके मौलिक प्रयोग की उन अनंत दिशाओं को प्रशस्त करने और इन्हें उतना ही महत्व दिलवाने का 'एकजुट' प्रयास करेंगे जितना कि किसी स्वतंत्र राष्ट्र की विकसित, सुसंस्कृत एवं महान भाषाओं को मिलना चाहिए ?

प्रारंभ में अनुवाद को एक सहायक (सबसिडियरी) और व्युत्पन्न (डेरिवेटिव) कला के रूप में देखा गया और इसे मूल सृजन जैसा महत्व नहीं दिया गया। इसमें शक नहीं कि अनुवादक लक्ष्य भाषा में एक सह पाठ प्रस्तुत करने को बाध्य है। पर इसके लिए वह मूल के संप्रेषणपरक आशय तथा लक्ष्यभाषा के संरचनात्मक गठन को ध्यान में रखता है। ऐसा वह सृजनात्मक होकर ही कर सकता है। इसीलिए बाद में चलकर अनुवाद कार्य को 'सह-सृजनात्मक' स्वीकार किया गया। इसी समय यह स्थापित हुआ कि अनुवाद (कार्य) में एक प्रतीक व्यवस्था का दूसरी में परिवर्तन होता है। इसमें शाब्दिक अर्थ के स्थान पर समतुल्य भावधारणा (सेंस-पर्सेप्शन) को प्रस्तुत करना प्रमुख होता है। इसी धरातल पर हमें अनुवाद के तीन भाषावैज्ञानिक सिद्धांत दिखाई देते हैं। नाइडा (1964) मानते हैं कि अनुवाद में स्रोतभाषा के अर्थ का लक्ष्यभाषा में अंतरण किया जाता है। इसके विपरीत कैटफर्ड (1965) की मान्यता है कि अनुवाद में स्रोत भाषा के लिए लक्ष्य भाषा के अर्थ का प्रतिस्थापन किया जाता है। रोमन याकोब्सन (1959) का स्पष्ट कहना है कि साहित्य के अनुवाद में केवल सर्जनात्मक अनुवाद की ही संभावना है।

भारत की बहुभाषिक स्थिति में अनुवाद का स्थान और उसकी भूमिका महत्त्वपूर्ण रही है। यह भूमिका साहित्यिक अनुवाद को प्रोत्साहित और 'भारतीयता' की भावना को पुष्ट करती है। अनुवाद की दूसरी प्रमुख भूमिका साहित्येतर अनुवाद से संबंधित है। आधुनिक भारत में अनुवाद का यह क्षेत्र निरंतर विकासशील है। विज्ञान से लेकर पत्रकारिता तक और विज्ञापन से लेकर शेयर बाज़ार तक इस दिशा में अनुवाद किया जा रहा है। दोनों ही स्तरों पर हिंदी, अंग्रेज़ी और भारतीय भाषाएँ आवश्यकतानुसार परस्पर स्रोत और लक्ष्यभाषा की भूमिकाएँ निभाती हैं।

निश्चित ही, अनुवाद की यह व्यापकता विश्वस्तर पर भी सिद्ध है। विश्व साहित्य के रूप में सृजनात्मक लेखन और ज्ञान-विज्ञान का साहित्य भी विश्व की भाषाओं में परस्पर अनूदित हो रहा है। ऐसे में अनुवाद शास्त्र की सैद्धांतिकता और वैचारिकता में भी उल्लेखनीय परिवर्तन आए हैं जिसमें अनुवाद शास्त्र के प्रतिफलन या उसके व्यावहारिक उपयोग की ओर भी ध्यान दिया जा रहा है। प्रतीक व्यवस्था की संकल्पना ने अनुवाद के भाषिक और अर्थीय पक्ष को नई दिशा दी है जिसमें 'भाषा' और 'पाठ' के अभेद को संकेतित किया गया है।

अनुवाद एक द्विभाषिक परिकल्पना है। एक ओर इसका सैद्धांतिक पक्ष है, तो दूसरी ओर इसके करने की प्रक्रिया। इस प्रक्रिया में अनुवादक की पहली भूमिका पाठक की होती है और इस स्तर पर लक्ष्यभाषा की पाठ संस्कृति का आयाम महत्त्वपूर्ण बन जाता है।

पाठक के रूप में ही अनुवादक की क्षमता भी अनुवाद चिंतन का मूलाधार बन चुकी है। यहाँ अनुवाद किसके लिए किया जा रहा है और अनुवाद की पाठ सामग्री की प्रकृति कैसी है? इन दो प्रश्नों के साथ-साथ यह प्रश्न भी केंद्रीय बन गया है कि अनुवाद किस उद्देश्य से किया जा रहा है। अनुवादक से जुड़े इस आयाम को अभिप्रेरक तत्व (मोटिवेशन एलिमेंट) भी कहा जा सकता है।

अनुवाद का एक आयाम सममूल्यता का भी आया है जिसमें अर्थपक्ष और क्षतिपूर्ति नियम जैसे दो बिंदु हैं। यदि साहित्यिक पाठ को देखा जाए तो यह साफ होता है कि अलंकृत भाषा सौंदर्यमूलक होती है, इसीलिए इसकी संप्रेषणीयता में बाधा बनती है। आज अनुवाद शास्त्र यह मानता है कि अलंकृत अभिव्यक्ति को सपाटबयानी में भी अंतरित किया जा सकता है। यही अनुवादक की क्षमता और सृजनात्मकता की कसौटी भी है।

अनुवाद में एक और आयाम शैलीय धरातल का है। भाषा और अर्थ दोनों के कई भेद यहीं खुलते हैं। मूल लेखन में भी शैली चयन वैविध्य को दर्शाता है। अनुवाद में इस चयन की सटीकता को साधना पड़ता है। साहित्यिक संदर्भ में इसे कथन भंगिमा कह सकते हैं, और साहित्येतर विषयों में प्रयुक्ति।

इन सभी आयामों से जुड़कर 'अनूद्यता' की संकल्पना भी सामने आई है

जिसके आधार पर अनुवाद समीक्षा और अनुवाद मूल्यांकन की दिशाओं को भी वैज्ञानिक प्रारूप और प्रविधियाँ प्राप्त हुई है।

अनुवाद के इन व्यापक होते आयामों को भारतीय भाषाओं के संदर्भ में काफी गहराई से देखने की आवश्यकता है। अनूदित पाठ की संप्रेषणीयता, शुद्धता और बोधगम्यता का आकलन अनुवादकों को गंभीर बना सकता है। केवल दो भाषाओं की जानकारी ही अनुवादक की अर्हता नहीं है। अनुवाद का कार्य मुख्यतः प्रभाववादी है। मूल का भाव ग्रहण करके उसके प्रभाव को अन्य भाषा पाठ में प्रतिस्थापित करना ही उसका लक्ष्य है जिसे हम अनूदित पाठ की गुणवत्ता कह सकते हैं।

अनुवाद से संबंधित व्यापक संदर्भ

आनंदप्रकाश खेमाणी, 1964, अनुवाद कला : कुछ विचार; दिल्ली : एस. चाँद एंड कंपनी।

आलोक कुमार रस्तोगी, 1984, हिंदी में व्यावहारिक अनुवाद; दिल्ली : जीवन ज्योति प्रकाशन।

कैलाशचंद्र भाटिया, 1985, अनुवाद कला : सिद्धांत और प्रयोग; दिल्ली : तक्षशिला प्रकाशन।

गार्गी गुप्ता और कुसुम अग्रवाल, 1984, अनुवाद सूक्तियाँ (राष्ट्रीय एवं अंतर्राष्ट्रीय संदर्भ में) ; दिल्ली : भारतीय अनुवाद परिषद।

गोपीनाथ जी, 1985, अनुवाद सिद्धांत और प्रयोग ; इलाहाबाद : लोक भारती।

नगेंद्र (सं.) 1993, अनुवाद विज्ञान : सिद्धांत और अनुप्रयोग ; दिल्ली : हिंदी माध्यम कार्यान्वयन निदेशालय, दिल्ली विश्वविद्यालय।

भोलानाथ तिवारी, 1972, अनुवाद विज्ञान; दिल्ली : शब्दकार।

माणिक गो. चतुर्वेदी और कृष्णकुमार गोस्वामी (सं.) 1986, अनुवाद : विविध आयाम; आगरा : केंद्रीय हिंदी संस्थान।

रीतारानी पालीवाल, 1990, अनुवाद की सामाजिक भूमिका ; दिल्ली : सचिन प्रकाशन।

विश्वनाथ अय्यर, एन.ई. 1990 अनुवाद कला ; दिल्ली : वाणी प्रकाशन।

अय्यर, विश्वनाथ, 1985, अनुवाद–भाषाएँ–समस्याएँ; तिरुअनंतपुरम : स्वाति प्रकाशन।

केसकर, बालकृष्ण विश्वनाथ (सं.), 1967, विकासशील देशों में अनुवाद की समस्याएँ; नई दिल्ली : नेशनल बुक ट्रस्ट।

खेमाणी, आनंद प्रकाश तथा वेद प्रकाश (सं.) 1964, अनुवाद कला : कुछ विचार; दिल्ली : एस.चाँद एंड कंपनी।

गुप्ता गार्गी (सं.), 1990, अनुवाद बोध ; नई दिल्ली : भारतीय अनुवाद परिषद।

गुप्ता गार्गी तथा अन्य (सं.), 1991, अनुवाद चिंतन के सैद्धांतिक आयाम नई दिल्ली : भारतीय अनुवार परिषद।

तिवारी, भोलानाथ (सं., 1986) वैज्ञानिक साहित्य के अनुवाद की समस्याएँ दिल्ली : शब्दकार।

.... तथा गाबा, ओमप्रकाश, 1978, अनुवाद की व्यावहारिक समस्याएँ दिल्ली : शब्दकार।

.... तथा अन्य (सं.), 1981, कार्यालयी अनुवाद की समस्याएँ दिल्ली : शब्दकार।

.... तथा किरण बाला, 1984, भारतीय भाषाओं से हिंदी में अनुवाद की समस्याएँ दिल्ली : शब्दकार।

...... तथा गुप्त, जितेंद्र, 1984, पत्रकारिता में अनुवाद की समस्याएँ दिल्ली : शब्दकार।

...... तथा महेंद्र चतुर्वेदी, 1978, पारिभाषिक शब्दावली : कुछ समस्याएँ दिल्ली : शब्दकार।

दास, मंजुला, 1988, अनुवाद सिद्धांत और व्यवहार ; दिल्ली : पराग प्रकाशन।

पालीवाल, रीतारानी, 1982, अनुवाद प्रक्रिया ; दिल्ली : साहित्य निधि।

प्रसाद, वासुदेव नंदन, 1966, हिंदी अनुवाद : सिद्धांत और प्रयोग ; पटना : भारतीय भवन।

भाटिया, कैलाशचंद्र (सं.), 1992, भारतीय भाषाएँ और हिंदी अनुवाद समस्या-समाधान दिल्ली : वाणी प्रकाशन।

रावत, चंद्रभान तथा दिलीप सिंह (सं.) .... अनुवाद : अवधारणा और अनुप्रयोग हैदराबाद : दक्षिण भारत हिंदी प्रचार सभा।

वैज्ञानिक अनुसंधान तथा संस्कृति कार्य मंत्रलय, 1961, अनुवाद : कला और समस्याएँ; नई दिल्ली : भारत सरकार।

शर्मा, सोहन (सं.), 1984, अनुवाद : सोच और संस्कार ; बंबई : सम्मति प्रकाशन।

श्रीवास्तव, रवींद्रनाथ तथा कृष्णकुमार गोस्वामी (सं.) 1985, अनुवाद : सिद्धांत और समस्याएँ ; दिल्ली : आलेख प्रकाशन (उपयोगी संदर्भिका)।

जैन, बी.पी. 1985, अनुवाद और मशीनी अनुवाद ; दिल्ली : सारांश प्रकाशन।

श्रीवास्तव, रवींद्रनाथ 1975, प्रयोजन मूलक हिंदी ; आगरा : केद्रीय हिंदी संस्थान।

राय, त्रिभुवन, 1999, अनुवाद : शिल्प और आयाम ; इलाहाबाद : अनिल प्रकाशन।

टंडन, पूरन चंद्र (सं.), 1998, प्रतिष्ठित अनुवादक विशेषांक, 'अनुवाद' (जुलाई-दिसंबर) दिल्ली : भारतीय अनुवाद परिषद।

सिंह, दिलीप, ऋषभदेव शर्मा (सं.) 1999, 'अनुवाद का सामयिक परिप्रेक्ष्य' (स्मारिका), हैदराबाद ; उच्च शिक्षा और शोध संस्थान, दक्षिण भारत हिंदी प्रचार सभा।

Bignenet, J. and Schulte, R. 1989, The craft of Translation, Chicago : The University Press.
Booth, A.D. (ed.), 1958, Aspects of Translation, London . Seeker & Warburg.
1967, Machine Translation. Amsterdom : North Halland.
Carey, E. and Jumpalt. R. W. (eds.) 1963 Quality in Translation, New York : Macmillan.
Chao, Y.R. 1968, Translation : Language and Symbolic Systems. Cambridge : C V L
Finlay, I.F. 1971, Translating. London : Teach Yourself books.
Fuller, F. 1973. a handbook for translators, Gernand Cross. C. Smythe.
Gara, L. et.al (eds.) 1961. Translations and Translators. Rome.
Henisz – Dorstert. B. et. Al (eds.) 1979, Machine Translation. The Hague : Mouton.
Holmes, J.S. (ed.) 1970, The nature of Translation. The Hague : Mouton
Newmark, Perte. 1981, Aproaches to transition. Oxford : Pergmon Press.
Kumar, Suresh, 1988, Stylistics and language teaching Delhi : Kalinga.
Srivastava, R.N. 1994, Stylistics, Delhi, Kalinga.
(ed.) 1992, Language and text. Delhi. Kalinga
Stoke, W.C. 1972. Semiotics and human sign language. The Hague : Mouton.
Srivastava, R.N. 1983. 'Computers and Linguistics' Proceeding of Seminar on Computation.
Sharma, Gopal and Suresh Kumar, (eds.) 1977. Indian Bilingualism. Agra, CHI
Nirenburg, S. (ed.) 1987, Machine translation : Theoretical and methodological Issues. Cambridge : C U P
Kelly, L.G. 1977. History of translation, Oxford : Blackwell.
Keith, G. and Glover M. 1987. Primary language learning with micro computer, Croom Helm.
Joshi, A.K. and Levy, L.S. 1982 'Phrase structure trees bear more fruit than you would have thought' in American Journal of Computational linguistics, Vol. 8.
Grishman, R. 986, Computational linguistics, Cambridge : CUP
Crystal, D. 1981, Directions in applied linguistics, New York : Academic Press
Andrew, A.M. 1983. Artificial intelligence. Kent : Abacus Press.
Halliday, M A K. 1978 Language as a social semiotic. London : Edward Arnold.

Widdowson, H. 1984, Explorations in applied Linguistics, Oxford; Oxford University Press.

Srivastava, R.N. and Uday Narian Singh, 1990, Perspectives in Language planning. Calcutta. : Mithila Darshan

Verma, S.K. and Dilip Singh (eds.) Perspectives on language in Society (Papers in memory of Prof. R.N. Srivastava, Two Volumes) Delhi : Kalinga

Dua, H.R. 1985, Language planning in India. Delhi : Harnam Publications.

Fishman, J.A. 1976, Advances in Language planning. The Hague : Mouton

Hymes, D. 1974 Foundations in Sociolinguistics, Philadelphia : University Pennsylvania Press.

(d.) 1964, Language in culture and Society. New York : Harper and Row.

Hudson R.A. 1980, Sociolinguistics, Cambridge : CUP

Bell. R. 1976 Sociolinguistics : Goals, approaches and problems. London : Bats ford

Chomsky, N. 1965 Aspects of the theory of Syntax. Cambridge, Mass : MIT

Ervin-Tripp. S. and Mitchell-Kernan, C. 1977, Studies in language variation : semantics, Syntax. Phonology, Pragmatics Social situations, ethnographic approaches, Washington : Georgetown University.

Fishman, J.A. 1968, Readings in the Sociology of language. The Hague : Mouton.

1971, Sociolinguistics : A brief introduction. Rowley : New bury house.

Giglioli, P.P. (ed) 1972, Language and Social context. Harmonds worth, Middx :Penguin

Pride, J. B. 1971, The Social meaning of language. London : Oxford University Press.

Raffel, B. 1971, A Forked Tongue : A study of Translation Process. The Hague : Mouton

Haugen. E. 1950, The Analysis of Linguistic Borrowing. Language 26 : 210-31

Srivastava, R.N. 1952 , The Sociology of Functional Hindi. In Functional Hindi by R.N. Srivastava (ed.) Agra. CHI

Srivastava. R.N. (1987) 'Theory of Planning and language planning IN perspectives in language planning; 137-152, Delhi University

Cassagrande, J.N. 1954, The ends of Translation, ZJAL 20.4.335-40

Kelkar, A.R. 1977, Translate or not to translate, KISTA, 6.3-4, 1-12

Ljudskanov. A. 1975. A Semiotic approach to the theory of transition. Language sciences 35, 5-8

Mc.Farlane, J. 1953, Modes of Translation, Durban University Journal, 14, 77-93

Politzer, R.L. 1956, A brief classification of limits of translatability, Modern language Journal. 40, 319-22

Kumar, Suresh, 1979, On fundamentals of training courses for translators, JISTA 8-3-4, 8-19

Daswani, T.C. 1974, Discourse in Translation theories, J S L 94-114

Dil. Anwar, S. 1975, Language structure and Translation (Essays of E.A. Nida,) Stanford University Press.

Firth, j.R. 1956, Linguistic Analysis and Translaiton in Selected Papers of J.R. Firth, London. Longman.

Frenz. Harest, 1961, The Art of Translatin in stall Knecht and Frenz (eds.)

Hass, W. 1962, Theory of Translation in Parkinson, (ed)

Hockett, C.F. 1954. Translation Via J.C. IJAL 20 : 213-215

Jakobson, R. 1959, On Linguistics Aspects of Translation in Brower 232-239

Kirkwook, H. 1966. Translation as a basis for contrastive Linguistic Analysis, international reuiew of Applied Linguistics.

New Mark. Peter, 1978, Twenty three Resticted Rules of Translation. The incorporated Linguist, 12(1) : 9-15

New Mark. Peter, 1976, The Theory and Craft of Translation Language Teaching and Linguistic abstracts. Cambridge : Cambridge University Press.

Babel : Internationa Federation of Translation. Akademic Kiado, H. 1054 Budapest : Hungary

International Journal of Translation : Bahri Publication, P B 4453, New Delhi 19

TRANSST : An International Newsletter of translation studies, Amsterdom; Institute of general literacy studies, University of Amsterdom.

❑❑